权威·前沿·原创

皮书系列为
"十二五""十三五"国家重点图书出版规划项目

智库成果出版与传播平台

黑龙江经济发展报告（2021）

ANNUAL REPORT ON ECONOMIC DEVELOPMENT OF HEILONGJIANG (2021)

主　编 / 吴海宝
执行主编 / 孙浩进
副主编 / 王　刚　赵　勤　李小丽

社会科学文献出版社
SOCIAL SCIENCES ACADEMIC PRESS (CHINA)

图书在版编目（CIP）数据

黑龙江经济发展报告. 2021 / 吴海宝主编. --北京：社会科学文献出版社，2021.4
 （黑龙江蓝皮书）
 ISBN 978-7-5201-8047-4

Ⅰ.①黑… Ⅱ.①吴… Ⅲ.①区域经济发展-研究报告-黑龙江省-2021 Ⅳ.①F127.35

中国版本图书馆CIP数据核字（2021）第040888号

黑龙江蓝皮书
黑龙江经济发展报告（2021）

主　　编 / 吴海宝
执行主编 / 孙浩进
副 主 编 / 王　刚　赵　勤　李小丽

出 版 人 / 王利民
责任编辑 / 丁　凡

出　　版 / 社会科学文献出版社·城市和绿色发展分社（010）59367143
　　　　　 地址：北京市北三环中路甲29号院华龙大厦　邮编：100029
　　　　　 网址：www.ssap.com.cn
发　　行 / 市场营销中心（010）59367081　59367083
印　　装 / 天津千鹤文化传播有限公司

规　　格 / 开　本：787mm×1092mm　1/16
　　　　　 印　张：20.5　字　数：305千字
版　　次 / 2021年4月第1版　2021年4月第1次印刷
书　　号 / ISBN 978-7-5201-8047-4
定　　价 / 138.00元

本书如有印装质量问题，请与读者服务中心（010-59367028）联系

▲ 版权所有 翻印必究

《黑龙江经济发展报告（2021）》编委会

主　　编　吴海宝

执行主编　孙浩进

副 主 编　王　刚　赵　勤　李小丽

作　　者　（按文序排列）

　　　　　吴海宝　孙浩进　娄　峰　陈秀萍　吕　萍
　　　　　陈昌浩　赵　勤　朱大鹏　宋静波　隋云鹏
　　　　　朱德鹏　程　遥　刘　欣　赵　蕾　赵　砚
　　　　　王力力　苏惟真　宋晓丹　孙国徽　王海英
　　　　　张　楠　孙铭一　王化冰　刘懿锋　王大业
　　　　　邢　明　栾美薇　王　拓　李　兵　王久庆
　　　　　刘青岩　张福超　常　风　孔德利　李宪文

编　　务　刘懿锋　朱德鹏　徐嘉南

主要编撰者简介

吴海宝 中共黑龙江省委奋斗杂志社副社长兼副总编辑（原黑龙江省社会科学院副院长、黑龙江振兴发展研究院院长）、高级经济师。1995年参与联合国开发计划署援华项目"大庆区域经济调整规划研究"，是主报告撰写人之一。2000年担任《大庆现代化研究报告》副主编，是主报告主要执笔人。2005年、2006年连续两年主编《大庆科学发展实践与探索》。近年来，在省报等主要媒体多次接受采访、发表文章，多个项目课题研究曾获省优秀调研成果一等奖。主持推进"龙江全面振兴评估报告""宝清县域经济发展报告""呼玛县乡村振兴规划"等重要课题研究。完成"用习近平经济思想指导东北全面振兴"研究报告。在国内报纸、刊物发表文章多篇。

孙浩进 研究员、硕士生导师，经济学博士、博士后，黑龙江省社会科学院经济研究所负责人，省级领军人才梯队（发展经济学）带头人，马克思主义理论一级学科带头人，黑龙江振兴发展研究院首席专家。被评为中宣部"文化名家暨四个一批"青年英才、国务院政府特殊津贴专家、"龙江学者"、"六个一批"理论人才、省新型智库高端人才、亚行技术援助项目专家、省委文化产业专家、哈尔滨市决策咨询委员会专家等。出版专著5部，在CSSCI期刊发表论文30余篇，主持国家社科基金项目2项、中宣部重点项目1项、省级课题8项。独立获省社会科学优秀成果一等奖3项、二等奖2项、全国博士后优秀成果奖1项。

摘　要

2020年，黑龙江省慎终如始，抓好新冠肺炎疫情防控，坚持稳中求进工作总基调，坚持新发展理念，坚持改革开放，坚决打好"三大攻坚战"，扎实做好"六稳"工作，全面落实"六保"任务，统筹推进疫情防控和经济社会发展取得显著成效，经济发展顶住疫情冲击企稳回升。总体来看，2020年以来的疫情对黑龙江省经济运行的冲击是短期的、影响是有限的，而危机之中也蕴藏着新的机遇。

2020年，黑龙江省农业发展取得了较好的成绩。全省粮食总产量达到1508亿斤，实现"十七连丰"。粮食产业的经济效益实现较大幅度增长，生猪养殖业经济效益较好，拉升了全省农业经济的增长速度。全省农业经济发展的整体态势较好，绿色农业保持了良好发展势头；农业数字化发展速度加快；农业现代化发展速度加快。但黑龙江省农业发展面临着粮食产业如何降本增效、农业抗御风险能力的提升、畜产品品牌的培育、农产品电商销售等问题的挑战。

2020年，黑龙江省积极做好"六稳"工作，落实"六保"任务，工业经济逐步复苏。上半年全省主要工业指标逐步回升，但仍存在部分工业经济发展要素放缓、基础尚不牢固、科技创新能力不强等问题。黑龙江省应借助"中国制造2025"的国家战略部署与国内国际"双循环"条件，通过不断优化省内营商环境，完善黑龙江省工业科技创新体系，加强区域间各工业部门合作等诸多对策，从而推动疫情防控常态化时期工业经济高质量发展。

2020年，新冠肺炎疫情的暴发给黑龙江省服务业发展带来了严重冲击。

随着宏观调控力度加大，服务业发展稳步恢复，呈现出逐季回升的发展态势。但全省生产性服务需求增长动力不足，生活性服务业发展质量不高、结构性失业较严重、区域城乡发展不均衡、市场主体竞争力不强。2021年，黑龙江省服务业总体上将继续保持恢复增长的发展态势。黑龙江省推进服务业发展，应进一步优化空间布局、推进产业平台化、强化融合创新，加大改革创新力度，培育壮大市场主体，保护弘扬企业家精神。

在"十四五"时期，黑龙江省要正确认识和处理稳定与发展、危机与契机的辩证关系，既要坚持抗击疫情不放松，也要坚持改革发展不动摇，把疫情对经济社会发展的影响降到最低，在构建国内国际"双循环"新发展格局的背景下，科学谋划、理性应对、补齐短板、化危为机、助强扶小、推陈出新，着力"在危机中育新机，于变局中开新局"，把握和利用好危机后的新机，贯彻新发展理念，自觉全面融入新发展格局，实现高质量发展，推动全面、全方位振兴。

关键词： 经济发展　新发展理念　新发展格局　黑龙江省

Abstract

In 2020, Heilongjiang province paid close attention to the epidemic prevention and control, adhered to the general tone of making progress while maintaining stability, adhered to the new development concepts, adhered to the reform and opening up, resolutely fight the "three major battles", did a solid job in the "six stabilities" work, fully implemented the "six guarantees" task, and achieved remarkable results in controlling the epidemic and promoting the economic and social development. The economic development stabilized and recovered under the impact of the epidemic. On the whole, the impact of the epidemic on the economic development of Heilongjiang province since this year was short-term and limited, and there were also new opportunities in this crisis.

In 2020, the agricultural development of Heilongjiang province has achieved good results. The total grain output of the whole province reached 75.4 billion kgs, that is the "17th consecutive harvest". The economic benefit of grain industry has achieved a great increase. The economic benefit of pig breeding industry is good, which has promoted the growth rate of agricultural economy. The overall situation of agricultural development is good. Green agriculture has maintained a good momentum of development. The agricultural digital development has accelerated. The agricultural modernization has also accelerated. There are some challenges in the agricultural development in Heilongjiang province, including how to reduce the cost and increase efficiency of grain industry, how to improve the ability of agriculture to resist risks, how to cultivate the brand of livestock products, and how to sell agricultural products viae-commerce.

In 2020, Heilongjiang province actively did a good job in the "six stabilities" work and implemented the "six guarantees" task. The industrial economy has gradually revived. In the first half of 2020, the main industrial indicators of the whole province gradually picked up, but there are still some problems such as the slowdown of some industrial development elements, the weak foundation and the weak ability of scientific and technological innovation. Heilongjiang province should make use of the national strategic deployment of "Made in China 2025" and continuously optimize the business environment under the conditions of "double circulation", domestic and international. We should improve the industrial science and technology innovation system in our province, strengthen the cooperation among various industrial departments of different regions, so as to promote the high-quality development of industrial economy in the period of normalization of epidemic prevention and control.

In 2020, the novel coronavirus epidemic has brought a serious impact on the development of service industry in Heilongjiang province. With the increase of macro-control, the service industry has recovered steadily, showing a quarterly recovery trend. However, the demand for producer services is not strong enough, the development quality of life service industry is not high, the structural unemployment is serious, the urban and rural development is not balanced, and the market players are not competitive enough. In 2021, the service industry of Heilongjiang province will maintain the trend of recovery and growth. To promote the development of service industry in Heilongjiang province, we should further optimize the spatial layout, promote the industrial platform, strengthen the integration and innovation, strengthen the reform and innovation, cultivate the market players, protect and promote entrepreneurship.

During the "fourteenth five-year plan" period, Heilongjiang province should correctly understand and deal with the dialectical relationship between stability and development, between crisis and opportunity. We should not only adhere to the fight against the epidemic, but also adhere to the unshakable reform and development, so as to minimize the impact of the epidemic on economic and social development. Under the background of building a new development pattern of domestic and international double circulation, Heilongjiang province should scientifically plan, rationally respond, make up for the shortcomings, turn the crisis into opportunity, help both the strong and the small market players, bring forth the new through the old, cultivate new opportunities in the crisis and open up new opportunities in the changing situation. We should make good use of the new opportunities after the crisis, implement the new development concept, consciously integrate into the new development pattern, achieve the high-quality development, and push forward all-round revitalization.

Keywords: Economic Development; New Development Concept; New Development Pattern; Heilongjiang Province

目 录

Ⅰ 总报告

B.1 2020~2021年黑龙江省经济形势分析与预测
　　……………………………… 吴海宝　孙浩进　娄　峰 / 001
　一　2020年黑龙江省经济形势分析……………………… / 002
　二　2020年黑龙江省经济运行和发展存在的主要问题……… / 008
　三　2021年黑龙江省经济形势预测……………………… / 011
　四　黑龙江省经济发展的对策建议……………………… / 017

Ⅱ 经济运行篇

B.2 2020~2021年黑龙江省农业经济形势分析与预测 …… 陈秀萍 / 024
B.3 2020~2021年黑龙江省工业经济形势分析与预测
　　………………………………………… 吕　萍　陈昌浩 / 042
B.4 2020~2021年黑龙江省服务业形势分析与预测 ……… 赵　勤 / 054
B.5 2020~2021年黑龙江省固定资产投资形势分析与预测
　　……………………………………………………… 朱大鹏 / 068

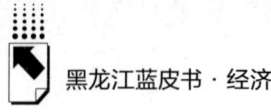

B.6　2020~2021年黑龙江省消费形势分析与预测 …………宋静波 / 077

B.7　2020~2021年黑龙江省消费者物价指数分析与预测……隋云鹏 / 091

B.8　2020~2021年黑龙江省对外贸易形势分析与预测 ……朱德鹏 / 102

Ⅲ　产业发展篇

B.9　黑龙江省房地产业稳定健康发展研究………… 程　遥　刘　欣 / 112

B.10　黑龙江省旅游产业发展研究 ……………………………赵　蕾 / 123

B.11　双循环战略下黑龙江省冰雪旅游产业融合发展研究

　　　　………………………………………………………赵　砚 / 134

B.12　新冠肺炎疫情对黑龙江省文化产业的影响 ……………王力力 / 146

B.13　黑龙江省乡村旅游发展对策研究 ………………………苏惟真 / 155

B.14　黑龙江省康养产业发展研究 ……………………………宋晓丹 / 171

B.15　黑龙江省粮食产业发展研究 ……………………………孙国徽 / 185

Ⅳ　专题研究篇

B.16　黑龙江省发挥金融作用支持市场主体研究

　　　　…………………………… 王海英　张　楠　孙铭一 / 196

B.17　黑龙江省哈牡佳两小时经济圈空间架构研究 …………王化冰 / 206

B.18　黑龙江省财政运行研究 …………………………………刘懿锋 / 216

B.19　黑龙江省深化国有企业改革对策研究 …………………王大业 / 227

B.20　黑龙江省居民收入分析与预测 …………………………邢　明 / 237

B.21　黑龙江省保就业对策研究 ………………………………栾美薇 / 246

B.22　黑龙江省优化营商环境研究 ……………………………王　拓 / 254

Ⅴ 城市发展篇

B.23 哈尔滨市加快数字经济发展的对策建议
　　　　　　　　　　　　　　　　李　兵　王久庆　刘懿锋 / 265
B.24 2020年佳木斯市经济形势分析与对策建议
　　　　　　　　　　　　　　　　　　　　苏惟真　刘青岩 / 273
B.25 2020年绥化市经济形势分析与对策建议 …… 宋晓丹　张福超 / 279
B.26 2020年鸡西市经济形势分析与对策建议
　　　　　　　　　　　　　　　　常　风　孔德利　刘懿锋 / 287
B.27 2020年七台河市经济形势分析与对策建议
　　　　　　　　　　　　　　　　　　　　　赵　蕾　李宪文 / 295

CONTENTS

Ⅰ General Report

B.1 Analysis and Forecast of the Economic Development Situation of Heilongjiang Province from 2020 to 2021

Wu Haibao, Sun Haojin and Lou Feng / 001

   1. Analysis on the economic development situation of

      Heilongjiang Province in 2020 / 002

   2. The main problems existing in the economic operation and

      development of Heilongjiang Province / 008

   3. Forecast of economic development situation of

      Heilongjiang Province from 2020 to 2021 / 011

   4. Countermeasures and suggestions on economic

      development of Heilongjiang Province / 017

Ⅱ Reports on Economic Situation

B.2 Analysis and Forecast of Agricultural Economic Situation in
Heilongjiang Province from 2020 to 2021 *Chen Xiuping* / 024

B.3 Analysis and Forecast of Industrial Economic Situation in
Heilongjiang Province from 2020 to 2021 *Lv Ping, Chen Changhao* / 042

B.4 Analysis and Forecast of Service Economic Situation in
Heilongjiang Province from 2020 to 2021 *Zhao Qin* / 054

B.5 Analysis and Forecast of Fixed Assets Investment Situation in
Heilongjiang Province from 2020 to 2021 *Zhu Dapeng* / 068

B.6 Analysis and Forecast of Consumption Situation in
Heilongjiang Province from 2020 to 2021 *Song Jingbo* / 077

B.7 Analysis and Forecast of Consumer Price Index in
Heilongjiang Province from 2020 to 2021 *Sui Yunpeng* / 091

B.8 Analysis and Forecast of Foreign Trade Situation in
Heilongjiang Province from 2020 to 2021 *Zhu Depeng* / 102

Ⅲ Reports on Industry Development

B.9 Research on the Steady and Healthy Development of Real
Estate Industry in Heilongjiang Province *Cheng Yao, Liu Xin* / 112

B.10 Research on the Development of Cultural and Tourism
Industry in Heilongjiang Province *Zhao Lei* / 123

B.11 Research on the Integrated Development of Ice and Snow
Tourism Industry in Heilongjiang Province under the
Double Cycle Strategy *Zhao Yan* / 134

B.12 Epidemic on the Cultural Industry in Heilongjiang
Province and the Countermeasures　　　　　　Wang Lili / 146

B.13 Study on the Development Countermeasures of Rural Tourism
in Heilongjiang Province　　　　　　Su Weizhen / 155

B.14 Study on the Development of Health Care Industry in
Heilongjiang Province　　　　　　Song Xiaodan / 171

B.15 Research on the Development of Grain Industry in
Heilongjiang Province　　　　　　Sun Guohui / 185

Ⅳ Reports on Special Subjects

B.16 Research on Heilongjiang Province Playing the Role of
Finance to Support Market Players
　　　　　　Wang Haiying, Zhang Nan and Sun Mingyi / 196

B.17 Research on Spatial Structure of Ha Mu Jia Two-Hour
Economic Circle of Heilongjiang Province　　Wang Huabing / 206

B.18 Research on Financial Operation of Heilongjiang Province
　　　　　　Liu Yifeng / 216

B.19 Research on the Countermeasures of Deepening the Reform
of State-Owned Enterprises in Heilongjiang Province　Wang Daye / 227

B.20 Analysis and Forecast of Residents' Income in
Heilongjiang Province　　　　　　Xing Ming / 237

B.21 Research on the Countermeasures of Ensuring Employment in
Heilongjiang Province　　　　　　Luan Meiwei / 246

B.22 Research on Optimizing Business Environment in
Heilongjiang Province　　　　　　Wang Tuo / 254

CONTENTS

V Reports on Prefecture-Level City Development

B.23 Countermeasures and Suggestions on Accelerating the
Development of Digital Economy in Harbin
Li Bing, Wang Jiuqing and Liu Yifeng / 265

B.24 Analysis of Jiamusi's Economic Situation in 2020
and Countermeasures *Su Weizhen, Liu Qingyan* / 273

B.25 Analysis of Suihua's Economic Situation in 2020
and Countermeasures *Song Xiaodan, Zhang Fuchao* / 279

B.26 Analysis of Jixi's Economic Situation in 2020
and Countermeasures *Chang Feng, Kong Deli and Liu Yifeng* / 287

B.27 Analysis of Qitaihe's Economic Situation in 2020
and Countermeasures *Zhao Lei, Li Xianwen* / 295

总 报 告
General Report

B.1
2020~2021年黑龙江省经济形势分析与预测

吴海宝 孙浩进 娄 峰*

摘 要： 2020年，黑龙江省慎终如始，抓好新冠肺炎疫情防控，坚持稳中求进工作总基调，坚持新发展理念，坚持改革开放，坚决打好"三大攻坚战"，扎实做好"六稳"工作，全面落实"六保"任务，统筹推进疫情防控和经济社会发展取得显著成效，经济发展顶住疫情冲击企稳回升。总体来看，2020年以来的新冠肺炎疫情对黑龙江省经济运行的冲击是短期的、影响是有限的，而危机之中也蕴藏着新的机遇。在"十四五"时期，黑龙江省要正确认识和处理稳定与发展、危机与契机的辩证关系，既要坚持抗击疫情不放松，也要坚持改革发展不

---

* 吴海宝，黑龙江省社会科学院副院长，研究方向为经济问题与经济政策；孙浩进，经济学博士，黑龙江省社会科学院经济研究所研究员，研究方向为发展经济学；娄峰，经济学博士，中国社会科学院数量经济与技术经济研究所研究员，研究方向为数量经济学。

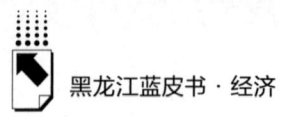

动摇,把疫情对经济社会发展的影响降到最低,在构建国内国际双循环新发展格局的背景下,科学谋划、理性应对、补齐短板、化危为机、助强扶小、推陈出新,着力"在危机中育新机,于变局中开新局",把握和利用好危机后的新机,贯彻新发展理念,自觉全面融入新发展格局,实现高质量发展,推动全面、全方位振兴。

关键词: 经济发展 新发展理念 新发展格局 新业态 黑龙江省

2020年以来,在黑龙江省委的坚强领导下,全省上下深入贯彻落实习近平总书记重要讲话、重要指示批示精神和全国"两会"精神,按照党中央决策部署抓好新冠肺炎疫情防控,坚持稳中求进工作总基调,坚持新发展理念,坚持改革开放,坚决打好"三大攻坚战",扎实做好"六稳"工作,全面落实"六保"任务,统筹推进疫情防控和经济社会发展取得显著成效,经济发展顶住疫情冲击企稳回升,社会大局和谐稳定。

一 2020年黑龙江省经济形势分析

2020年以来,面对新冠肺炎疫情冲击、世界经济衰退、国内经济下行压力加大、石油量价齐跌以及省内个别市县疫情反复等多重因素叠加影响,黑龙江省经济发展遇到极其严峻的困难和挑战。省委、省政府统筹推进疫情防控和经济社会发展,围绕决战决胜脱贫攻坚、全面建成小康社会,扎实做好"六稳"工作,全面落实"六保"任务,积极推动高质量发展和构建新发展格局,非常时期采取一系列非常之策并取得非常效果。2020年前三季度,全省经济恢复性增长步伐加快,呈现逐月加速回升态势。

2020年前三季度,黑龙江省实现地区生产总值(GDP)8619.7亿元,按可比价格计算,比上年同期下降1.9%,降幅比上半年收窄3.0个百分点。从三次产业看,第一产业增加值963.8亿元,比上年同期增长2.9%,增幅比上半年提高2.7个百分点;第二产业增加值2592.8亿元,比上年同期下降1.5%,降幅比上半年收窄3.9个百分点;第三产业增加值5063.1亿元,比上年同期下降3.0%,降幅比上半年收窄2.6个百分点。

(一)农业生产形势较好,畜牧业生产由降转升

2020年前三季度,全省农林牧渔业总产值比上年同期增长2.8%,比上年同期提高0.3个百分点。种植业、畜牧业生产总体平稳。种植业产值比上年同期增长3.2%,畜牧业产值比上年同期增长2.4%。从粮食作物生长情况来看,截至8月末的各市县田间调查结果显示,黑龙江省玉米绝大部分处于蜡熟期,大豆全面处于鼓粒期,水稻大部分处于蜡熟期,好于常年,更好于上年。农作物病虫害发生情况总体偏轻,未出现大面积病虫害情况,玉米、大豆、水稻平均亩产都将高于上年,2020年全省粮食产量实现"十七连丰"。从生猪生产情况来看,全省生猪生产发展势头整体向好,生猪存栏和能繁母猪存栏快速恢复。截至8月末,全省生猪存栏1300万头,同比增长17.4%,环比增长1.6%,完成国家下达任务1350万头的96%;能繁母猪存栏127万头,同比增长18.7%,环比增长1.6%;累计出栏生猪1150万头,同比增长2.7%。1~8月,全省猪肉产量约90万吨,在保证自给的基础上,外销30万吨,外销比重由上年底的23%提升到33%。从渔业生产情况来看,1~8月份,全省水产品总产量31.97万吨,同比增长2.3%。其中,养殖产量29.92万吨,同比增长2.7%;捕捞产量2.05万吨,同比下降3.6%;全省稻渔综合种养面积超过110万亩,较上年增长23.87%。

(二)工业生产稳步回升,同比实现较高增长

2020年前三季度,全省规模以上工业增加值降幅逐步收窄,总体呈现企稳回升态势,但收窄幅度逐渐降低;重点行业总体稳定,多数市县环比向好。前三季度全省规模以上工业增加值比上年同期下降0.7%,降幅比上半年收窄3.3个百分点。前三季度,全省通用设备制造业、汽车制造业、石油

煤炭及其他燃料加工业、电力热力生产和供应业分别比上年同期增长32.2%、31.2%、7.3%、5.2%。锂离子电池、发电机组、生物乙醇、铜金属含量、汽车用发动机、汽车等产品产量分别增长31.4倍、64.7%、64.5%、59.7%、49.3%、36.7%。1~7月，全省工业固定资产投资同比增长2%，高于全国平均水平8.5个百分点，低于上年同期2.6个百分点。其中，制造业投资同比下降5.5%，中央企业投资同比增长2.7%，地方企业投资同比增长1.7%，非公有制企业投资同比增长0.1%，民间投资同比增长0.5%，技术改造投资同比增长1.4%；投资亿元以上施工项目数同比增长12.9%，完成投资同比增长3.5%。1~7月，十大行业中，装备、冶金、纺织3个行业增加值增速实现正增长，其他7个行业负增长。环比上半年，除医药、纺织、冶金、食品和以烟草为主的5个行业增速下滑外，其他5个行业均实现降幅收窄或增速加快。装备、石化、能源、食品四大主导行业增速分别为8.1%、-3.1%、-3.3%、-5.8%，环比上半年分别加快3.1个、1.7个、0.2个和回落3.5个百分点。1~7月，全省13个市（地）中有9个工业增加值增速环比加快，其中齐齐哈尔、大兴安岭、绥化、佳木斯、黑河5个市（地）实现正增长，分别同比增长8.3%、32%、5.7%、14%、18.4%，增速环比分别提高2.2个、2个、1.6个、0.8个、0.4个百分点；哈尔滨同比下降2.6%，降幅环比收窄1.8个百分点；鹤岗市降幅环比持平；伊春、鸡西、大庆3个市增加值环比分别回落2.2个、1.2个、0.2个百分点。

（三）固定资产投资持续发力，百大项目建设稳步推进

2020年前三季度，全省固定资产投资完成额比上年同期增长2.1%，增幅比上半年提高1.8个百分点，比上年同期提高0.4个百分点，连续4个月保持正增长，增幅高于全国1.3个百分点（见图1）。

截至8月25日，加强版百大项目已开工439个，开工率87.8%，完成投资1203.6亿元，投资完成率48.2%，超过上年同期10.2个百分点。500个项目平均年度计划完成投资5亿元，1亿元以上项目477个，溢泰砷化

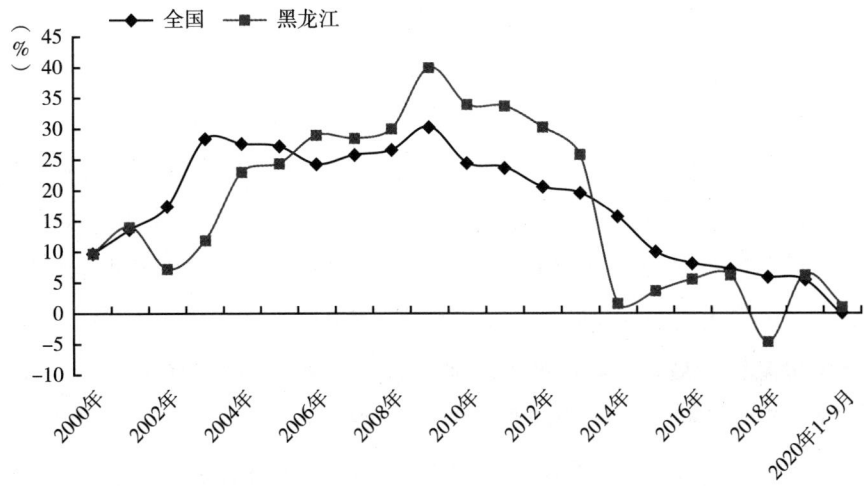

图 1　2000 年至 2020 年 1~9 月全国及黑龙江固定资产投资增速趋势

资料来源：根据黑龙江省统计局《黑龙江统计月报》计算整理。

镓、牡丹江康安医院等 23 个高技术、民生、结转收尾项目年度投资低于 1 亿元。百大项目集中开工实现项目建设逆周期，省、市、县三级联动变"冻土"为"动土"，持续掀起建设热潮。佳木斯、伊春开工率达 100%，齐齐哈尔、大庆投资完成率超过 60%，黑河、大兴安岭破季早开工；鹤岗五矿石墨、鸡西机场等 163 个项目平均提前 23 天开工；龙油 550 投资完成率 223%，龙江阜丰投资完成率 260%；海伦燃料乙醇、牡丹江烟厂等 34 个项目竣工，其中双鸭山天兴大豆、桦川黑龙除草剂等 10 个项目提前投产。

（四）消费市场加速回暖，升级类商品恢复明显

2020 年前三季度，全省社会消费品零售总额比上年同期下降 16.8%，降幅比上半年收窄 5.9 个百分点，消费市场增速由于疫情原因较上年同期出现大幅下滑，但二季度以来降幅逐渐收窄，呈现回暖趋势；电子商务等消费新业态大幅增长；基本生活类商品平稳增长；传统大宗消费继续恢复。上半年全省住宿餐饮业总额大幅下滑，同比下降 39.7%，较一季度降幅收窄 16.2 个百分点；商品零售总额同比下降 20.2%，较一季度降幅收窄 9.6 个

百分点；刚性需求带动全省大型超市及连锁便利店消费逆势增长，确保了疫情期间居民生活必需品供应充足，市场上基本没有出现断供、脱销和抢购现象；重点商品价格持续保持平稳。一是刚性需求稳步增长。全省限上企业销售粮油、食品类同比增长7.9%。其中，粮油类增长19.7%，肉禽蛋类增长42%，蔬菜类增长20.2%，饮料类增长28.8%。二是消费转型趋势显现。随着"宅经济"的发展，相关用品需求逆势增长，文化办公用品类、通信器材类、电子出版物及音像制品类分别增长54.6%、26.4%、9.4%。三是传统消费逐步恢复。汽车类同比下降29.4%，较一季度收窄19.8个百分点；金银珠宝类同比下降45.7%，较一季度收窄8.2个百分点；服装类同比下降44.4%，较一季度收窄5.3个百分点；石油及制品类同比下降17.6%，较一季度收窄8.1个百分点。四是网上零售消费快速发展。电子商务交易额实现1606.6亿元，同比增长3.9%；全省实现网络零售额180.6亿元，同比增长11.9%。全省农村电商零售额66.8亿元，占全省网上零售额的37%，同比增长33.1%，增速高于全国30.8个百分点；农产品网络零售额实现30.5亿元，同比增长78.4%。

（五）进出口降幅收窄，出口增幅高于全国

2020年前三季度，全省实现进出口总额1182.3亿元，比上年同期下降15.0%，其中出口总额269.0亿元，同比增长6.6%，已连续5个月保持正增长，增幅高于全国4.8个百分点；进口总额913.3亿元，同比下降19.8%。受全球疫情和国际油价暴跌的双重影响，2020年以来全省进出口总额增速呈现逐月下滑。国外疫情持续，国际市场低迷，人员出入境受限，国际物流成本提高等因素，导致进出口业务量下降，企业订单减少；对俄口岸旅检通道大部分处于闭关状态，进出境采购活动受阻；国内企业出货和收汇受阻，大量外贸企业出现资金短缺等困难。占全省贸易额48.3%的进口原油量价齐跌，是外贸进出口下滑的最主要原因。上半年原油进口量下降11.5%，进口额下降31.3%，负拉动18.5个百分点，其他进出口新增长点（包括进口121.4万吨管道天然气）难以弥补。

（六）财政金融稳定向好，重点领域保障有力

2020年前三季度，全省一般公共预算收入完成796.7亿元，比上年同期下降14.3%，降幅比1～8月收窄2.6个百分点。1～8月，全省税收收入完成513.6亿元，同比下降20.3%（1～7月下降22%）；非税收入完成191.5亿元，同比下降6.1%（1～7月下降7.8%）。8月份全省一般公共预算收入完成80.6亿元，同比增长0.3%，首次实现正增长。其中，税收完成56.2亿元，下降2.7%（7月份下降5.7%）；非税收入完成24.4亿元，增长7.8%（7月份下降12.9%）。1～8月，全省政府性基金预算支出完成620.9亿元，同比增长87.1%，8月份全省完成172.2亿元，同比增长186.4%；国有资本经营预算支出完成5.4亿元，同比增长33.3%，8月份全省完成295万元，同比下降98.8%。截至9月末，全省金融机构本外币各项存款余额30888.7亿元，比上年同期增长12.3%；本外币各项贷款余额22689.8亿元，同比增长6.7%。

（七）新兴业态良好发展，经济活力有所增强

2020年前三季度，全省限额以上单位网上商品零售额比上年同期增长97.5%，增幅同比提高85.2个百分点；快递业务量完成29839.7万件，同比增长27.2%，其中9月份完成4663.4万件，同比增长48.6%。新产品持续生产，2020年前三季度，工业新产品中，新能源汽车产量同比增长13.4%，集成电路生产1.9亿块，电工仪器仪表生产73.5万台，汽车仪器仪表生产208.5万台；新能源产品中，生物质发电量40.5亿千瓦时，同比增长12.9%。新主体不断壮大，截至2020年9月末，全省市场主体总量260.7万户，同比增长9.0%。其中，企业52.7万户，增长8.7%；个体工商户198.4万户，增长9.6%。9月份当月新登记市场主体4.3万户，增长4.2%。

（八）就业、物价总体稳定，居民收入逐步好转

截至2020年9月末，全省实现城镇新增就业24.85万人，完成年计划

的99.4%。前三季度，全省居民消费价格指数（CPI）比上年同期上涨3.1%，比1~8月回落0.2个百分点，涨幅从年初起呈逐月回落态势。截至8月19日，全省农民外出务工总数为557.4万人，其中，省内务工340.3万人，省外务工217.1万人。高校毕业生签约率好于上年同期，2020年全省高校共有毕业生21.4万人，截至8月14日国家监测系统显示，黑龙江省高校毕业生签约率为75.21%，高于上年同期（69.41%）5.8个百分点。贫困劳动力务工人数持续增加，全省现有贫困劳动力37.2万人，截至8月20日全省已实现务工就业17.45万人，占上年全年（15.68万人）的111.29%。全省退役军人就业重点帮扶人数约3.17万人，其中，上年新增自主就业退役士兵约0.94万人，年老体弱、技能低下下岗失业的退役士兵约2.23万人，通过扶持推荐就业1.65万人。

总体来看，2020年前三季度全省经济加速回暖向好，第四季度任务艰巨繁重，必须扎实做好"六稳"工作，全面落实"六保"任务，全力以赴加快恢复经济发展。要全力以赴抓产业、抓项目、抓投资，多措并举促发展，盯住重点行业、重点工作全力冲刺，抓好第三产业发展、工业企稳上行、促进农民增收、重点项目建设等工作，千方百计实现经济正增长年度目标和"十四五"中长期目标。

二 2020年黑龙江省经济运行和发展存在的主要问题

尽管"十三五"时期黑龙江省振兴发展取得阶段性成就，但综观全国发展水平和相关省市异军突起的态势，其与先进地区差距仍越拉越大。受长期存在的体制性、结构性、资源性矛盾制约，以及疫情突发所带来的冲击，黑龙江省经济社会发展中仍然面临许多迫切需要研究和解决的重大课题。只有解决好这些矛盾和问题，才能有力推动黑龙江省全面和全方位振兴。

（一）经济发展总量小、下行压力仍大

国家实施新一轮东北振兴战略以来，黑龙江省经济发展取得重要成

就,但经济总量不大、发展速度不快、发展质量不优、内生动力不足仍然是制约其振兴发展的关键因素。黑龙江省GDP占全国比重由2003年国家第一轮东北振兴政策出台时的3.78%,下降到2019年的1.37%。黑龙江省产业发展面临前所未有的困难和压力,稳增长、稳预期过程中存在的困难、风险和不确定性增多,工业稳增长阶段性压力加大。从现阶段看,受疫情影响,全省规上工业增加值增速处于负增长,虽然降幅逐渐收窄,但当前恢复性增长还比较乏力,黑龙江省与全国差距不断拉大。一季度全省规上工业增速高于全国0.2个百分点,上半年却低于全国2.7个百分点,到7月底已扩大到3.3个百分点,同时加之外部大环境和经济形势的复杂性不确定性,以及全省市场空间有限、经济发展韧性不够、回旋余地小,稳增长压力加大,传统产业增长乏力,新兴领域规模过小、整体贡献不高,缺乏总量增长的足够动力。

(二)疫情的负向影响尚未完全消除

受新冠肺炎疫情冲击和影响,2020年黑龙江省产业发展在供需两端乏力、市场需求不足等方面的问题突出,市场消费需求大幅下滑直接导致企业订单减少、产量下降。据调查,1~7月,产值占比近70%的前200家规上工业企业的全年订单同比下降8.7%,在全省重点监测的60种工业产品中,33种产品产量同比下降。新开工项目数、投产项目数和完成投资数等关键指标同比全部下降,拉动作用明显不足。1~7月,全省投资500万元以上的工业施工项目新开工项目数同比下降15.2%,投产项目数同比下降23%,完成投资同比下降42.5%。受疫情影响,全省产业链上下游企业复工复产不协同,部分产业链、供应链存在堵点和断点。同时,国际疫情蔓延也对部分外向型产业链复工复产和正常运转带来较大不确定性,对全省工业经济加快恢复和稳步增长带来较大影响。部分配套能力减弱、原料及配件供应能力不足、资金短缺等堵点难点问题存在。企业资金短缺问题比较集中。受疫情影响,企业停工停产时间较长,很多企业资金回笼慢,人员工资、防疫物资等支出增加,企业普遍反映资金紧张。

由于贷款需求增多,带动工业贷款余额扩大,1~7月全省工业贷款余额同比增长12.1%,其中,制造业同比增长18.3%。省内很多企业反映金融机构贷款门槛较高,对企业抵(质)押资产评估价值较低,企业获得贷款融资依然较难,申贷获得率较低。截至9月6日,全省工业企业需求对接达到2891户,其中690户企业最终获得银行贷款,获得贷款企业比例仅为23.9%。

(三)部分领域的投资动力仍不足

从黑龙江省投资下降的主要行业看,2020年1~7月,制造业投资同比下降5.5%;水利、房地产、采矿等一批行业投资受疫情影响,下降幅度较大。采矿业投资增长-8.1%,比上年同期下降39.4个百分点,煤炭、石油、有色金属、非金属开采业投资均有不同程度的下降;水利投资增长-20.9%,比上年同期下降92.5个百分点,主要是由于国家投资计划大部分在7月份下达和汛期施工较难的影响;房地产投资增长-7.2%,比上年同期下降8.9个百分点,企业开发地产的积极性在进一步减退;公路投资增幅比上年同期下降34.8个百分点,主要是国省干线项目比上年减少了16个。同时,受疫情影响,住宿餐饮业、租赁商服业、批发零售业、文化娱乐业等投资均有较大幅度的下降。虽然全省实际使用外资仍保持较大幅度增长,但新设立外商投资企业数量处于下降状态,到资增长乏力。1~7月实际使用外资仅达到2019年全年的45.1%。各地市招商引资不均衡,吸收外资地区主要集中在哈尔滨、齐齐哈尔、大庆、绥化等中心城市,双鸭山、伊春、七台河、鹤岗4个市无外资利用,4个地市利用外资额占比不足1%。

(四)对外开放尚未实现高质量发展

黑龙江省在自贸区、跨境合作区建设上的压力较大,主要集中在哈尔滨、绥芬河、黑河、东宁等地区,彼此之间以及口岸地区与内陆区域经济合作不紧密、协调不够、合理性不强的开发模式致使开发建设压力都很大。黑龙江省对外开放平台支撑作用尚未得到充分发挥。虽然全省有一批综保区、开发区等各类政策性开放平台，但部分开放平台政策组合、叠加效应不明显，集聚资源、辐射牵引能力较弱，对本地区乃至全省发展的带动能力尚未充分显现。黑龙江省对外贸易结构不优、对外经贸合作质量不高的问题仍然存在，高新技术产品出口占比偏低，进口资源类产品省内落地加工率不高。对外经贸合作中仍以货物贸易为主，服务贸易占比尚低，大部分贸易还集中在俄、日、韩等东北亚国家。

（五）民生保障和社会发展仍存在短板

黑龙江省在社会民生领域还存在亟待补齐的短板，群众在就业、教育、医疗、社保、居住、养老等方面仍面临一些难题，发展不均衡、不充分的问题突出。当前黑龙江省在民生保障方面的短板凸显，人均收入居全国后列，2019年黑龙江省人均GDP居全国第24位；2020年前三季度全省城镇常住居民人均可支配收入22206元，同比下降2.4%。根据智联招聘发布的《2020年夏季中国雇主需求与白领人才供给报告》中统计的全国38个城市的平均薪酬，哈尔滨排名倒数第5，相对较低的收入水平和薪资待遇导致其部分人口外流，而人口外流使全省振兴发展缺乏必要的人力支持。2019年全省人口自然增长率为-1.01‰，连续五年负增长；劳动年龄人口连续九年减少，比重连续八年降低，社会老龄化进程加快，部分资源型人口和城区规模不断收缩，全省在社会发展领域面临挑战。

三 2021年黑龙江省经济形势预测

本报告课题组与中国社会科学院数量经济与技术经济研究所合作，依据黑龙江省现实情况和系统化预测的目标，对相关研究理论与方法进行甄别，重点运用宏观经济预测模型，对经济指标进行有针对性地筛选和设定，借此形成模型系统运行的变量体系，最终依据经验数据和综合研判方法给出模型的估计结果。2020年黑龙江省GDP增长率为0.2%，相比2019年，减少

4.0个百分点,扣除疫情冲击和基数因素,总体保持平稳发展。

基于模型分析指标数据,总体上看,2020～2021年黑龙江省经济发展各项主要指标的预测及分析如下(见表1)。

(一)经济复苏步伐加快,产业结构更趋优化

预计黑龙江省2020年GDP增长率为0.2%,2021年黑龙江省GDP增长率约为5%。总体上看,黑龙江省经济将恢复平稳较快发展趋势。主要原因在于,受新冠肺炎疫情冲击,黑龙江省经济发展遇到了超乎寻常的困难与挑战。黑龙江省作为能源工业大省,面临产能过剩问题,其石化、煤炭等产业产值增速下降;企业总体竞争力较弱,企业创新研发动力不足;人口老龄化问题严重,高端人才、创新人才缺失。2020年一季度,黑龙江省经济受疫情冲击较大,主要经济指标出现阶段性大幅度下滑。随着疫情防控步入常态化发展新阶段,主要经济指标降幅全面收窄,生产生活秩序加快恢复,经济运行回稳向好。2020年和2021年,预计黑龙江省第一产业增加值增长率分别为2.4%和2.8%,第二产业增加值增长率分别为0.6%和3.6%,第三产业增加值增长率分别为-1.3%和6.8%。总体上看,黑龙江省第三产业增加值增速高于第一、第二产业,第三产业对GDP拉动作用显著。主要原因在于,我国经济增速虽然放缓,但是产业结构更趋优化,经济结构由工业主导向服务型主导转型的趋势更加明显。黑龙江省近几年对第三产业发展逐渐重视,第三产业逐步成为全省经济转型发展的重要推动力和支柱。黑龙江省2020年第一产业对GDP的增长拉动1.5个百分点,预计2021年该产业对GDP的增长拉动0.7个百分点;2020年其第二产业对GDP的增长拉动0.4个百分点,预计2021年增长到1.0个百分点;2020年其第三产业对GDP的增长拉动-1.7个百分点,预计2021年增长到3.4个百分点。

(二)投资下降局面逐步扭转,项目建设持续发力

根据黑龙江省宏观经济模型预测,2020年黑龙江省社会固定资产投

资将为 11963 亿元，预计 2021 年增长到 12776 亿元；黑龙江省 2020 年社会固定资产名义增长将为 4.6%，预计 2021 年达到 6.8%。根据对现存外资企业增资意愿和新设立企业实际使用资金的研判，2020 年黑龙江省实际使用外资在 4 亿美元左右（2019 年完成 5.4 亿美元），完成全年"稳外资"任务仍然十分艰巨。主要原因在于疫情的暴发，社会固定资产投资下行压力较大，但由于黑龙江省积极实施"百千万"重点工程项目三年滚动计划，统筹规划项目储备工作，大力培育打造百亿级企业、千亿级产业和园区、万亿级产业集群，并在电商、互联网、新技术等领域寻找新的增长点；同时，营商环境的大幅度改善，为扩大招商引资提供了保障。2020 年和 2021 年黑龙江省房地产固定资产投资名义增长率分别为 3.3% 和 5.2%，整体而言，房地产固定资产投资增速呈现小幅上升趋势。随着全省营商环境的持续改善和境内招商引资的力度不断加大，全年实际利用内资将呈现增长态势。

（三）居民消费需求反弹性释放，消费升级态势明显

预计黑龙江省 2020 年社会消费品零售总额 9394 亿元，2021 年社会消费品零售总额将增长到 10105 亿元，社会消费品零售总额名义增长率将分别为 -5.3% 和 7.8%，扣除价格因素，实际增长率为 -8.0% 和 4.5%，增长态势明显。主要原因在于，受疫情管控限制，产生负向影响较大的主要是线下消费行业，如旅游、餐饮、住宿、线下零售等，特别是传统零售行业受到很大冲击，居民消费需求受抑制，消费市场严重萎缩。受疫情冲击最为严重的住宿和餐饮等领域，恢复仍较为缓慢；居民消费能力减弱，家庭非刚性支出压缩，汽车、珠宝、家具、装饰材料等大宗商品销售降幅较大。随着疫情防控形势的持续向好，黑龙江省积极采取线上线下消费相结合的模式，使得零售平台为消费者提供更加高效、快捷的商品和服务增加了可能性，被压抑的消费需求获得反弹性释放，居民消费结构持续升级，而疫情带来的短期经济波动也随着疫情防控的常态化，逐步回归一般增长趋势。2021 年作为"十四五"规划的开局之

年,政策将在支持消费增长方面变得更加有效。在网络经济、假日经济、夜经济、宅经济、地摊经济等各类新兴消费驱动下,在促消费政策和活动带动下,黑龙江省消费潜力将进一步释放,网络消费对经济增长的贡献将进一步增强。

(四)进出口贸易额稳步增长,对外贸易结构有待优化

预计黑龙江省2020年贸易进口总额为182亿美元,2021年贸易进口总额为206亿美元;进口增长率分别为-17.6%和13.5%。主要原因在于,2020年新冠肺炎疫情蔓延全球,导致全球跨境合作、货物贸易和人员往来大幅度减少。黑龙江省作为国内主要对俄贸易窗口,疫情导致其经济增速放缓并进一步带动外需下降,许多外贸企业面临短期"休克",进口总额大幅度下降;但黑龙江省通过加大疫情境外防控力度,严防境外输入病例,并制定出台支持政策,支持对俄经贸合作企业有序复工,支持边民互市贸易尽快恢复运营,使在特殊时期的黑龙江省仍继续发挥边境口岸优势。2021年全球疫情缓解概率较高,海外供应链将进一步恢复,国际原油价格已呈企稳回升态势,并将拉动天然气、铁矿石等大宗货物价格走高,同时随着国家拉动内需政策的落实,生产、需求逐步恢复,黑龙江省进出口下降幅度将趋缓,逐步缩小与全国的差距。2020年黑龙江省出口总额预计达到53亿美元,2021年出口总额预计为57亿美元,出口增长率分别为5.2%和6.8%,货物贸易逆差分别为128亿美元和149亿美元。

(五)工业企业利润状况改善,项目建设提速提质

预计2020年和2021年黑龙江省工业品出厂价格指数(PPI)分别增长-3.2%和3.1%,2021年比2020年增加6.3个百分点,处于稳步上升阶段。主要原因在于,2020年疫情使全球经济陷入低迷,初级产品价格低位徘徊,需求萎缩,在石油、钢铁、化工原料等产品价格同比下降的带动下,黑龙江省工业产品出厂价格大幅度下降。随着疫情进入可控阶段,原材料价格触底反弹,同时"百千万"项目的扎实推进,建设速度、质量同步快速

提升，使得2021年黑龙江省工业品出厂价格将有大幅度上升。预计2020年和2021年黑龙江省居民消费价格指数分别增长2.7%和3.3%，处于温和上升阶段。预计2020年黑龙江省零售物价指数上涨率为1.3%，2021年比2020年加快1.5个百分点，达到2.8%。预计2020年其投资品价格指数上涨率为0.5%，2021年加快1.7个百分点，达到2.2%。

（六）城乡居民收入跨越式增长，农村增速仍高于城镇

预计2020年和2021年黑龙江省城镇常住居民人均可支配收入增长率分别为-1.9%和6.9%，农村常住居民人均可支配收入增长率分别为-2.6%和7.5%。农村常住居民人均可支配收入实际增速仍高于城镇居民，主要原因在于，受疫情影响，城市地区大量工业企业停工停产，就业形势异常严峻，不稳定就业人数以及失业人数大幅度增加，许多居民出现返岗困难；而农村地区通过深入实施乡村振兴发展战略，积极推行强农惠农政策，在应对新冠肺炎疫情中提出农业稳产保供政策，对农机购置实行定额补贴，不断巩固提升农村居民粮食综合生产能力。

（七）财政收支小幅增长，收支平衡压力较大

预计2020年和2021年黑龙江省财政收入分别为1159亿元和1206亿元，财政收入增长率分别为-8.2%和4.1%。黑龙江省财政收入将呈上升趋势发展，主要原因在于，2020年上半年，为缓解疫情带来的冲击，政策上扶持企业复工以及降低企业运营效能上的成本压力，黑龙江省采取了税收征收灵活调节与部分减免的措施。黑龙江省最大限度释放减税降税红利，为企业减负降成本。2020年上半年虽受疫情影响但经济稳中向好的基本面没有改变，预计2021年全省财政收入将平稳增长。预计黑龙江省2020年和2021年财政支出分别为4931亿元和4992亿元，财政支出增长率分别为-1.6%和1.2%，财政收支差额分别为-3772亿元和-3786亿元。

表1 2020~2021年黑龙江省宏观经济主要指标预测

指标名称	2019年统计值	2020年预测值	2021年预测值
1. 总量			
GDP增长率(%)	4.2	0.2	5.0
2. 产业			
第一产业增加值增长率(%)	2.4	2.4	2.8
第二产业增加值增长率(%)	2.7	0.6	3.6
第三产业增加值增长率(%)	5.9	-1.3	6.8
第一产业对GDP增长的拉动(百分点)	0.6	1.5	0.7
第二产业对GDP增长的拉动(百分点)	0.7	0.4	1.0
第三产业对GDP增长的拉动(百分点)	2.9	-1.7	3.4
3. 投资			
社会固定资产投资(亿元)	11439	11963	12776
名义增长率(%)	6.3	4.6	6.8
房地产固定资产投资(亿元)	958	990	1041
房地产固定资产投资名义增长率(%)	1.4	3.3	5.2
4. 消费			
社会消费品零售总额(亿元)	9898	9394	10105
名义增长率(%)	6.2	-5.3	7.8
实际增长率(%)	3.5	-8.0	4.5
5. 外贸			
进口总额(亿美元)	220	182	206
进口增长率(%)	0.3	-17.6	13.5
出口总额(亿美元)	51	53	57
出口增长率(%)	13.9	5.2	6.8
货物贸易逆差(亿美元)	170	128	149
6. 价格			
工业品出厂价格指数(PPI)上涨率(%)	-3.1	-3.2	3.1
居民消费价格指数(CPI)上涨率(%)	2.7	2.7	3.3
零售物价指数(RPI)上涨率(%)	3.2	1.3	2.8
投资品价格指数上涨率(%)	0.8	0.5	2.2

续表

指标名称	2019年统计值	2020年预测值	2021年预测值
7. 居民收入			
城镇常住居民人均可支配收入增长率(%)	6.1	-1.9	6.9
农村常住居民人均可支配收入增长率(%)	6.5	-2.6	7.5
8. 财政收支			
财政收入(亿元)	1263	1159	1206
财政收入增长率(%)	-1.6	-8.2	4.1
财政支出(亿元)	5011	4931	4992
财政支出增长率(%)	7.2	-1.6	1.2
财政收支差额(亿元)	-3749	-3772	-3786

四 黑龙江省经济发展的对策建议

2021年是"十四五"开局之年，黑龙江省要坚持以习近平新时代中国特色社会主义思想为指导，全面贯彻习近平总书记关于统筹疫情防控和经济社会发展重要讲话精神，认真执行党中央决策部署，深入落实党的十九届五中全会、省委十二届八次全会精神，保持定力、坚定信心，全面推动重大决策部署落地见效，坚持稳中求进工作总基调，更好统筹疫情防控和经济社会发展工作，扎实做好"六稳"工作，全面落实"六保"任务，坚决打好三大攻坚战，稳住工业不下滑、力保农业夺丰收、培育新兴产业增动能，在现代产业体系建设、农业现代化建设、创新驱动发展、全面深化改革、更高水平对外开放、生态文明建设、城乡区域协调发展、社会文明程度提高、民生福祉改善、社会治理效能提升等十个方面实现新突破，以十个"新突破"推动龙江全面振兴全方位振兴。

（一）推动农业现代化和乡村振兴

落实中央关于全力巩固农业基础地位的要求，把保障粮食安全放在突出位置，毫不放松抓好粮食生产，坚决当好"压舱石"，加强田间管理，加快推进高标准农田建设，全力做好防汛抗旱夺丰收工作，促进提质增产增效增收。加大秸秆还田力度，保护好黑土地这"耕地中的大熊猫"。抓好生猪恢复生产，推动"两牛一猪"产业链安全优质发展。强化外出农民工就业服务，引导返乡农民工就近就业，促进农民增收。强化农产品网络营销，发展直播经济为本省农产品代言带货，因地制宜探索不同的专业合作社模式。加快发展县域经济，围绕打造农业和农产品深加工万亿级产业集群，突出"粮头食尾""农头工尾"招商引资上项目，推动农业产业化重点项目建成达产，加快壮大特色主导产业。

（二）推动工业经济企稳上行

落实中央关于提高工业竞争力的要求，更加注重补短板，在重点产业上突破，持续抓好"五头五尾"，深入实施"百千万"工程，聚焦50个重点培育的百亿级企业，针对后疫情时期市场需求等变化，做好要素供应、产品创新、扩大订单等支持服务，落实好财政、社保、金融等稳企惠企政策，助力重点企业纾困发展，推动规上企业扭亏增盈。做实做优做强制造业，加强关键核心技术和关键零部件的自主研发，推动装备制造、建材等传统产业转型升级，大力发展农副产品精深加工、石墨等产业。促进房地产市场平稳健康发展，扩大防护装备、生物医药等防疫物资生产，推动5G、人工智能等新兴产业发展，促进产业数字化、数字产业化，培育壮大新增长点。

（三）推进全省重点产业链现代化

加快推进全省产业链创新提升，支撑和带动经济高质量发展，将产业链作为"百千万"工程的重要抓手，在重点培育千亿级产业的工作中进一步突出重点。针对黑龙江省产业链当前短板，立足现有产业基础和相对优势，以稳链、补链、延链、强链为方向，以产业聚焦、资源聚焦、政策聚焦、区域聚焦为支撑，产、学、研相结合，市场、政府作用相叠加，在生产制造环节建立省级、市级、经济功能区三个层面发展产业链的常态化工作推进机制,加快构建具有龙江特色的现代产业体系,推动全省产业发展能级上新台阶。从范围上看,按照突出重大战略产业和统筹要素配置原则,从"百千万"工程重点培育的千亿级产业中筛选出特色优势突出、产业基础较好、规模实力较强、链条相对清晰、龙头企业支撑明显、发展空间大的15条重点产业链,即石油化工、玉米加工、生物医药、石墨、汽车、航空航天、新型智能装备制造,集中发力、形成规模。在承接省级产业链的同时,市(地)结合自身产业发展实际原则再确定重点产业链,各经济功能区(自贸区、新区、经开区、高新区、边合区、跨合区)原则上再确定产业链,构建起层次明晰、梯次培育的产业链推进格局。

(四)激发市场主体活力

坚持结构调整战略方向,提升复工复产复商复市质量,充分释放优质产能。坚持扶持与放活并重,在惠企政策落地、扩面、叠加上发力,针对住宿、餐饮、旅游等经营较为困难的行业制定差异化帮扶措施,在解决个体工商户租金、用工等方面制定更直接更有效的帮扶办法,让小微企业活下去、发展好。畅通产业链供应链,推动上下游协同发展,形成全面、协同、高效、稳定的发展格局。用深化改革的办法优化营商环境,实施好《民法典》,继续推进简政放权,完善领导干部联系企业等制度机制,依法保护企业家合法权益,弘扬企业家精神,构建"亲""清"政商关系,让"欲投又止"的企业加大投资力度,让"欲走还留"的企业坚定信心留下来,让市场主体在健康环境中成长壮大。

(五)积极扩大有效投资

落实中央关于要着眼长远积极扩大有效投资的要求,抓住国家增投资、扩内需机遇,加快推进"百大项目"建设,加速提升项目开工率、投资完成率、资金到位率、按期投产率,促进经济增长、固定资产投资增长、就业增长、消费增长。推动哈尔滨机场二期扩建、哈绥铁伊客专、北黑铁路等项目开工,推动恒大文旅城、牡佳客专等在建项目加快建设,全力跟进央地合作签约项目落地,加快布局建设"两新一重"项目,以新型城镇化带动投资和消费需求。加强5G新基建建设,以有效投资拉动相关产业发展。强化精准有效投资,用好国家发行的地方政府债和抗疫特别国债,推动资金直达市县基层,创新"专项债+金融"模式,鼓励社会资本参与,尽快形成实务工作量,更好发挥综合效应。全力稳外资。贯彻《外商投资法》及其条例和《关于进一步深化对外开放做好利用外资工作若干措施》,打造外资企业投资兴业的良好营商环境。用足用好招商引资激励资金,加强市场化招商队伍建设,鼓励各地将激励资金与招商绩效挂钩,实施更加灵活的激励政策,确定一批专业机构开展委托招商、代理招商、精准招商。用好招商引资大数据平台,拓展合作渠道。持续开展对日本、韩国和欧洲等重点国家和地区的"网上招商洽谈"活动。

(六)挖掘全省消费新潜力

牢牢把握党中央提出扩大内需的战略基点,持续扩大最终消费。高质量办好龙江旅发大会,促进旅游消费恢复,抓住恢复跨省团队旅游和调整景区限量的契机,激发旅游企业活力,聚焦必到必游核心景区,带动旅游枢纽城市周边景区,用好主题旅游廊道,积极发展适应疫情常态化防控的旅游新业态,精彩做好全季旅游。提高复商复市质量,为居民消费升级创造条件,继续发挥好消费券作用,通过政策刺激、优惠让利、银企合作等形式汇集人气商气,支持餐饮、商场、文旅、家政等生活性服务业加快恢复发展。挖掘大健康、智能家居等新型消费潜力,支持发展线上会诊、远程办公、网红经济等新消费模式,鼓励发展数字经济、人工智能、零工经济等新业态,更好支持服务电商进村、快递进村,争取更多的县纳入国家级电子商务示范县,促进形成农产品进城和工业品下乡双向畅通。抓直播电商发展,落实《黑龙江省直播电商发展三年行动计划》;抓小店经济发展,使"小店经济"创造更多就业机会,实现向消费者提供贴身服务。加强5G下的商业发展研究,加快5G技术和智能技术在商务领域的应用。进一步推动新能源汽车消费,开展汽车以旧换新举措以拉动汽车消费。

（七）深化重点领域改革

落实中央关于更大力度推进改革开放的要求，继续加大改革力度，实施好国有企业改革三年行动方案，推动农垦、森工、龙煤等重点改革不断深化，提高省属国企发展质量和效益。推进农信社、供销社等改革，进一步深化"放管服"改革，加快推进要素市场化配置改革，切实通过改革破解体制机制障碍、解决发展难题。推动高水平开放，加快发展跨境电商、市场采购贸易等新业态新模式，加强与俄罗斯及日本、韩国等产业链合作，畅通国际循环。哈尔滨新区发挥先行先试作用，加快推动高质量发展，在全省经济发展中发挥带动和辐射作用。黑龙江自贸区三个片区要用好国家赋予的更大改革开放自主权，进一步促进产业集聚、投资便利化和贸易转型升级，真正让新区"热起来"、自贸区"火起来"。加大招商引资力度，发挥好新区和各级开发区等集聚作用，加快引进建设一批补链强链延链组链项目，支持企业不断提高本地配套率和市场占有率。

（八）坚决打好三大攻坚战

按照中央关于加大脱贫攻坚力度的部署要求，强化扶贫政策落实，持续发展带贫益贫产业，加强边缘人群动态监测，防止返贫和发生新的贫困，及早谋划脱贫攻坚与乡村振兴有效衔接，做好国家脱贫攻坚普查工作，以国务院扶贫开发专项督查为契机推进整改落实，确保高质量打赢脱贫攻坚战。坚决打好污染防治攻坚战，实施"冬病夏治"专项行动，突出抓好哈尔滨、绥化等地冬季取暖大气污染防治，开展水污染防治和土壤污染管控修复，加强垃圾分类治理，打好蓝天、碧水、净土保卫战。坚决打好防范化解重大风险攻坚战，强化风险动态排查，完善金融机构风险化解机制，健全企业债务风险预警和处置机制，坚决守住不发生系统性风险底线。

（九）打造对外开放新前沿

一是提升自由贸易试验区建设水平。充分发挥自贸试验区改革开放

"试验田"作用,积极开展首创性、差别化改革探索,着力形成具有龙江地方特色的可复制推广经验和沿边开放创新案例。进一步对标先进,优化营商环境,吸引更多市场主体落户试验区。二是提升边(跨)合区建设水平。落实国家《关于应对新冠肺炎疫情支持边境(跨境)经济合作区建设促进边境贸易创新发展有关工作的通知》要求,指导边(跨)合区建设采用"小组团"滚动开发模式,着力打造跨境产业链和产业集群。三是提升开发区建设水平。在全省开发区全面实施产业链链长制,完善开发区产业"家谱+图谱",开展稳链、补链、延链、强链行动。探索国际合作路径,鼓励有条件的开发区建设食品、汽车、生物制药、高端装备制造等领域对俄、对欧、对日韩合作产业园。推进开发区人事薪酬制度和"放管服"改革试点推广,进一步增强开发区的吸引力。四是强化边境贸易创新发展。充分发挥边境贸易创新发展联席会议机制,推进黑河、绥芬河边民互市贸易进口商品落地加工试点取得突破。巩固传统能源资源类商品进口优势,扩大大豆等农产品自俄进口规模,鼓励企业对俄投资权益回运产品开展贸易和加工。扩大对俄装备产品、农产品和高附加值产品出口。五是提升口岸便利化水平。争取黑河公路口岸通过国家验收,并实现黑河-卡尼库尔干公路口岸货运通道开通。推动同江铁路口岸和黑瞎子岛公路客运口岸加快建设进程。推进绥芬河、东宁公路口岸优化货物通关流程,稳步提升货车通关效率。做好边境水运口岸冬季跨境运输准备工作。推动《黑龙江口岸中长期发展规划》落地,筑牢口岸大省向口岸强省转变的基础。推进黑龙江省国际贸易"单一窗口"实体平台和跨境电商公共服务平台建设,提升客货通关便利化水平,提升对外开放平台支撑作用。

(十)改善人民生活品质,补齐民生短板

落实中央关于做好困难群众基本生活保障的工作部署,力保居民就业,强化援企稳岗和就业帮扶措施,以双创促进就业,以项目带动就业,以扩岗增加就业,以服务稳定就业。突出做好高校毕业生、退役军人、农民工和城镇困难人员等重点群体就业工作,采取有效措施缓解疫情对青年人就业的影

响。面向市场抓好定向培训，加强与企业合作，确保就业大局稳定。加快解决城镇居民收入负增长问题，保障基本民生，扩大失业保险、低保和社会救助范围，强化煤炭保供，及时启动价补联动机制，按时足额发放养老金。切实抓好防灾减灾工作，加强组织领导和责任落实，抓实抓细防灾救灾各项措施。扎实做好安全生产工作，强化应急管理，健全公共安全隐患常态化排查和安全预防控制体系，防止重特大事故发生，确保人民群众生命财产安全。

2020年是全面建成小康社会和"十三五"规划收官之年，黑龙江省要全面贯彻中央关于制定国民经济和社会发展第十四个五年规划和2035年远景目标的建议。牢牢把握高质量发展这一大方向，认真总结全省"十三五"时期工作，科学谋划全省"十四五"时期发展的目标、思路、举措，科学理性应对，把握好疫情防控与经济社会发展的辩证法，化危为机、助强扶小、推陈出新，着力"在危机中育新机，于变局中开新局"，把握和利用好危机后的新机，贯彻新发展理念，自觉全面融入新发展格局，为走出新时代全面、全方位振兴新路奠定基础。

经济运行篇
Reports on Economic Situation

B.2
2020~2021年黑龙江省农业经济形势分析与预测[*]

陈秀萍[**]

| 摘　要： | 2020年黑龙江省克服了新冠肺炎疫情、低温、台风等自然灾害，农业发展取得了较好的成绩。全省粮食总产量达到1508亿斤，实现"十七连丰"。粮食产业的经济效益实现较大幅度的增长，生猪养殖业经济效益较好，拉升了全省农业经济的增长速度，全省农业经济发展的整体态势较好。绿色农业保持了良好发展势头；农业数字化发展速度加快；农业现代化发展速度加快。黑龙江省农业发展面临着一些挑战，包括粮食产业如何降本增效、农业抗御风险能力的提升、畜产品品牌的培育、农 |

---

[*] 本文是2015年国家社科基金项目"我国粮食主产区新型农业经营体系建设目标与培育机制研究"（15BJY107）的阶段性研究成果。
[**] 陈秀萍，黑龙江省社会科学院农业和农村发展研究所副研究员，农业经济管理学博士，研究方向为农业经济理论与政策。

产品电商销售等问题需要解决。通过以上分析，本文对2021年黑龙江省农业发展形势做出了预测，并在粮食种植结构调整、推动畜牧业高质量发展、加大数字技术在农业全产业链的应用、农业降本增效方面提出了相应的对策建议。

关键词： 农业经济　粮食种植业　生猪养殖业　绿色农业　黑龙江省

"十三五"期间，黑龙江省粮食总产量保持连续增长，从2015年的1264.8亿斤增长到2020年的1508亿斤，年均增长3.8%，实现"十七"连增。积极推进农业供给侧结构性改革，增大豆、减玉米种植面积。农业现代化发展速度加快，至2020年全省农业科技进步率达到67.7%，比2015年高3.2个百分点。绿色农业发展成效突出，绿色（有机）食品认证面积从2015年的7305万亩增加到2020年的8500万亩，年均增长3.27%。高度重视农业生态环境建设，2016~2019年全省耕地轮作休耕面积合计达到3455万亩；农业"三减"面积2020年达到5000万亩；秸秆综合利用率达到90%以上，还田利用率达到65%以上。2020年新冠肺炎疫情的暴发，使各国对粮食安全更加关注。习近平总书记提出："越是面对风险挑战，越要稳住农业，越要确保粮食和重要农副食品安全。"为了统筹推进疫情防控和经济社会发展，2020年4月中共中央政治局提出了"六保"任务，"保粮食能源安全"是其中之一。2020年中央一号文件提出"确保粮食安全始终是治国理政的头等大事"。黑龙江省作为国家粮食安全的"压舱石"，将保证粮食稳产增产作为2020年农业的首要任务。

一 2020年黑龙江省农业经济运行基本态势

尽管2020年新冠肺炎疫情对黑龙江省经济造成的负面影响较大，但对农业影响不大，全省农业经济发展形势较好。

（一）农业经济总体态势

2020年前三季度，全省第一产业增加值936.8亿元，同比增长2.9%，比上年同期提高0.3个百分点，比全国同期高0.6个百分点（见图1）。第一产业投资增长1.1倍。种植业生产总体平稳，2020年全省农作物播种面积超过2.23亿亩，种植业产值比上年同期增长3.2%；畜牧业产值比上年同期增长2.4%；蔬菜及食用菌产量比上年同期增长4.0%。1~8月全省农民转移就业人数达546.5万人，高于上年同期水平。预计2020年（全年）黑龙江省第一产业增加值的增长率将达到2.4%以上，高于上年。2020年前三季度，全省农村常住居民人均可支配收入9907元，名义增长速度为6.3%，预计全年的名义增长速度为8.5%左右。

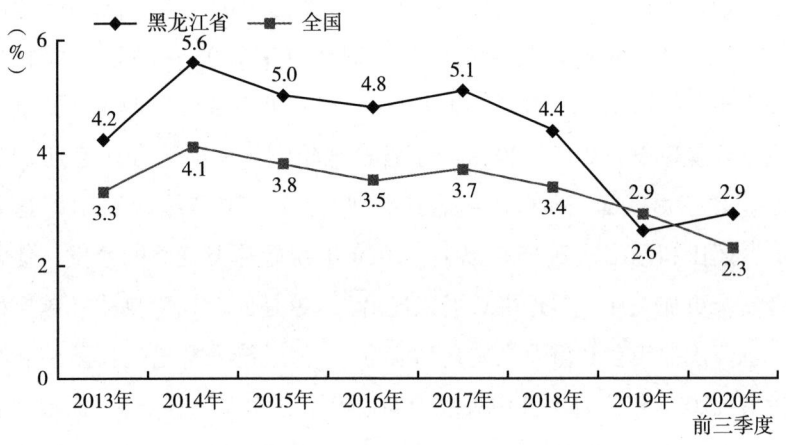

图1 2013年至2020年前三季度黑龙江省、全国第一产业增加值增长速度

资料来源：黑龙江省统计局月度数据。

（二）粮食种植业稳步发展

1. 粮食播种面积小幅增长

2020年黑龙江落实国家关于玉米和大豆种植面积"双稳"的总体部署以及农业农村部关于"适度增加玉米种植面积"和"增加粮食产量"的具

体要求。2020年全省粮食播种面积21550万亩，比上年增加78万亩，粮食种植结构呈现水稻稳、玉米和小麦增、大豆减的态势。

2. 粮食总产量小幅增长

2020年黑龙江省早期粮食生产状况好于常年，但8月下旬至九月初部分县（市、区）不同程度地遭受了台风的影响，有些地块的玉米、水稻出现倒伏，从国家到地方政府高度重视此次救灾工作，通过抢收、烘干，将倒伏在垄沟里的玉米扶上垄台等多种应对措施，台风对粮食的"总体影响有限，各类作物全部进入蜡熟后期，部分进入完熟期，产量已经形成"①。大豆的生长情况是近几年最好的一年。"未受灾的地块预计玉米、水稻、大豆等主要作物单产均比上年增长5%以上，北大荒集团增幅达6%。"②2020年全省粮食总产量达到1508亿斤，比上年增长近8亿斤，实现"十七连丰"，连续10年位列全国第一，在保障国家粮食安全方面做出了突出的贡献。

3. 粮食产业的经济效益大幅度增长

因新冠肺炎疫情、生猪养殖业的恢复、玉米加工业快速发展等多种因素的影响，自2020年3月起黑龙江省与全国一样，大豆和玉米价格出现大幅度上涨。2020年6~11月，大豆和玉米的价格比上年同期上涨三分之一左右；水稻的价格呈现微涨。2020年9月末新粮陆续上市，但玉米、大豆的价格仍然保持高位（见图2）。从生产成本来看，在备耕环节，"黑龙江省启动早、成本低、方法新、质量好。春节前就大力推行网上备耕、网上培训、网上贷款，种子、化肥、农药、柴油、农膜等生产资料于3月底全部下摆到户，约60%农户以低于去年同期价格订购了农资。"③ 在秋收环节，部分农户需要采用特殊机械或者人工收割倒伏的粮食作物，粮食

---

① 《黑龙江今年粮食产量怎么样？专家这样说》，《惠农热线》2020年9月17日。
② 《黑龙江"抢"字当头夺秋粮　确保丰产丰收颗粒归仓》，人民网，http://hlj.people.com.cn/n2/2020/1020/c220024-34362336.html，2020年10月20日。
③ 《黑龙江"抢"字当头夺秋粮　确保丰产丰收颗粒归仓》，人民网，http://hlj.people.com.cn/n2/2020/1020/c220024-34362336.html，2020年10月20日。

的收获成本有所增高。总体上,黑龙江省玉米、大豆种植业的经济效益明显提高,水稻种植业的经济效益保持稳定,粮食产业的经济效益实现较大幅度的增长。

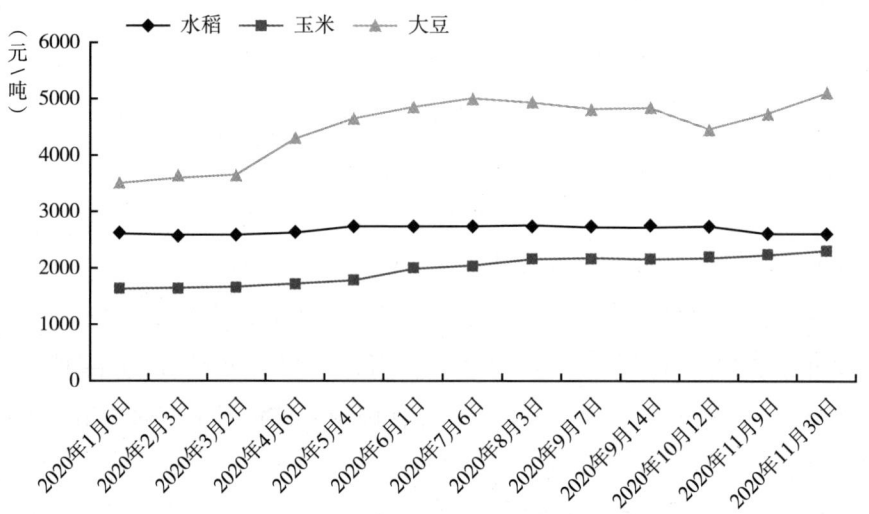

图 2　2020 年黑龙江粮食市场收购价格

资料来源:国家粮食和物资储备局《全国主要粮食品种收购价格周报》。

(三)生猪养殖业发展势头较好

2020 年我国猪肉价格较高,从国家到地方对生猪养殖业给予多项政策支持,在此市场环境下,企业和养殖户投资生猪养殖业的意愿都比较强,生猪养殖业发展势头较好。通过抓疫病防控,落实非洲猪瘟防控 26 条关键措施,实现了生猪养殖业的快速恢复。前三季度,全省"生猪产能持续恢复,存栏 1320.5 万头,同比增长 18.4%,连续 5 个季度环比增长;出栏 1270.2 万头,由上半年下降 4.5% 转为增长 1.2%";"按照现有能繁母猪带仔率、年底前产仔量,年底前可确保存栏 1350 万头、出栏 2100 万头。"[①] 2020 年

---

① 黑龙江省政府新闻办公室:《2020 年黑龙江预计粮食产量将达 1550 亿斤以上》,网易黑龙江,http://hlj.news.163.com/20/0709/18/FH4708TQ04239DI4.html,2020 年 7 月 9 日。

生猪养殖业的经济效益较好。生猪价格和"猪粮比"一直保持高位（见图3）。2020年1~9月生猪出场平均价格是2018年全年的1.53倍，"猪粮比"平均达到16.08，比2019年（全年为11.21）高4.87。

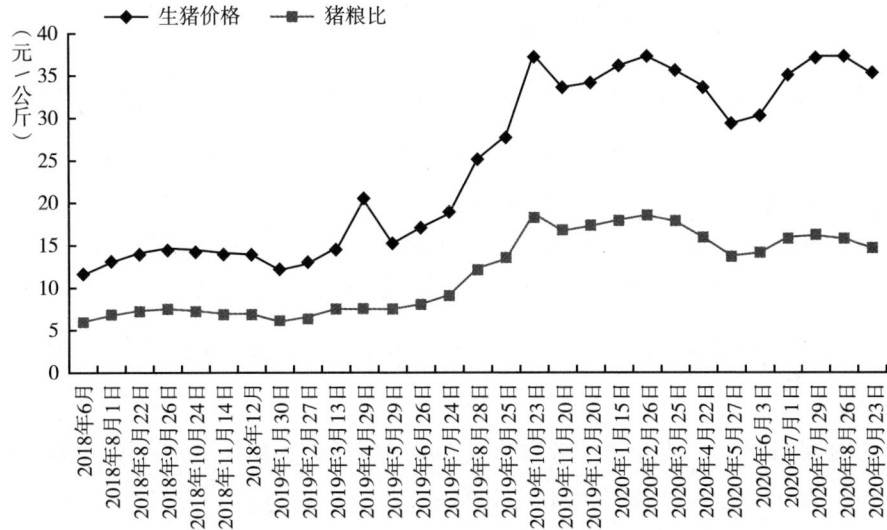

图3　2018年6月至2020年9月全国生猪出场价格及"猪粮比"

资料来源：国家发改委。

（四）渔业发展态势

2020年1~8月，全省水产品总产量31.97万吨，同比增长2.3%。其中，养殖产量29.92万吨，同比增长2.7%；捕捞产量2.05万吨，同比下降3.6%。全省稻渔综合种养面积超过110万亩，较上年增长23.87%。

（五）绿色农业保持良好发展势头

至2020年，全省水稻节水控制灌溉面积达到3000万亩。2015~2020年，全省共有20个县（市、区、农场）进入黑土地保护利用试点。2020年落实黑土耕地保护示范区建设面积1000万亩，落实保护性耕作免耕播种面积1236万亩，落实农业"三减"高标准示范基地面积5000万亩，测土配方施肥面积达到2.16亿亩；建立病虫监测点2200个，补贴更换节药喷头10万套，开展绿色防控技术试验56项，全省绿色有机食品认证面积达到8500万亩。

（六）农业数字化发展速度加快

近些年黑龙江省致力于数字农业的发展。农产品电商、农业遥感的大数据服务产品不断丰富，依托数字农业，定制农业、认养农业、创意农业、云农场等新业态新模式不断涌现。2020年新冠肺炎疫情加快了全省农业数字化的发展速度。①在农业备耕环节，2020年黑龙江省推行网上备耕、网上培训、网上贷款，不仅及时地完成了生产资料的备耕，并使约60%的农户以低于上年同期价格订购到农资，实现了节本。②在农业生产环节，利用数字监控，2020年全省"互联网+种植业"高标准示范基地达到1741个。③在服务环节，利用数字经济创新服务农业模式。④在农产品销售环节，线上农产品销售数量大幅度增长，智慧农业、数字农业的发展进入加速期。2020年一季度，全省农产品网络零售额实现9.7亿元，同比增长36.2%。①2020年全省利用抖音、快手、天猫等平台，牵头"龙江有好货"直播活动16场，各项直播活动累计实现销售收入2.93亿元。

（七）农业现代化发展速度加快

黑龙江省将"藏粮于地""藏粮于技"作为粮食产业发展的战略，高度重视和运用水利化、良种化、农机化、科技化、标准化等现代农业生产手段，助推农业稳步发展。全省"农作物综合机械化率98%，良种覆盖率100%，先进技术推广面积2亿亩以上，新增高标准科技园20个以上，新命名省级现代农业产业园20个，'互联网+种植业'高标准示范基地达到

---

① 《全国第四！一季度黑龙江农村电商零售额同比增长84.5%》，《黑龙江日报》2020年4月30日。

1741个"①。2020年全省建设高标准农田面积843万亩,全省累计建设高标准农田达到9391万亩,接近全国高标准农田建设面积的25%。例如,现代农业的领头雁——黑龙江北大荒农垦集团,不仅综合机械化率达到99.9%,智慧农业、数字农业的发展已经走在全国前列,"广泛采用无人机械耕作、管理和收获,确保无人化作业率占到50%以上,108个农场有限公司全部采用数字信息管理系统,数字农场建设迈出更大步伐。"② 全省农业科技进步贡献率达到67.7%。

二 黑龙江省农业经济发展中面临的挑战

2020年黑龙江省农业经济形势发展较好,从农产品产量到农业的经济效益都取得了良好成绩,但是在今后的发展中也面临着如下挑战。

(一)粮食产业降本增效始终是一个挑战

2015年之后,由于我国粮食价格体制改革、粮食价格受国际粮价的打压等原因,我国粮食产业的经济效益下滑幅度较大,黑龙江省粮食产业下滑幅度更大,从之前的高于全国平均水平转变为低于全国平均水平。2015~2018年黑龙江省玉米、大豆种植业的净利润出现亏损,粳稻的净利润自2018年也处于亏损的边缘(见图4)。自2016年起国家在东北地区设置了大豆、玉米粮食生产者补贴,但粮食产业的经济效益仍然很低。面对WTO规则,我国粮食价格无法提升,但粮食生产的成本却在一直增长,因此,粮食种植业的经济效益提升困难。

2020年因为新冠肺炎疫情的影响,我国粮食价格上涨较快,但是,黑龙江省的农民经营土地面积大、粮食产量多,缺少存粮设施,粮食多是堆积在地头,"地趴粮"容易霉变,不能保留到春季雪化的时候;由于需要购买生产资料和还

---

① 黑龙江省政府新闻办公室:《2020年黑龙江预计粮食产量将达1550亿斤以上》,网易黑龙江,http://hlj.news.163.com/20/0709/18/FH4708TQ04239DI4.html,2020年7月9日。
② 方圆:《把握住粮食安全主动权》(一线视角),人民网-《人民日报》,2020年7月9日。

贷等原因，农民通常售粮时间较早，大多数农民在粮食收获后不久即将粮食卖出，2020年上半年多数农民并没有享受到粮食价格上涨带来的"红利"。2020年秋季新粮上市，玉米和大豆的价格保持了2020年上半年的坚挺，粮食的市场价格上涨幅度较大。但同时，受新冠肺炎疫情的影响粮食种植业的人工成本上升；三次台风导致玉米、水稻倒伏，收获成本的上升，使得粮食种植业生产成本仍然处于上升趋势。2020年黑龙江省粮食种植业的经济效益改变了前5年的下滑趋势，出现好转，涨幅较大。但是，如何降低粮食产业的生产成本、提升粮食产业经济效益是黑龙江省今后需要关注的重点，有待深入探索。

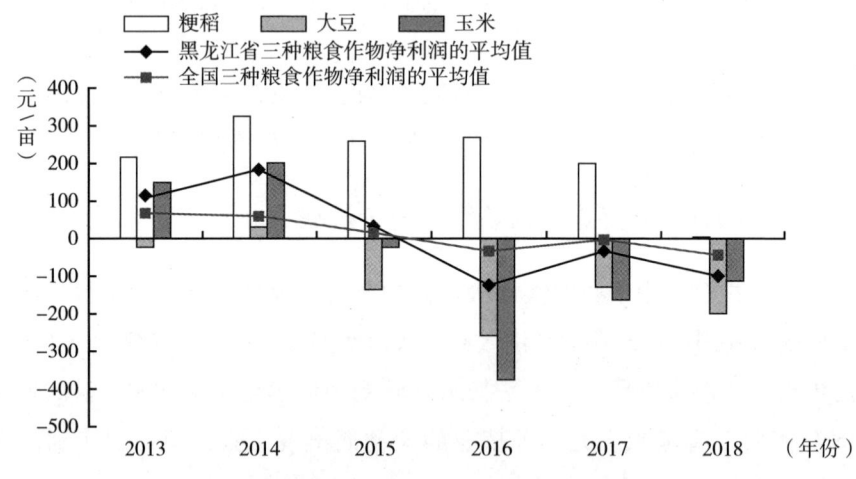

图4　黑龙江省稻谷、大豆、玉米种植业的净利润

资料来源：《全国农产品成本收益资料汇编2014~2019》。

（二）粮食种植业结构性调整方向有待明确

2020年以来，国产大豆和进口大豆的价格涨幅较大。2020年玉米和大豆的价格上涨幅度较大，经济效益好于水稻，且省工省力，预计2021年农民种植玉米、大豆的积极性较高。2020年黑龙江省三大粮食作物中，水稻种植业的经济效益最低，规模经营主体已处于亏损边缘。如果2021年水稻的收购价和粮食生产者补贴（2020年黑龙江省水稻的粮食生产者补贴标准为：地表水 136 元/亩；地下水 86 元/亩）不上涨，预计 2021 年黑龙江省玉米、大豆的播种面积将出现较大幅度的增加，因土地面积有限，会导致水稻播种面积出现较大幅度的缩减。2021 年黑龙江省粮食种植业结构调整的方向有待明确。

（三）农业抗御风险能力有待提升

随着全球气候变暖，极端天气气候出现的频率增多增强，黑龙江省农业受自然灾害的负面影响也呈现出扩大的趋势。2015～2020 年，黑龙江省农作物播种面积占全国农作物播种面积的 9% 左右，但近三年黑龙江省受灾面积和成灾面积占全国的比例超过 9%，远高于全国平均水平（见表1）。以 2018 年为例，黑龙江省成灾面积合计达到 1451 千公顷。如果成灾面积按照减产 30% 计算，可以计算出当年仅"成灾面积"就使全省粮食减产 30 亿斤左右，使农民减收 40 亿元左右。2019 年黑龙江省的成灾面积与 2018 年相当。2020 年，黑龙江省受到"巴威""美莎克""海神"三次台风的影响，农作物成灾面积不低于上年。所以，提高农业抗御风险的能力，是保障黑龙江省粮食产量、保证农民增收的重要途径。

表 1　黑龙江省农作物受灾、成灾面积及占全国的比例

单位：千公顷，%

年份	受灾面积			成灾面积		
	全国	黑龙江	黑龙江省占全国的比例	全国	黑龙江	黑龙江省占全国的比例
2015	21770	1175	5	12380	844	7
2016	26221	4224	16	13670	2664	19
2017	18478	1551	8	9201	424	5
2018	20814	4155	20	10569	1451	14
2019	19257	3541	18	7913	与 2018 年相当	
2020		三次台风			三次台风	

资料来源：依据《中国统计年鉴》（2016～2020 年），《中国农村统计年鉴》（2016～2019 年）中的数据整理得出。

（四）畜产品品牌培育有待加强

在2020年全国畜牧业类"农产品地理标志"品牌数量排名中，黑龙江省有12个，排名为第15，排在中间（见图5）。在全国肉类"农产品地理标志"品牌数量排名中，黑龙江省有8个，排名第18，属于数量较少的省份（见图6）。可见，黑龙江省畜产品的品牌数量较少，知名度较低，今后需要加强畜产品品牌的培育。

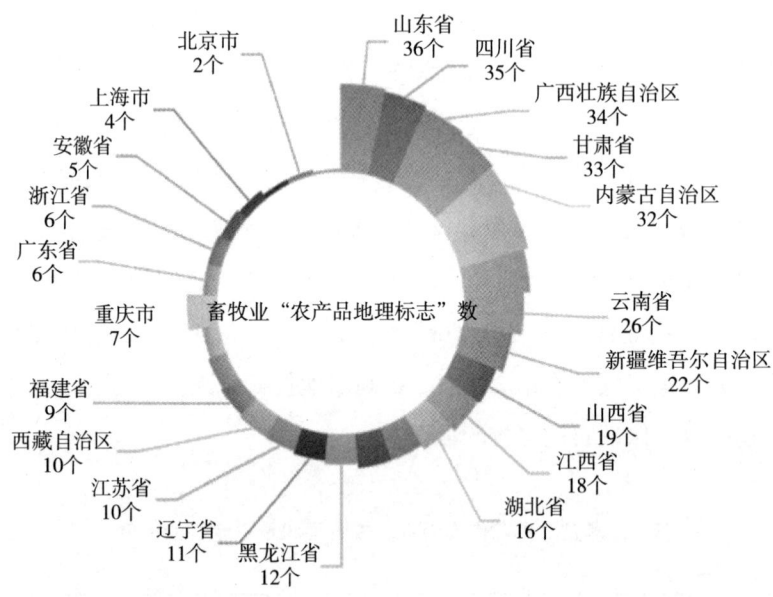

图5　2020年各省（区、市）畜牧业类"农产品地理标志"品牌数排名

资料来源：农业农村部。

（五）农产品电商销售有待加速

阿里研究院、浙江大学中国农村发展研究院联合发布的《2020阿里农产品电商报告》显示，由于受到农产品结构以粮食为主、地理位置偏远、物流运输成本较高等因素的限制，2019年黑龙江省在农产品电商销售额排名中居第22位（见图7）。可见，黑龙江省农产品电商发展水平与农产品产

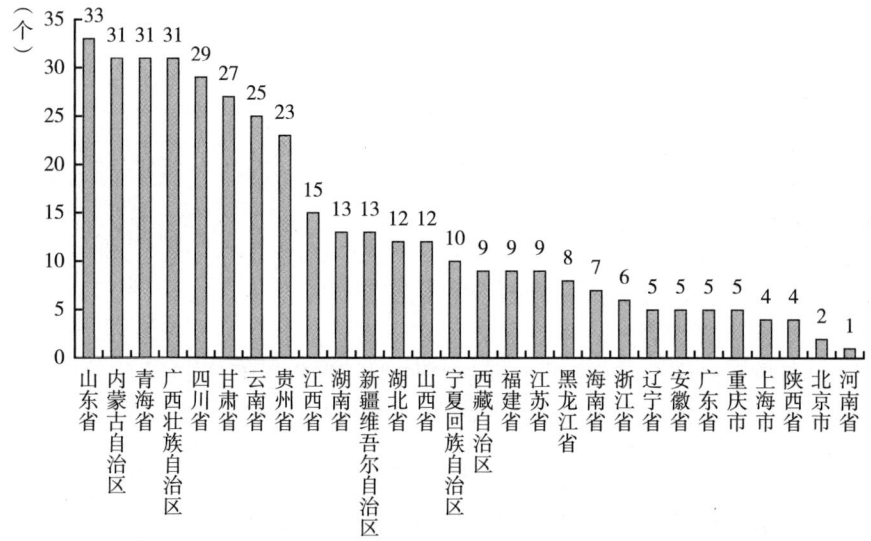

图6 2020年各省（区、市）肉类"农产品地理标志"品牌数排名

资料来源：农业农村部。

量相比，仍然比较滞后，尚有较大的开发潜力。我国《数字农业农村发展规划（2019—2025年）》提出，农产品网络零售额占农产品总交易额比重到2025年上升到15%。黑龙江省要达到这一水平，需加快发展速度。

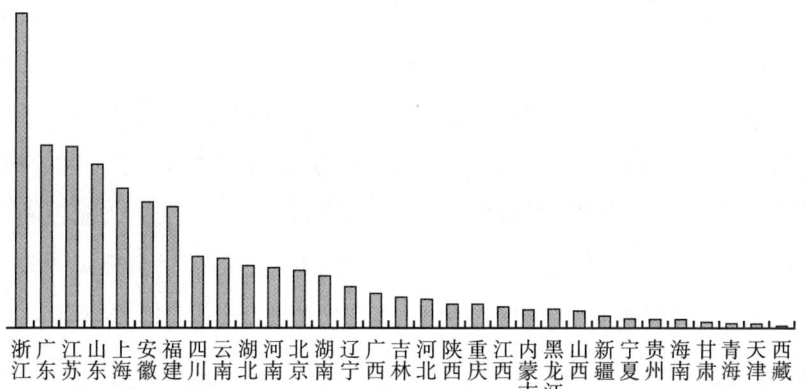

图7 2019年全国各省（区、市）农产品电商销售额

资料来源：阿里研究院、浙江大学中国农村发展研究院《2020阿里农产品电商报告》。

三 2021年黑龙江省农业经济形势预测

2021年,世界农业的发展仍然会受到新冠肺炎疫情的影响,黑龙江省农业的发展仍然会面对特殊的发展环境。

(一)粮食产业仍然会被高度重视

目前来看,国外新冠肺炎疫情短期内难以克服,全世界的疫情可能要延续一到两年。世界经济受到的冲击较大,贫困人口数量将增加。《2020年全球食物危机报告》显示,"受到新冠肺炎疫情冲击,到2020年底,面临严重食物不安全处在食物危机中的人口数量将增至2.65亿人,比2019年的1.35亿增加了1.3亿。"①"在经济萎靡、地区冲突、气候变化、极端天气等多重因素频繁、强烈的冲击下,此次全球范围内新冠肺炎疫情大流行,使得本就脆弱的全球农业食物系统再次受到剧烈冲击,这提醒我们要对未来食物系统进行重新思考,增加食物系统的韧性迫在眉睫。"②

联合国粮农组织(FAO)发布2020年9月《谷物供求简报》显示:"2020年全球谷物产量将达27.65亿吨,比2019年产量高出5800万吨,粮食产量创世界历史新高。"美国农业部(2020年9月11日)的预测:"2020/2021年度全球谷物总产比上年增2.4%,油脂(包括大豆)产量增5.5%;美国谷物总产增7.8%,油脂产量增19.4%。"③但是世界粮食的价格仍然出现大涨,联合国粮农组织2020年10月8日公布的数据显示,在谷物和植物油强劲上涨的带动下,至9月世界粮食价格连续4个月上涨,9月全球谷物价格指数同比大涨13.6%。可以预测到,2021年世界粮食价格仍然会处于高位。面对这一形势,2021年乃

---

① 《2020年全球食物危机报告》。
② 樊胜根:《重新审视新冠疫情下的全球农业食物系统》,《华中农业大学学报》(社会科学版)2020年第5期。
③ 农业农村部国际合作司:《境外涉农信息快报》,2020年9月11日。

至"十四五"期间,我国仍然会高度重视粮食产业的发展,各项粮食补贴不会降低。

(二)现有政策下2021年玉米的播种面积将会增长,水稻播种面积将会下降

2020年新冠肺炎疫情暴发以来,我国国产大豆和进口大豆的价格都在不断攀升。2017年至今,水稻种植业的经济效益不断在下滑,规模经营主体已处于亏损边缘,农民种植水稻的积极性开始下降。2020年玉米和大豆的价格上涨幅度较大,经济效益好于水稻,且省工省力。预计2021年农民种植玉米、大豆的积极性将会大幅度提升。大豆的价格受国际大豆价格影响较大,玉米价格比较稳定。农民在大豆和玉米之间比较选择,预计2021年会有更多的农民种植玉米,玉米的种植面积会继续增长。由于土地面积有限,如果水稻的收购价和粮食生产者补贴不上涨,预计2021年全省水稻种植面积将会被玉米所挤压,播种面积将会缩减。

(三)畜牧业将出现量涨价跌

2019~2020年黑龙江省畜牧业发展较快,规模养殖业企业数量增长较多。2020~2021年我国玉米、大豆价格涨幅较大,增加了养殖业的饲料成本,加上猪仔成本也较高,而猪肉的价格下降幅度较大。"截至9月底,全国生猪存栏达到3.7亿头,恢复到2017年末的84%;能繁母猪存栏达到3822万头,恢复到2017年末的86%。随着生猪生产快速恢复、出栏量增加,猪肉价格已连续7周回落"①。随着生猪产能的恢复和其他畜产品产业的快速发展,加上进口猪肉数量的增加,如果非洲猪瘟疫情不反弹,预计2021年我国猪肉供给数量将大幅度增长,同时价格将会出现较大幅度的下降,生猪养殖业的经济效益会大幅度下滑。

---

① 周文天、潘宇静:《今年粮食丰收已成定局 生猪生产恢复好于预期》,中证网-《中国证券报》,http://www.cs.com.cn/cj2020/202010/t20201022_6103731.html,2020年10月22日。

四 促进黑龙江省农业经济发展的对策建议

(一)规划好粮食供给侧结构调整的方向

面对全球新冠肺炎疫情的不确定性,保障粮食安全是我国的首选,我国粮食供给结构仍需根据市场需求进行进一步调整。以玉米生产为例,近几年,黑龙江省玉米年产量不足4000万吨,而玉米深加工产能已超过2600万吨,居民自用和饲料玉米消耗量在1600万吨左右,总计玉米需求已经超过4200万吨。从以上数据可见,全省玉米的供给能力已经不能满足需求了。2020年黑龙江省玉米的市场价格涨幅较大。因此,2021年黑龙江省要根据国家粮食产业发展规划进一步规划好本省的粮食种植结构,以有效维护国家粮食安全。

(二)推动畜牧业高质量发展

1. 保持畜牧业的发展动力

2016年黑龙江省出台文件《关于把畜牧产业培育成为振兴发展战略性产业的指导意见》(黑发〔2016〕25号)提出,"到2020年全省畜牧业产值占农业总产值的比重力争达到50%,增加值占全省GDP比重5%以上,畜牧产业成为龙江振兴发展的战略性产业。"但是近几年畜牧业增加值占黑龙江省农业增加值的比重一直徘徊不前,没有达到目标,与战略性产业的地位尚有一定距离(见图8)。全省畜禽养殖环境承载力不到0.2,远低于推荐适宜值0.6,畜禽养殖业还有很大潜力尚未开发出来。2019~2020年我国猪肉价格的快速上涨刺激了全省生猪、牛、羊、禽类养殖业的发展,2020年全省畜牧业的经济效益增幅较大。黑龙江省应根据"两牛一猪"发展规划,关注当前畜牧业的发展态势,保护好养殖户的积极性,开发畜禽养殖业的潜力,推动畜牧业高质量发展。

2. 大力发展绿色养殖业

2020年3月农业农村部制定了《2020年农业农村绿色发展工作要点》,

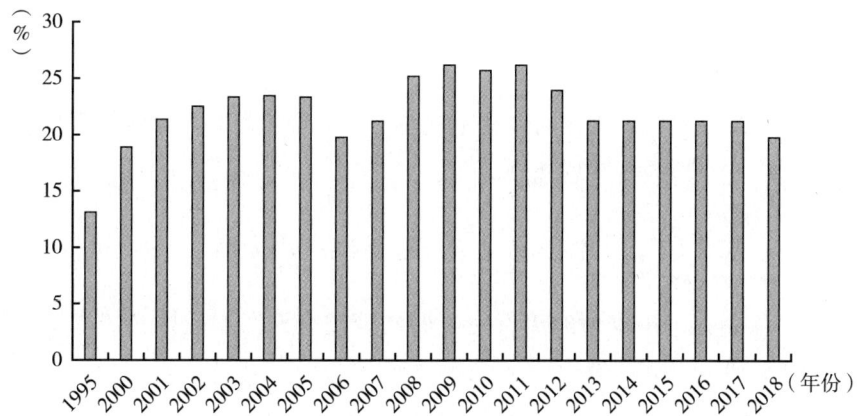

图 8　1995～2018 年黑龙江省畜牧业增加值占农业增加值的比重

资料来源：依据公开数据计算得出。

提出了"发展生态健康养殖"。据此，黑龙江省应做好以下工作："（1）要确定畜牧养殖业的绿色发展方向，推进生态、经济、环境和社会效益协同发展；（2）根据地区生态环境的承载力，规划好畜牧养殖业发展目标，并要防止生态环境被污染、资源被过度利用；（3）推进畜牧养殖业逐步转型升级，在养殖场建设、养殖生产环节、废弃物处理、产品加工销售等各个环节都逐步地向绿色发展、高质发展转型。"①

3. 注重畜产品加工业的发展

自 2019 年以来，经济效益的上升，国家生猪养殖业扶持政策利好，使生猪养殖业吸引了大量的企业参与，全省生猪和能繁母猪的存栏量恢复较快。如果非洲猪瘟能够控制住，那么我国生猪养殖业发展增长速度会很快，加上进口猪肉的冲击，猪肉市场可能会出现供过于求、肉价出现较大幅度降价的状况。建议：为避免生猪养殖周期波谷带来重大负面影响，当务之急，黑龙江省要关注畜产品加工业的发展，延长猪肉产业

---

① 陈秀萍：《东北三省生猪养殖业发展影响因素及政策选择》，《经济纵横》2020 年第 9 期，第 126 页。

链，为生猪养殖业发展提供适宜的空间，注重畜牧业上下游产业的联动发展。

4.重视畜产品品牌的培育

在加快畜牧业发展的同时，要重视畜产品品牌的培育，才能使畜牧业增产速度和产业经济效益发展速度同步。

（三）加大数字技术在农业全产业链的应用力度

2020年新冠肺炎疫情的流行使电商购销成为人们普遍接受的方式，改变了许多消费者的购买习惯，与2020年之前相比，今后我国农产品电商销售占比将出现大幅度增长，发展电商销售的意义会更加突出。"十四五"期间，黑龙江省应依据国家《数字农业农村发展规划（2019—2025年）》，高度重视农业大数据建设，加大数字技术在农业全产业链中的应用，提高农产品生产、销售、加工、物流、销售等环节的水平。同时，利用农业大数据，发展精准农业，给市场经营主体提供各种更加精确的信息，避免出现一窝蜂地上项目、重复建设、盲目扩张产能、同业恶性竞争等现象，是当前黑龙江省需要重点关注的问题。

（四）提高农业抗御风险的能力

针对黑龙江省农业自然风险出现频次较高的情况，建议：一是注重科技攻关和推广抗倒伏、抗旱等农作物品种，提前预防自然灾害造成的损失。二是加快高标准农田的建设，加强水利基础设施的建设，提高农业抵抗水灾、旱灾的能力。三是建议国家尽快将黑龙江省纳入"完全成本保险和收入保险"试点范围。2018年我国在内蒙古、辽宁、安徽、山东、河南、湖北6个省（自治区），各选择4个产粮大县，开展为期3年的完全成本保险和收入保险试点。2020年中央一号文件提出"推进稻谷、小麦、玉米完全成本保险和收入保险试点"。因黑龙江省自然灾害发生率较高，建议国家扩大这一保险政策试点范围，尽快将黑龙江省纳入试点，以减少自然灾害给粮食种植业带来的经济损失，提高农民种粮的积极性。

（五）鼓励农、林、牧、渔各业充分利用期货贸易实现提效降本

2020年粮食价格大幅度上升，粮食种植业获得了较好的经济效益，但畜牧业的饲料成本却上升，这样就会影响畜牧业的经济效益。粮食种植业者希望2021年粮食种植业的经济效益能够继续保持，相反，畜禽养殖业者期望粮食价格保持低位，以节约养殖饲料成本。为了实现双方利益的平衡，鼓励农、林、牧、渔各业充分利用期货贸易使买卖双方的粮食价格尽量向预期价格靠近，以实现提高经济效益、降低生产成本的目的。

参考文献

《黑龙江省农业农村厅厅长王金会作主旨发布》，人民网－黑龙江频道，http：//hlj.people.com.cn/n2/2020/0709/c397798-34144769.html，2020年7月9日。

陈秀萍：《东北三省保障国家粮食安全问题研究》，《中国东北地区发展报告2020》，社会科学文献出版社，2020。

B.3
2020~2021年黑龙江省工业经济形势分析与预测[*]

吕萍 陈昌浩[**]

摘　要： 2020年初新冠肺炎疫情的暴发并在全球迅速蔓延，对国内外经济形势造成了深远的影响，经济下行压力较大。黑龙江省积极做好"六稳"工作，落实"六保"任务，工业经济逐步复苏，2020年上半年主要工业指标逐步回升，但仍存在部分工业经济发展要素呈放缓迹象、基础尚不牢固、科技创新能力不强等问题。本文通过回顾"十三五"时期黑龙江省工业发展情况，依据2020年前三季度的工业经济发展形势，分析新冠肺炎疫情对黑龙江省工业的整体影响；在分析国内外发展环境对工业经济影响的基础上，剖析疫情为工业发展带来的机遇与挑战，预测2021年工业经济发展走势。并提出黑龙江省应借助"中国制造2025"的国家战略部署与国内国际"双循环"条件，通过不断优化省内营商环境，完善黑龙江省工业科技创新体系，并加强区域间各工业部门合作等诸多对策，从而推动疫情防控常态化时期下，工业经济高质量发展。

关键词： 工业经济　疫情防控常态化　工业强省　黑龙江省

---

[*] 本文为国家社科基金一般项目"东北地区新型城镇化与乡村振兴协调发展的机制及路径研究"（19BJY060）阶段性研究成果。
[**] 吕萍，哈尔滨商业大学经济学院研究员，管理学博士，研究方向为区域经济、产业经济等；陈昌浩，黑龙江省社会科学院在读硕士研究生，研究方向为产业经济等。

2020年初以来新冠肺炎疫情的暴发与全球的蔓延,致使黑龙江省工业经济受疫情影响较大。随着疫情形势得到有效控制,黑龙江省稳步推进复工复产达产,工业经济逐步复苏。

一 "十三五"时期黑龙江省工业发展情况回顾

"十三五"期间,黑龙江省规模以上工业总体稳中有升,传统产业结构不断优化,新动能培育稳步推进,国有与民营工业并驾齐驱格局初步形成。

(一)工业经济总体稳中有升

2019年,黑龙江省规模以上工业增加值比上年同期增长2.8%,高于2015年以来平均水平0.1个百分点(见图1)。黑龙江省将工业经济高质量发展提高到更加突出的位置,2019年出台《工业强省建设规划》,为全省工业战线明确方向,着力做好"三篇大文章",吹响新时代向工业强省进军的集结号。

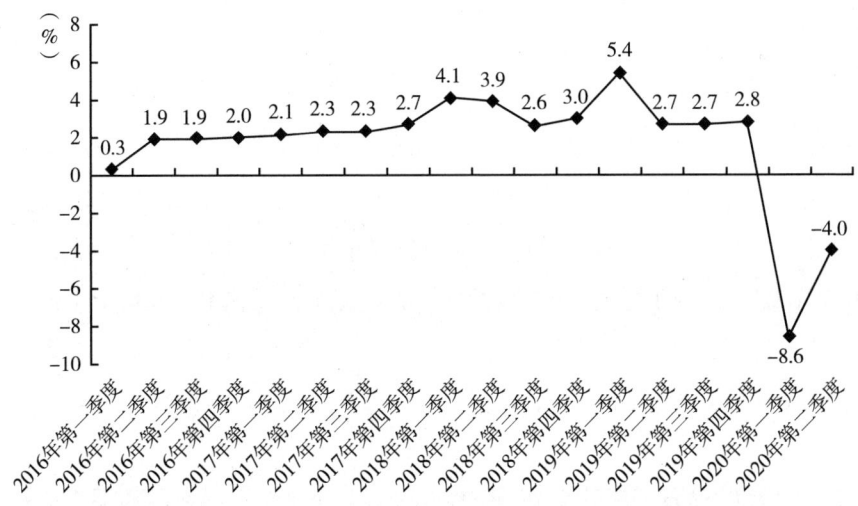

图1 "十三五"时期黑龙江省规模以上工业增加值增速情况

资料来源:《黑龙江省统计月报》。

（二）传统产业结构不断优化升级

2019年，黑龙江省虽然受国际贸易冲突以及国内经济持续下行压力影响，但是主导产业韧性强劲，稳中有升。装备工业增长11.0%，食品工业增长8.7%，是全省工业的重要支撑力量。传统产业结构转型升级取得可喜进展。积极做好"三篇大文章"，稳步推进"五头五尾"重点产业项目。其中，大庆石化炼油结构调整转型升级项目正式启动建设，9个新增清洁能源（玉米燃料乙醇）项目落地，中国移动哈尔滨数据中心一期项目建成。汽车用发动机产能1948.3万千瓦，同比增长56.9%。

（三）新动能培育稳步推进

2019年，黑龙江省高技术制造业增加值同比增长10.2%，增速快于全省规上工业增加值增速7.4个百分点。积极培育新动能，从产品产量看，在重点监测的工业产品中，增长较快的为新能源汽车15886辆，增长1.8倍。高技术制造业增加值稳步提升，其中，工业机器人、数控机床、新材料等产业产值增速可喜。高新技术企业总数已达1120家，同比增长20.5%。

（四）国有与民营工业并驾齐驱格局初步形成

2019年，民营经济已占全省经济总量"半壁江山"，民间固定资产投资占全省比重已突破70%，税收占全省比重也突破了50%，同时市场主体突破226万户，全省国有、民营经济齐头并进之势已基本形成。2019年，国有、民营"双轮驱动"数字研发设计工具普及率、关键工序数控化率、制造业生产设备数字化率均在30%以上，国家两化融合管理体系贯标试点企业35户，省级数字化（智能）示范车间47个，全省工业正由传统制造向智能制造大步前进。

二 2020年前三季度黑龙江省工业经济运行情况分析

2020年以来，黑龙江省工业经济发展遭受新冠肺炎疫情冲击、企业延后复工复产、物流网络运转受阻的影响,工业产值、增速下行压力较大,但随着国内疫情的有效控制,黑龙江工业经济又呈现逐步回升的态势,主要表现在以下方面。

(一)工业生产呈现稳步回升态势

2020年初暴发的新冠肺炎疫情对黑龙江省工业经济冲击较大,2020年第一季度,黑龙江省第二产业增加值负增长达-9.9%,工业增加值累计增长为-8.6%,低于全国平均水平的-8.4%;工业企业盈利情况也不容乐观,黑龙江省为-36.8%,低于全国平均水平0.1个百分点。在4月防控疫情输入、省内反弹的严峻形势下,黑龙江省工业增加值分别同比增长2.9%,低于全国平均水平3.9%的1个百分点。随着疫情形势得到有效控制,黑龙江省开启疫情防控常态化,稳步推进复工复产达产。2020年前三季度,全省规模以上工业增加值比上年同期下降0.7%,降幅比上半年收窄3.3个百分点。尤其是9月份,规模以上工业增加值同比增长9.0%,连续2个月实现较高增长。

(二)部分主导产业发展逐步恢复

2020年一季度受疫情影响,制造业与建筑业面临较大下行压力,生产增速放缓,企业成本负担较重,制造业增加值下降16.0%,降幅收窄2.8个百分点。2020年上半年,装备工业增速触底反弹,由负转正。前三季度,全省工业用电量423.0亿千瓦时,比上年同期增长1.6%,增幅高于全国1.1个百分点;9月份,工业用电量同比增长3.0%,连续3个月正增长,表明主要工业经济恢复迅速,通用设备制造业、汽车制造业、石油煤炭及其他燃料加工业、电力热力生产和供应业增加值分别比上年同期增长32.2%、31.2%、7.3%、5.2%,锂离子电池、发电机组、生物乙醇等产品产量分别增长31.4倍、64.7%、64.5%。

(三)省百大项目牵动作用突出

2020年4月初,黑龙江"百大项目"总数达500个,涵盖基础设施、重点产业项目、民生、医疗卫生等补短板重点领域，500个省百大项目中工业项目120个，项目总投资1491.5亿元，占500个省百大项目总投资的14.1%；2020年计划投资357.1亿元，占工业投资项目总额的23.9%。从行业看，食品工业项目最多，35个项目，占工业项目总数的29.2%；原材料工业项目投资规模最大（主要是石墨深加工、钼矿等投资规模较大的矿产项目），项目总投资414.3亿元，占工业项目投资总额的27.8%。此外，化学工业18个项目，总投资333.3亿元；消费品工业23个项目，总投资218.2亿元；电子信息项目9个，总投资116亿元；装备工业6个项目，总投资49.3亿元；节能项目5个，总投资43亿元。从项目进展上来看，2020年1~7月份，120个工业百大项目已有105个项目开复工，开复工率达到87.5%；已完成投资194.2亿元，投资完成率54.4%；黑河多宝山铜矿扩建工程和鸡西唯大石墨烯产业园等5个项目计划投产或试生产，投产率17%。

（四）多数地市工业增加值逐渐转好

2020年1~7月份，全省13个市（地）中有9个市（地）工业增加值增速环比加快，其中齐齐哈尔、大兴安岭、绥化、佳木斯、黑河5个市（地）工业增加值增速实现正增长，分别同比增长8.3%、32%、5.7%、14%、18.4%，增速环比分别提高2.2个、2个、1.6个、0.8个、0.4个百分点；多数地市工业增加值逐渐转好，得益于省百大项目有序展开，其中，哈尔滨市工业项目个数最多，23个项目，占工业项目总数的19.2%；大庆市项目投资规模最大，为309.4亿元，占工业项目投资总额的20.7%；另外，大庆市（20个）、绥化市（17个）、齐齐哈尔市（12个）、鸡西市（10个）的项目个数不少于10个；齐齐哈尔市（211.8亿元）、哈尔滨市（211.1亿元）、七台河市（126.8亿元）的投资规模超过百亿元。

（五）新冠肺炎疫情对不同行业造成差异性影响

由于新冠肺炎疫情隔离措施、人员要素流动停滞等因素，造成黑龙江省相关主导行业停摆。但是疫情造成口罩、防护服，以及治疗药物、医疗仪器等疫情防控物资用品极度紧缺，促进医疗用品行业加快发展，特别是防疫物资生产速度较快。另外，2020年前三季度，工业新产品中，新能源汽车产量增长13.4%，集成电路板生产1.9亿块，电工仪器仪表生产73.5万台，汽车仪器仪表生产208.5万台；新能源产品中，生物质发电量40.5亿千瓦时，增长12.9%。

三 2020年黑龙江省工业经济发展存在的问题

目前，黑龙江省大部分行业复工复产工作取得阶段性成果，但困难和问题仍然存在，主要体现在以下几方面。

（一）新冠肺炎疫情对工业经济恢复性增长带来较大压力

受新冠肺炎疫情影响，黑龙江省产业链上下游企业复工复产不协同，部分产业链、供应链存在堵点和断点问题，致使规上工业增加值增速处于负增长。随着复工复产的扩面，工业增加值降幅逐渐收窄，但仍与全国差距不断拉大，规上工业增加值增速由一季度高于全国0.2个百分点，下降至上半年低于全国2.7个百分点，至7月底已扩大至3.3个百分点。国际疫情蔓延也对部分外向型产业链复工复产和正常运转带来不确定性，以及部分企业配套能力减弱、原料供应能力不足、资金短缺等堵点、难点问题存在，直接导致企业订单减少、产量下降，致使工业经济下行压力仍然比较大。

（二）工业结构性问题依然突出

随着新冠肺炎疫情全球的持续蔓延，国际市场需求不足，进出口需求出现大幅下滑局面，致使重工业发展形势严峻。2020年上半年，黑龙江省石油、石化、煤炭三大行业影响规上工业增加值增速2.2个百分点，6月全省工业用电量降幅比5月份扩大3.3个百分点，规上工业增加值增速由4月、5月增长又转为负增长。一是能源工业增加值降幅扩大。1~5月，能源工业增加值同比下降0.5%，降幅环比扩大0.7个百分点。其中，原煤产量1791.2万吨，同比下降8.2%，降幅环比扩大2.0个百分点。电力热力生产

供应业、石油和天然气开采业增加值环比分别收窄1.6个、0.7个百分点。其中，原油产量1252.9万吨，同比下降3.8%；原油价格2297元/吨，同比下降28.5%。二是石化工业增加值降幅收窄。1～5月，石化工业同比下降6.9%，降幅环比收窄1.5个百分点。其中石油加工和炼焦业下降9.2%，降幅环比收窄1.7个百分点，原油加工量同比下降5%，环比收窄2.1个百分点。

（三）企业投融资比较困难

受新冠肺炎疫情影响，黑龙江省工业企业停工停产时间较长，加之人员工资、防疫物资等支出增加，企业运转资金需求紧张。2020年新开工项目数、投产项目数和完成投资数等关键指标同比全部下降，拉动作用明显不足，1～7月，全省500万元以上的工业施工项目新开工项目数同比下降15.2%，投产项目数同比下降23%，完成投资数同比下降42.5%。同时，企业贷款需求增多，带动工业贷款余额扩大。1～7月，全省工业贷款余额同比增长12.1%，其中制造业同比增长18.3%。由于金融机构贷款门槛较高，对企业抵押资产评估价值较低，企业获得贷款融资依然较难，申贷获得率较低。截至9月初，全省工业企业贷款需求对接户数达到2891户，其中690户企业最终获得银行贷款，获得贷款企业比例仅为23.8%。

（四）工业企业科技创新能力不强

从图2可以看出，2019年黑龙江、吉林、辽宁三省R&D经费投入强度分别低于全国平均水平1.15个、0.96个、0.19个百分点；R&D经费投入与对口合作省份差距较大，其中，黑龙江低于广东省2951.9亿元。2018年，黑龙江省R&D研发人员占比与经费投入强度排名分别下行至22位与23位。究其原因，是黑龙江省创新环境欠佳，创新主体中的政府、企业与高校、中介服务机构之间的联系不紧密。总体来说，以企业为主体的研发特色没有明显体现，企业的自主创新意识和能力较弱，因而也难以为黑龙江工业高质量发展提供有力的动力支撑。

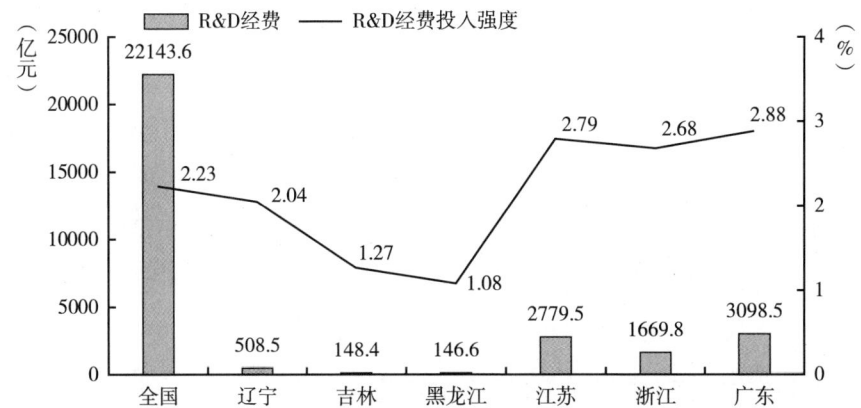

图 2　2019 年黑龙江省与部分省份 R&D 经费与 R&D 经费投入强度情况

资料来源：《2019 年全国科技经费投入统计公报》。

四　2021年黑龙江省工业经济发展趋势预测

（一）发展环境对工业发展的影响

近年来，国内外形势复杂多变，黑龙江省经济下行压力较大，整体处在低速增长阶段，2020 年突如其来的新冠肺炎疫情对黑龙江的经济更是雪上加霜，对做好"稳增长"工作势必造成较大影响。辩证地看，疫情危难之中也蕴藏机遇，以 5G、工业互联网、大数据、人工智能等为代表的新型基础设施建设为工业发展带来新机遇，制造业将不断朝着数字化、智能化的方向加速迈进，推动产业加速转型升级。

（二）工业经济发展趋势预测

新冠肺炎疫情虽对黑龙江省工业发展带来较大冲击，但从长期来看，疫情防控利于提升紧急事件应对能力，促进企业技术改造，倒逼产业结构优化升级。打造一批相关应急企业，提高企业快速的转型能力。预计 2020 年四季度与 2021 年黑龙江省工业经济可出现回升态势。

1. 工业经济恢复性增长压力仍较大

2020年1~7月，全省规上工业增加值同比下降3.7%，降幅环比收窄0.3个百分点，低于全国3.3个百分点。其中，7月份同比下降1.9%，降幅环比扩大1.4个百分点，低于全国6.7个百分点。若2020年冬季国内疫情再次暴发，特别是国际疫情持续恶化与蔓延，对于中国经济可能产生外部冲击。因此，在疫情防控常态化的前提下，采取必要隔离措施势必对黑龙江省工业经济恢复性增长造成影响。

2. 部分主导产业持续表现出韧性较强的特点

2020年1~7月，十大行业中，装备、冶金、纺织3个行业增加值增速实现正增长。黑龙江省应抓住我国大力发展5G基站、充电桩、大数据、工业互联网等新型基础设施建设的契机，实现制造业与互联网、大数据、人工智能的深度融合发展，加快改造提升装备制造业。"手中有粮，心中不慌"，尤其是应对中美贸易战与2020年初以来新冠肺炎疫情暴发与蔓延造成的全球粮食市场出现较大波动，在确保我国粮食安全和重要农产品供给的前提下，黑龙江省应加快推进主食工业化、产业化生产经营，提高速冻食品、方便食品、面制品、粗纤维食品、杂粮深加工、高油酸食用油等名优新特产品的市场占有率，建成国内知名粮食加工业基地。

3. 百大项目产能逐步有序释放

按照黑龙江省政府百大项目办的统一部署，重点围绕"工业强省"、"433"工业新体系和"百千万工程"15个重点发展千亿级产业及产业链强链、补链、延链、建链，突出《黑龙江省"百千万"工程重点项目建设行动计划》提出的"六个上项目"暨围绕技术改造上项目、智能化升级上项目、资源精深加工上项目、科技成果产业化上项目、招商引资上项目、军民融合上项目，会同市（地）谋划储备一批投资5000万元以上的重点工业项目，纳入项目储备库，谋划一批、储备一批、建设一批、投产一批，为百大项目产能逐步有序释放提供有力保障。

五 黑龙江省工业经济转型升级的对策

今后一段时期内,我国将统筹推进新冠肺炎疫情防控和经济社会发展工作。在疫情防控常态化的前提下,黑龙江省采取必要隔离措施势必对工业经济发展造成影响,应积极做好人员、要素、物流等多方面工作以及产业链上下游的综合配套服务,将疫情对工业经济的影响降低到最小化,确保工业经济平稳运行。

(一)优化营商环境,助力企业发展

加大继续推动"放管服"改革力度。加快政府政务电子化,推出政务办理一体化的应用平台,在程序上,实行负面清单制,简化不必要的手续,保证企业与民众办事"只跑一次",尽量避免寻租现象,提高政府办事效率。强化省、市、县三级项目包保机制,帮助协调解决项目融资、审批、要素供给等问题,推动重点工业项目加快建设。加大力度为企业特别是中小企业排忧解难,清理拖欠民营企业中小企业账款,实施中小企业数字化赋能专项行动,推动中小企业加快复工复产,帮助中小企业渡过难关。

(二)加快工业结构调整,加速培育壮大新动能

黑龙江省应大力做好"三篇大文章",抢抓新基建建设机遇,努力扩大生产资料的供给能力。按照省委省政府建设"数字龙江"和工业强省的决策部署,积极推动新一代信息技术与制造业融合发展,将工业大数据作为培育新动能的方向。积极落实"互联网+"和"中国制造2025"等重点战略部署,加速培育新动能。积极推进新旧动能转换,在鼓励老旧企业升级改造上,通过加大对企业扶持力度、帮助企业更新改造落后设备、加紧改变落后生产方式和思想等措施,实现企业和产品的改造提档升级。

（三）扩大有效投资，推动工业企稳上行

落实党中央关于提高产业链、供应链稳定性和竞争力的要求，更加注意补齐短板和锻造长板，在产业上求突破，持续做好"五头五尾"，深入实施"百千万"工程。落实党中央要着眼长远积极扩大有效投资的要求，抓住国家增投资、扩内需机遇，加快推进"百大项目"建设，开展百大项目"赛四率促增长"专项行动，加速提升项目开工率、投资完成率、资金到位率、按期投产率，促进经济增长、固定资产投资增长、就业增长、消费增长。

（四）增加研发投入，加快工业科技创新步伐

区域创新是全面振兴的动力所在，应加大基础设施投入与人才培养引进力度。一是在研发基础方面，增加政府对优势技术的资金投入，号召企业重视创新，积极对创新区域进行投资，同时完善人才引留机制，人才外流对东北全面振兴不利，应注重提升高级人才的工资及社会服务，在留住各类人才的同时注意吸引外地人才。2019年初，黑龙江省政府公布的《黑龙江省"头雁"行动方案》提出，通过"固巢留凤""筑巢引凤"吸引更多科技人才振兴东北，激发人才内生动力和创新活力。二是优化完善政产学研一体化机制，搭建创新技术平台，加强政府、研究机构与企业的联系，促进技术成果在当地的转化率，加大技术成果的推广和应用，促进黑龙江省经济增长和经济方式转变。

（五）加大财税金融支持力度，建立疫情防控长效机制

为积极应对新冠肺炎疫情，黑龙江省应继续发挥省、市、县三级工业运行专班作用，保持利用好企业诉求平台及热线渠道，针对当前企业资金紧缺的重点困难，继续及时准确梳理企业融资需求，配合金融部门做好企业融资工作。出台有关失业保险返还、推迟社保缴纳、补贴培训费用、增加信贷额度等政策措施，助力中小企业攻克难关。运用多种财税金融工具，建立疫情防控长效机制。

（六）加快融入以国内大循环为主体，国内国际双循环相互促进的新发展格局

黑龙江省应加快市场化改革，开拓国内国际"两个市场""两种资源"。在企业发展方面，有哈电、一重、哈飞等数百家工业企业参与到国际市场竞争中，带动龙江自主品牌同国际先进水平接轨。在产品竞争方面，由单纯的仅有产品"走出去"到产品、技术与服务相结合"走出去"的新模式转变。在市场拓展方面，龙江制造将沿着"一带一路"建设轨迹逐步走向世界。

参考文献

徐洋：《黑龙江省老工业基地经济运行制约因素及对策分析》，《黑龙江金融》2020年第7期。

方安儒：《推动工业大数据发展助力黑龙江工业强省建设》，《人民邮电》2020年7月14日，第6版。

郭立伟：《以工业设计推动黑龙江省制造业高质量发展》，《奋斗》2020年第12期。

燕慧军、杨阳：《工业经济平稳发展 质量结构不断优化——黑龙江省第四次经济普查系列分析之二》，《统计与咨询》2020年第2期。

B.4
2020~2021年黑龙江省服务业形势分析与预测

赵 勤[*]

摘　要： 2020年前三季度，新冠肺炎疫情给黑龙江省服务业发展带来了严重冲击，随着宏观调控力度加大，服务业稳步恢复，呈现出逐季回升的发展态势。但生产性服务需求增长动力不足、生活性服务业发展质量不高、服务业结构性失业较严重、区域城乡发展不均衡、市场主体竞争力不强。2021年，黑龙江省服务业总体上将继续保持恢复增长的发展态势。推进服务业发展，应进一步优化空间布局，推进产业平台化，强化融合创新，加大改革创新力度，培育壮大市场主体，保护弘扬企业家精神。

关键词： 服务业　新冠肺炎疫情　高质量发展　黑龙江省

"十三五"时期以来，黑龙江省服务业发展进入了全面提升的新阶段，产业规模、就业能力、发展质量都有比较明显的提高。根据第四次全国经济普查数据，黑龙江省服务业共有产业活动单位31.30万个，个体经营户90.30万户，其中服务业法人单位从业人员338.3万人，占第二、第三产业法人单位从业人数的比重高达70.7%。多年来，服务业增加值占地区生产

---

[*] 赵勤，黑龙江省社会科学院研究员，管理学博士，研究方向为产业经济和农村区域发展。

总值的比重一直在50%以上，对经济增长的贡献度也超过65%。随着技术创新、业态创新和商业模式创新的不断加快，增加了服务新供给，刺激了服务新需求。2020年是全面建成小康社会和"十三五"规划的收官之年，也是新冠肺炎疫情全球大流行的特殊之年。突如其来的新冠肺炎疫情给服务业发展带来了严重冲击。随着中央和黑龙江省委省政府加大宏观调控力度，服务业稳步恢复，呈现出逐季回升的发展态势。

一 2020年黑龙江省服务业运行情况分析

（一）疫情带来较大冲击，但降幅逐季收窄

2020年初以来，受新冠肺炎疫情的冲击和错综复杂的经济环境的影响，黑龙江省服务业增加值出现负增长，但随着疫情防控和经济社会发展的统筹推进，服务业主要指标不断改善，呈稳定恢复态势，增加值降幅呈现逐季收窄态势（见图1）。2020年前三季度，全省累计实现服务业增加值5063.1亿元，同比下降3.0%，增速低于全国平均水平4.4个百分点，低于辽宁0.8个百分点，低于吉林1.9个百分点，但降幅逐季收窄，分别比一季度、上半年收窄了4.9个、2.6个百分点；服务业增加值占地区生产总值的比重为58.7%，同比降低8.2个百分点，分别高于辽宁、吉林4.0个、3.4个百分点。2020年第四季度，服务业增加值增速将继续恢复，但仍保持负增长，预计全年服务业增加值增长-1.3%，拉动地区生产总值负向增长1.7个百分点。

（二）部分行业大幅下滑，新兴服务业蓬勃发展

受新冠肺炎疫情影响，2020年上半年，黑龙江线下服务业企业受到较大冲击，长时间停业，部分行业出现大幅下滑态势；下半年，随着服务业企业复工复产以及相关扶持政策的落地实施，服务业发展情况逐步好转。2020年1~6月，六大行业中除了金融业增加值保持3.0%的正增长外，其他行业均为负增长，且下滑幅度比较明显（见表1）。交通运输业下滑幅度大。2020年

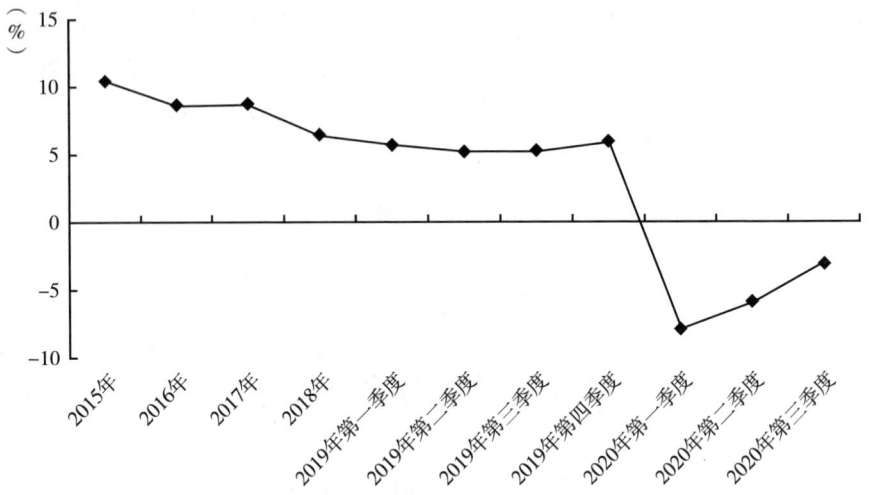

图 1　"十三五"时期以来黑龙江省服务业增加值增长速度

资料来源：2015~2019年《黑龙江省统计年鉴》和2020年《黑龙江省统计月报》。

1~8月，全省客运量、旅客周转量、货运量、货物周转量分别同比下降64.7%、57.5%、9.1%、7.8%。旅游业受到严重冲击。2020年上半年，受疫情影响，主要旅游景点关闭，大型文体娱乐活动取消，交通受到限制，居民终止旅游出行计划，旅游企业收入大幅下滑甚至亏损。直到2020年7月，随着国内疫情有效防控以及跨省跟团游逐步放开，旅游业经营状况才逐渐恢复。"十一"假期，全省接待游客1637.4万人次，恢复到2019年同期的93%；按新统计口径计算，实现旅游收入108亿元。房地产业持续低迷。2020年1~8月，全省房地产开发投资完成额545.3亿元，比上年同期下降0.3%；房屋施工面积10443.3万平方米，同比增长0.3%，其中新开工面积1370.3万平方米，同比下降7.1%；市场成交量萎缩，商品房销售面积666.5万平方米，同比下降26.8%，商品房销售额513.3亿元，同比下降24.9%。

新兴服务业发展良好。新冠肺炎疫情加快了"宅经济"发展，基于移动互联网、大数据、云计算、物联网的服务应用和创新日益活跃[①]，促进了

---

① 张娜：《服务业对我国经济增长带动作用持续显现》，《中国经济时报》2018年8月2日。

快递业、"直播带货"等网上购物、线上教育、社区服务业等新兴服务业逆势发力。快递业高速发展。2020年1~11月,全省快递业增长态势良好(见图2),快递企业累计完成业务量40044.8万件,同比增长30.2%;完成业务收入62.6亿元,同比增长17.3%。网上零售额持续增长。2020年前三季度,全省实物商品网上零售额达到318.2亿元,同比增长23%,其中限额以上单位网上商品零售额同比增长97.5%,增幅同比提高85.2个百分点。

表1 2020年1~6月黑龙江省服务业构成及增加值增长情况

单位:亿元,%

行业	增加值	比上年同期增长	占服务业增加值比重
批发和零售业	449.0	-13.1	14.14
交通运输仓储邮政业	240.9	-13.3	7.59
住宿和餐饮业	69.8	-37.1	2.20
金融业	531.7	3.0	16.75
房地产业	291.7	-5.1	9.19
其他服务业	1524.9	-2.4	48.04

资料来源:2020年8月《黑龙江省统计月报》。

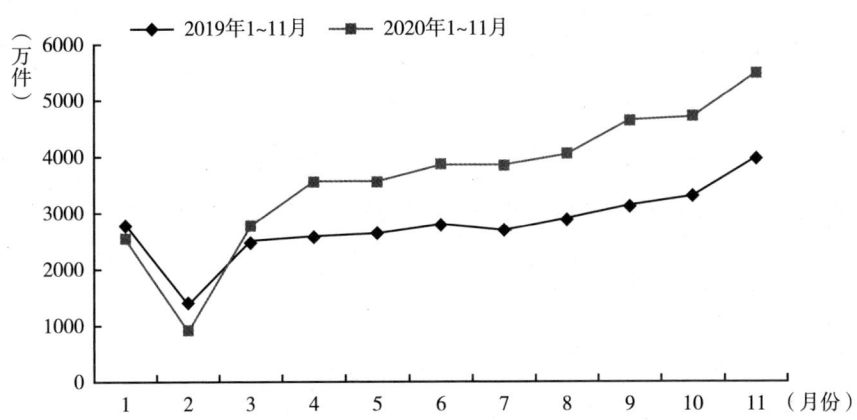

图2 2019年(月度)与2020年(月度)黑龙江省快递业务量比较

资料来源:黑龙江省邮政管理局网站。

（三）产业投资负向增长，大项目拉动作用明显

2020年前三季度，全省服务业固定资产投资同比下降1.9%，虽然仍为负增长，但降幅较一季度和上半年收窄了1.2个、2.1个百分点。"百大项目"建设成为应对变局、开拓新局的"稳定器"，对服务业固定资产投资的拉动作用明显。从项目投资的领域看，房地产投资总体趋缓，而高铁、高速公路、支线机场等交通运输业、仓储物流业、休闲康养业、文旅业、电信业、广播电视和卫星传输服务业等固定资产投资增长较快，成为稳投资的关键。

（四）金融业保持良好发展态势，对实体经济支持力度加大

2020年前三季度，金融业增加值同比增长4.6%，成为拉动地区生产总值增长的强劲产业。金融业存贷款均保持稳定增长。截至2020年9月末，全省金融机构本外币各项存款余额达到30888.7亿元，同比增长12.3%，高出上年同期2.6个百分点；本外币各项贷款余额22689.8亿元，比年初增加1183.1亿元，同比增长6.7%，高出上年同期1.1个百分点。金融业对重点领域、疫情影响较大行业和薄弱环节的支持力度不断加大。前三季度，百大项目累计投放贷款488亿元；涉农贷款余额同比增长3.9%；工业贷款余额同比增长14.5%，其中制造业贷款余额增长21.7%；普惠型小微企业贷款余额1264.7亿元，同比增长24%，有21624家中小微企业累计获得1136.8亿元贷款支持。直接融资规模也达到217.7亿元。

（五）消费市场加速回暖，升级类商品销售恢复较快

2020年前三季度，全省社会消费品零售总额比上年同期下降16.8%，降幅较第一季度、上半年分别收窄了16.6个、5.9个百分点（见图3）。从商品类别看，基本生活类商品零售额增长比较平稳，限额以上单位粮油、食品类商品等零售额同比增长8.4%，增幅比上半年提高0.5个百分点；传统大宗消费品零售持续恢复，9月份汽车类、石油及制品类商品零

售额同比分别增长9.9%、3.4%；消费升级类商品销售恢复较快，9月份家具类、金银珠宝类、体育娱乐用品类商品零售额同比分别增长87.2%、45.1%、37.4%。预计，2020年黑龙江省社会消费品零售额同比下降5.3%。

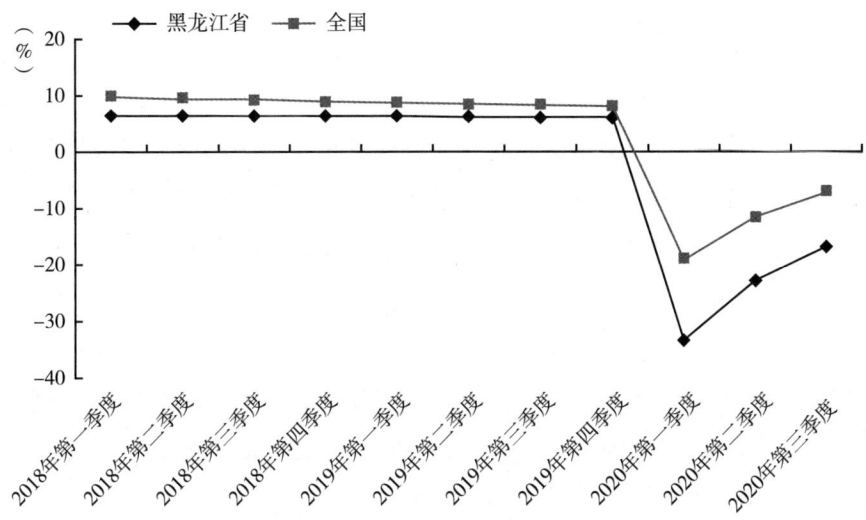

图3 黑龙江社会消费品零售总额近年来各季累计增速

资料来源：国家统计局网站和2020年《黑龙江省统计月报》。

（六）产业用电量大幅减少，非接触行业用电量增长较快

2020年1~8月，全省服务业用电量达119.5亿千瓦时，比上年同期下降5.7%，低于全社会用电量增速6.8个百分点，也分别低于农业、工业用电量增速3.8个、7.2个百分点。从行业看，除信息传输、计算机服务业和软件业用电量同比增长11.4%，金融业用电量增长0.9%，其他服务行业用电量均有所下降。其中，住宿和餐饮业降幅最大，同比下降17.7%；租赁和商务服务业同比下降8.7%；批发和零售业同比下降8.4%；公共服务及管理组织同比下降8.3%；房地产业同比下降6.5%；交通运输、仓储和邮政业同比下降5.3%。

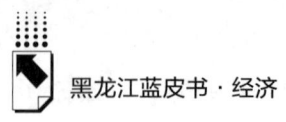

二 2020年黑龙江省服务业运行中的主要问题

(一)生产性服务需求增长动力不足

黑龙江省生产性服务业发展滞后,规模小,占地区生产总值的比重不足20%;内部发展不均衡,金融业比重偏高,科技服务、信息服务、商务服务比重小,特别是中高端领域、环节生产性服务业发展不充分。受疫情影响,2020年一季度黑龙江省工业生产大幅下降,随着复工复产的推进,生产才逐步恢复,但三季度末工业增加值仍为负增长,比上年同期下降3.4个百分点,部分工业企业生产经营状况仍不景气,工业生产下行压力仍然较大。新冠肺炎疫情在全球大流行,导致部分企业,特别是外向型企业的产品市场需求下降,订单也随之减少,工业对生产性服务需求的增长动力不足,特别是与工业生产密切相关的研发设计、工业外包、物流仓储、商务服务、融资租赁等新兴服务业发展受到较大影响。

(二)生活性服务业发展质量不高

黑龙江省生活性服务业发展普遍比较粗放,质量水平不高,结构性问题比较突出。主要表现为:低端服务供给较多,中高端服务供给不足,特别是个性化、特色化、定制化服务供给严重不足;重视硬件设施的改善,轻视软件水平的提高,特别是对生活性服务业文化内涵挖掘不够、个性化服务体验重视不足,影响生活性服务供给层次和质量的提升;服务质量参差不齐,服务标准化、规范化、品牌化程度较低,服务供给与服务消费不匹配,存在结构性失衡。例如,优质的教育、医疗资源比较紧张且分布不均;养老服务供需失衡,缺少优质的养老机构,便利化、精细化程度也有待进一步提升;交通运输的通达性和相关服务的配套性不高等。生活性服务业突出的结构性问题,在一定程度上降低了人民群众对美好生活的获得感、幸福感和满意度,影响了服务业市场化、多样化、特色化发展。

(三)服务业结构性失业较严重

新冠肺炎疫情是从供给、需求两端对黑龙江省服务业发展造成冲击。随着国内抗疫斗争取得重大胜利,黑龙江省经济社会发展和生产生活秩序也基本恢复正常,但疫情继续在全球肆虐,海外扩散的回溢效应成为中国疫情防控面临的重要问题。绥芬河、东宁再次出现本土病例,也充分说明疫情防控形势依然严峻,对服务业,特别是对接触性服务业的影响还会在较长时期内存在。这种影响导致接触性消费恢复缓慢,百货、专卖等实体零售业,餐饮、旅游等生活性服务业就业压力大,服务业结构性失业问题比较严重。

(四)区域城乡发展不均衡

从服务业区域分布看,受区位条件、经济发展水平、科技实力、人力资源、基础设施、信息化程度等因素影响,现代金融、软件及信息服务、文化娱乐、卫生保健等高度集中在哈尔滨、大庆等中心城市,服务业发展水平较高,而中小城市服务业规模小、发展不充分,且普遍存在着特色不够突出、产业结构趋同等问题。从服务业城乡分布来看,城市特别是大城市人口集中、基础设施比较完备,服务业相对发达;乡村服务设施薄弱和服务供给不足,服务业主要集中在传统领域,且专业化、社会化、产业化水平低,特别是乡村医疗卫生、文化教育、健康养老等服务行业与城市相比还存在很大差距。

(五)市场主体竞争力不强

黑龙江省服务业产业主体众多,但市场主体规模偏小,市场竞争力偏弱,同行业间业务内容雷同度比较高,创新性服务比较少,在国内外市场上缺乏知名度,竞争力不强。根据第四次全国经济普查数据,服务企业法人平均资产仅为2816.1万元,平均营业收入只有458.5万元。多年来,黑龙江省只有倍丰农业生产资料集团一家企业入围中国服务业企业500强,2020年倍丰集团在500强服务企业中排在317位,比2015年下滑109位。2020

黑龙江省百强服务企业入围的最低门槛为营业收入6.70亿元，仅相当于同期中国服务业企业500强入围门槛的12.22%。

三 2021年黑龙江省服务业形势预测

2021年是"十四五"规划实施的开局之年。纵观国内外，服务业发展环境日趋复杂，不确定性、不稳定性加大。从国际看，世界正经历百年未有之大变局，地缘政治更趋复杂，经济复苏进程可能会更加漫长曲折，疫情也导致国际服务贸易趋缓。从国内看，疫情叠加外部环境的不确定性，使中国经济难以完全实现正常化，持续恢复向好的基础仍需巩固。当前和今后一个时期，中国发展仍然处于重要战略机遇期，工业生产已恢复至正常水平，服务业恢复速度加快，改革红利、政策红利、新动能加速成长等利好因素将会促进服务业发展。综合来看，2021年黑龙江省服务业发展挑战与机遇并存，总体上将继续保持恢复增长的发展态势。

——服务业增速将恢复至6.8%左右，拉动地区生产总值3.4个百分点。一方面，政策红利持续释放。2019年以来，国家层面发布了《关于新时代服务业高质量发展的指导意见》《关于进一步推进服务业改革开放发展的指导意见》《关于促进家政服务业提质扩容的意见》《全面深化服务贸易创新发展试点总体方案》《关于新时代加快完善社会主义市场经济体制的意见》《关于进一步促进服务型制造发展的指导意见》等纲领性文件，提出全面推进金融业对外开放、大力推动先进制造业和现代服务业深度融合发展、分类放宽服务业准入限制、深化重点领域改革、推进全面深化服务贸易创新发展试点和服务外包示范城市建设等。黑龙江省也于2020年1月1日正式实施《优化营商环境条例》，制定出台了《关于促进服务行业企业开复工的指导意见》《黑龙江省直播电商发展三年行动计划（2020—2022年）》《关于促进家政服务业发展的意见》等指导性专项文件。这些政策的落地实施，将会提振黑龙江服务业企业的信心，推动服务业加快恢复增长。另一方面，大项目建设将扩大服务需求。"百大项目"深入实施，将会直接或间接地激活服务需求，促进生产性服务业与现代农业、制造业的深度融合，特别是新消费、新业态、新模式配套新基建项目，将会有力地促进服务业基础设施的完善，促进公共服务的快速发展，促进服务业的数字化。我们认为，2021年黑龙江省服务业将继续恢复性增长，预计增长速度在6.8%左右，拉动地区生产总值增长3.4个百分点。

——居民消费缓慢复苏，社会消费品零售总额增长7.8%。随着"地摊经济"日趋活跃、营商环境不断优化、服务业基础设施建设逐步完善，消费刺激政策陆续出台，会进一步激发市场活力，有利于促进城乡居民消费增长。但全省经济下行、居民收入水平偏低等，还会在一定程度上影响城乡居民消费潜力的释放。此外，海外疫情带来的输入型风险和国内零星散发病例、局部暴发疫情的风险仍然存在，居民出于自身健康安全的考虑，对线下消费仍然存在一定程度的压制，在疫情完全结束前，消费将呈现缓慢恢复的态势。预计2021年全省社会消费品零售总额将突破10000亿元，增速将达到6.0%左右。

——旅游业将呈现恢复性增长。黑龙江省将继续加大旅游强省建设，打造"北国好风光、尽在黑龙江"旅游品牌，推进旅游业高质量发展。通过完善旅游基础设施、优化旅游发展环境、维护旅游市场秩序、提升旅游服务质量，进一步扩大旅游需求。但受疫情影响，跨境游还会受到一定抑制。预计2021年旅游业将呈现恢复性增长。

——房地产业继续处于调整期。"房子是用来住的，不是用来炒的"，国家对房地产业宏观调控整体上仍将保持连续性和稳定性。房地产景气状况仍然不容乐观，房地产行业信贷环境收紧，将推动需求释放更趋理性，房地产业将继续处于调整期，处于恢复增长通道。2021年，全省房地产固定资产投资将超过1000亿元，同比增长5.2%。

——服务业数字化将加快推进。新冠肺炎疫情期间，数字经济展现出强劲韧性和巨大发展潜力。随着黑龙江省5G网络、数据中心等新基建的加快建设，数字技术将更为广泛地应用实施，服务业数字化将加快推进，也成为黑龙江服务业的新动能和新增长点。

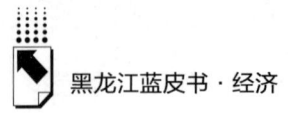

四 黑龙江省服务业发展的对策建议

2021年是"十四五"规划和迈向现代化建设新征程的开局之年。在疫情防控常态化的大背景下,要着眼长远,内外统筹,化危为机,多措并举,加快服务业恢复稳定增长。

(一)优化空间布局,推进区域城乡服务业均衡发展

一是以哈尔滨城市群为中心,加快促进现代服务业的极化和网络化发展。以哈尔滨为中心,向西北延伸到大庆和齐齐哈尔,向东南延伸到牡丹江,向东北延伸到佳木斯,围绕城市群的生产力布局和城市空间格局,因地制宜构建区域化、差异化、规模化的现代服务业区域新格局。二是把握"十四五"时期全面推进乡村振兴的时机,加快推进乡村服务业发展。以提高乡村服务业与资源环境匹配度为基准,综合考虑各地资源禀赋、区位条件、发展基础、生态环境,选准乡村服务业发展的方向,通过功能开发、链条延伸、业态融合等方式,推进乡村文旅、休闲观光、健康养生、农事体验、电子商务等服务业新行业、新业态加快发展。同时,加快补齐乡村基础设施和公共服务设施短板,加大建设的投入力度,促进城乡基础设施互联互通;加快补齐乡村基本公共服务短板,加大文化教育、医疗卫生、社会保障等公共服务向乡村倾斜力度,促进城乡公共服务均等化。

(二)大力推进产业平台化,有效对接服务供给与服务需求

平台化,可以将分散的服务供给与服务消费有机结合起来,有效降低服务交易成本,提高资源配置效率,是服务业发展的主要趋势之一。加快黑龙江省服务业高质量发展,需要大力推进服务产业平台化。一是打造生产性服务业发展平台。依托重点龙头企业、科研院所,围绕主导产业、战略性新兴产业、关键技术、要素市场、专业服务等,加快建设一批研发创

新平台、科研孵化平台、数据服务平台、公共信息服务平台等，提高研发、制造、服务等环节的协同与集成发展能力。二是推进生活性服务业平台建设。有效利用互联网、大数据、云计算等信息技术，加快共享性的生产性服务业平台建设，将众多分散经营的中小规模服务主体纳入共享平台，实现供给与需求的有效对接，推进"平台＋产业链"模式发展，加快生活性服务业数字化转型。

（三）不断深化产业融合，培育壮大服务业新动能

随着科技的不断进步与广泛应用，不同产业间的边界日益模糊，融合发展成为现代产业发展的必然趋势和重要特征。加快黑龙江省服务业高质量发展，必须顺应产业融合的趋势和规律，推进服务产业融合化。一是深化制造业与服务业融合，加快制造业服务化转型，培育服务业的"智造"元素，大力发展服务型制造；二是深化现代农业与服务业融合，引导农业向生产服务一体化转型，推动农业"接二连三"；三是深化服务业内部融合，顺应消费升级和产业升级趋势，支持服务企业拓展经营领域，以技术创新、业态创新、商业模式创新为驱动力，重点推动"互联网＋""金融＋""设计＋""旅游＋""养老＋""文化＋"等跨界融合发展，建成一批产业融合示范项目，提升服务业信息化、市场化、社会化发展水平。

（四）加大改革创新力度，有效促进服务业就业增长

疫情防控常态化下，要实现服务业就业增长，解决服务业结构性失业问题，必须加大改革创新力度。一是创新就业机制。鼓励服务企业，特别是中小服务企业探讨灵活就业方式和就业政策，如周薪制、实施综合工时制、非全日制就业、企业间人员共享，特别要发挥电子商务、线上服务、共享经济等对就业的吸纳作用。二是以乡村建设带动就业。积极引导农民投身于乡村新产业、新业态、新模式的培育发展中；加强农民职业技能、农民工转岗转业培训；通过加大农村公路、农田水利水力、人居环境治理、冷链物流等农

村基础设施建设投资力度，优先吸纳本地农民工就业；加快推进乡村公共就业服务全程信息化，打造线上线下服务模式。

（五）培育壮大市场主体，保护弘扬企业家精神

习近平总书记指出，"市场主体是我国经济活动的主要参与者，就业机会的主要提供者，技术进步的主要推动者"①。推进黑龙江省服务业高质量发展，必须激发服务业市场主体创业创新活力，充分发挥企业家的积极性、主动性和创造性。一是培育壮大服务市场主体。鼓励对营业收入超过5000万元的服务企业给予政策支持，助其进一步做大规模、完善产品结构、扩展客户资源，加快向价值链高端延伸；通过推进服务业重点项目建设、鼓励制造业企业剥离非核心业务、加快生产经营性事业单位改制，加快培育新企业和改造传统企业；积极开展国内外招商推介，重点引进一批国内外知名服务领军企业，发挥领军企业的示范带动效应；为中小型服务企业提供信息咨询、技术支持、市场开拓、融资担保等服务，激发中小企业的创新活力。二是保护弘扬企业家精神。依法保护企业家的财产权、创新权益，稳定企业家的投资预期；推进政府职能转变，优化服务改革，全面实施服务市场准入负面清单制度，保护企业家自主经营权；鼓励企业家通过股权融资获取创新资金、分散风险；鼓励创新公司治理模式，建立有效的激励约束机制，提高企业家创新成功率。

参考文献

姜长云：《服务业高质量发展的内涵界定与推进策略》，《改革》2019年第6期。

夏杰长：《迈入"十四五"的中国服务业：趋势预判、关键突破与政策思路》，《北京工商大学学报》（社会科学版）2020年第4期。

---

① 习近平：《激发市场主体活力弘扬企业家精神 推动企业发挥更大作用实现更大发展》，新华网，2020年7月21日。

姜长云：《新时代推动服务业高质量发展》，《中国西部》2019年第6期。

王成金等：《新时代东北地区高质量发展的战略路径研究》，《中国科学院院刊》2020年第7期。

潘莉：《服务业高质量发展指数研究与实证分析》，《统计科学与实践》2019年第3期。

《前三季度全省宏观经济运行情况》，https：//heilongjiang.dbw.cn，2020年10月27。

B.5 2020~2021年黑龙江省固定资产投资形势分析与预测*

朱大鹏**

摘　要： 2020年《政府工作报告》提出："扩大有效投资""重点支持既促消费惠民生又调结构增后劲的两新一重建设""要优选项目，不留后遗症，让投资持续发挥效益"。投资是经济增长的重要推动力，扩大固定资产有效投资，是当前黑龙江省响应国家"六稳"号召，应对疫情对经济冲击的重要手段。2020年黑龙江省固定资产投资呈现先降后升的趋势，三季度累计增速实现逆势回升、由负转正，且第一产业固定资产投资实现了高速增长。但仍存在着第二产业和第三产业固定资产投资过低的投资结构性问题，全省固定资产投资增长仍然排位较后，增速较低。应该不断优化投资结构，提高有效投资效率；改善营商环境，释放民间投资潜力；夯实基础建设，引领推动投资增长；鼓励科技投资，加快科技领域创新。

关键词： 固定资产投资　投资结构　黑龙江省

---

* 本文是2020年度黑龙江省社会科学院青年项目（2020－Q04）阶段性研究成果。
** 朱大鹏，黑龙江省社会科学院经济研究所实习研究员，研究方向为发展经济学。

一 2020年黑龙江省固定资产投资形势分析

2020年受新冠肺炎疫情影响,黑龙江省第一季度固定资产投资增幅陡降。第二季度以来黑龙江省疫情防控保持良好势头,且随着"百大项目"与复工复产全面深入推进,固定资产投资逐渐回暖。

(一)投资呈现先降后升趋势

黑龙江省固定资产投资2020年前三季度呈现骤降后回升趋势,第一季度黑龙江省固定资产投资与上年同期相比下降10.9%,降幅比1~2月收窄16.7个百分点,并小于全国5.2个百分点;第二季度固定资产投资与上年同期相比增长0.3%,实现了由负转正的过程;第三季度固定资产投资与上年同期相比增长2.1%,标志着全省固定资产投资已经平稳复苏。全省2~9月固定资产投资累计分别增长-27.6%、-10.9%、-2.9%、-1.9%、0.3%、0.5%、1.4%、2.1%,9月黑龙江省固定资产投资累计增长高于全国平均水平1.3个百分点(见表1)。

表1 全国及黑龙江固定资产投资2020年月度累计增长

单位:%

时间	2月	3月	4月	5月	6月	7月	8月	9月
全国	-24.5	-16.3	-10.3	-6.3	-3.1	-1.6	-0.3	0.8
黑龙江	-27.6	-10.9	-2.9	-1.9	0.3	0.5	1.4	2.1

资料来源:国家统计局。

横向比较来看,三季度黑龙江省固定资产投资累计增长列全国第20位。在东北三省中黑龙江固定资产投资累计增长恢复最为平稳、增速最快。三季度黑龙江省固定资产投资累计增长高于辽宁省2个百分点(见表2)。

(二)基础设施投资态势良好

2020年上半年,黑龙江省在基础设施领域的投资一直保持较快增长,

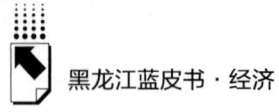

表2 东北三省固定资产投资2020年月度累计增长

单位：%

时间	2月	3月	4月	5月	6月	7月	8月	9月
辽宁省	-20.2	-16.2	-7.3	-3.2	-2.7	-2.3	-1.0	0.1
吉林省	-6.9	-8.2	-10.9	-1.2	7.8	9.9	9.3	8.9
黑龙江	-27.6	-10.9	-2.9	-1.9	0.3	0.5	1.4	2.1

资料来源：国家统计局。

与上年同期相比增长12.1%。高技术产业投资比上年同期增长51.1%，其中，高技术制造业投资增长66.2%，高技术服务业投资增长42.9%。"新基建"引发投资热潮，黑龙江省政府高度重视以5G建设为主的新型基础设施建设，印发《黑龙江省加快推进5G通信基础设施建设实施方案》，并将5G网络建设纳入省百大项目。黑龙江省2020年规划建设5G基站1.3万个，截至8月份新基建5G网络已建成基站8372个，完成投资26.9亿元。哈尔滨市已完成5G基站建设任务4157个，基本实现主城区5G信号全覆盖，下半年还将再建近3000个5G基站。

产业投资也出现诸多积极因素。2020年上半年，第一产业固定资产投资同比增长93.9%，高于全国90.1个百分点。全省工业固定资产投资增长4.6%，高于全省全社会4.3个百分点、高于全国12个百分点，其中地方企业增长5.1%；投资亿元以上工业项目数量增长18.5%，投资增长6.2%。全省固定资产投资项目开复工2931个，增长18.6%。全省新签约千万元以上项目同比增长144.5%，实际利用内资同比增长76.4%。

（三）"百大项目"拉动投资增长

2020年黑龙江开展加强版的"百大项目"达500个，总投资10572.8亿元，年度计划完成投资额2503.3亿元。其中重大基础设施项目219个，占比43.8%，年度计划完成投资1482.4亿元；重点产业项目213个，占比42.6%，年度计划完成投资827.8亿元；社会公益服务项目68个，占比13.6%，年度计划完成投资193.1亿元。截至8月末，百大项目已经开工

439个,开工率87.8%,已完成投资1203.6亿元,投资完成率48.2%,超过上年同期10.2个百分点。

2020年黑龙江省"百大项目"相比上年数量更多、规模更大、质量更好,项目个数比上年增多390个,总投资超过百亿项目比上年增加8个,总计19个项目;总投资超过50亿元以上项目比上年增加23个,总计45个项目;总投资超过10亿元以上项目比上年增加129个,共计186个。从8月10日至11月20日,黑龙江开展2020年加强版百大项目"百日会战",全力以赴会战一百天,拼抢三季度、冲刺四季度,实现百大项目建设速度、质量同步快速提升。

百大项目拉动作用强,促固定资产投资增长,拉动全省上半年固定资产投资同比增长0.3%,1~7月增长0.5%。带动1~7月铁路矿建运量和装车数同比增长36.2%、39.9%,分别为863万吨、599车/日,带动1~7月固定资产投资项目开工3345个,同比增长14.3%。

(四)"十三五"期间黑龙江省固定资产投资整体趋势

"十三五"期间,黑龙江省固定资产投资历年增幅为5.5%、6.2%、-4.7%、6.3%(见表3),除了2018年首次出现负增长后迅速反弹,"十三五"期间全省固定资产投资整体平稳增加。其中第二产业固定资产投资历年增幅为2.4%、3.6%、9.4%、7.7%,呈较快增长;第三产业固定资产投资历年增幅为6.9%、4.6%、-9.4%、7.6%,2018年首次出现负增长后迅速反弹;民间投资历年增幅为7.9%、11.3%、10.5%、-6.3%,呈较快增长但后期回落。

表3 "十三五"期间黑龙江省固定资产投资历年增幅

单位:%

年份	2016	2017	2018	2019
总体增幅	5.5	6.2	-4.7	6.3
第二产业增幅	2.4	3.6	9.4	7.7
第三产业增幅	6.9	4.6	-9.4	7.6
民间投资增幅	7.9	11.3	10.5	-6.3

资料来源:历年《黑龙江省国民经济与社会发展统计公报》。

二 2020年黑龙江省固定资产投资中存在的问题

（一）固定资产投资增速落后

2020年黑龙江省固定资产投资累计增长虽然实现了由负转正、逆势上升，但是同其他省份相比，黑龙江省仍处于靠后位置。前三季度黑龙江省固定资产投资累计增速在全国排在第20位，虽然增速一直平稳回升，但还是相对偏低。在东北三省中落后于吉林省6.8个百分点。

（二）固定资产投资结构有待优化

从三次产业看，黑龙江省固定资产投资在三次产业中分化明显，2020年上半年黑龙江省第一产业投资增长93.9%，第二产业投资增长1.7%，而第三产业投资下降3.3%。虽然第三产业固定资产投资上半年降幅比1~5月收窄1.0个百分点，但是三次产业投资的显著分化，体现出了2020年全省固定资产投资结构明显存在问题，第二产业和第三产业的投资不足将极大地影响未来黑龙江省经济复苏和人民生活的改善。

（三）部分行业受疫情影响投资下滑

水利、房地产、采矿等一批行业投资受疫情影响，下降幅度较大。1~7月黑龙江省采矿业投资增长-8.1%，比上年同期下降39.4个百分点，煤炭、石油、有色金属、非金属开采业投资均有不同程度的下降。水利投资增长-20.9%，比上年同期下降92.5个百分点，主要是由于国家投资计划大部分在7月份下达，汛期施工较难的影响。房地产投资增长-7.2%，比上年同期下降8.9个百分点，说明企业开发房地产的热情在进一步减退。公路投资增幅比上年同期下降34.8个百分点，主要是国省干线项目比上年减少了16个。同时，受疫情影响，住宿餐饮业、租赁商服业、批发零售业、文化娱乐业等投资均有较大幅度的下降。

三 2021年黑龙江省固定资产投资形势预测

响应国家"六保""六稳"号召,减小新冠肺炎疫情对出口及消费的负面影响,增加有效投资是必要手段,固定资产投资应比以往更加受重视,全省积极推进以5G为代表的"新基建",相关产业固定资产投资预期明显上升。对很多行业来说,疫情强迫其重塑经营方式、商业模式和组织形态,不管各行业适应,疫情以极端的方式推动了整个经济的"在线"进程。这意味着对人工智能、大数据、工业互联网、物联网等新基础设施的巨大需求,增加了对基于智能、互联和新能源的城际交通、物流和新市政基础设施的投资潜力。而且随着全省疫情防控态势渐好,经济已经呈现全面复苏趋势,固定资产投资不断上升以及投资结构的调整可期。

根据黑龙江省宏观经济模型预测,黑龙江省2020年固定资产投资名义增长率达到4.6%,房地产固定资产投资名义增长率达到3.3%;2021年固定资产投资名义增长率将达到6.8%,房地产固定资产投资名义增长率将达到5.2%(见表4)。

表4 黑龙江省固定资产投资名义增长率预测

单位:%

年 份	2020	2021
固定资产投资名义增长率	4.6	6.8
房地产固定资产投资名义增长率	3.3	5.2

四 促进黑龙江省固定资产投资的对策建议

(一)优化投资结构,提高有效投资效率

按照党中央、国务院支持东北地区深化改革创新推动高质量发展的重大

决策部署，结合提高有效投资的号召，黑龙江省固定资产投资应该注重效率和质量两方面结合，摒弃只注重投资总量、不注重效率的做法，本着结构合理、效益第一的原则，通过不断优化投资结构，来提高投资效率，以高质量投资带动高品质项目，以高品质项目推动新旧动能转换，从而让投资持久发挥作用，推动高质量发展。一是进一步推进服务业产业发展，增加第三产业固定资产投资，改善全省投资结构不合理现状。二是坚决贯彻落实黑龙江"工业强省"的政策方针，稳步提高第二产业固定资产投资。推动投资"由虚向实"，引导固定资产投资向制造业等实体经济领域回流，积极培育经济增长新动能。三是维持第一产业固定资产投资增速，夯实黑龙江作为农业大省和粮食主产区的重要定位以及端好中国饭碗、充当国家粮食安全"压舱石"的地位。坚持"稳定一产，优化二产，提升三产"的固定资产投资结构布局，增加高技术产业、战略性新兴产业、现代服务业等行业投入，促进投资向实体经济集聚。不断提高资本使用效率，既保证经济资源动态配置效率的提高，又要促进经济资源静态配置效率的增长。要处理好基本建设投资与更新改造投资的关系，处理好基础建设投资与直接生产投资的关系。防止低水平投资建设和生产能力闲置的无效投资。

（二）改善营商环境，释放民间投资潜力

持续推动营商环境优化，不断提高招商引资效率和要素配置效率，提升生产要素流入量、降低流出量，激活民营经济活力，不仅利于增强民间投资，更有利于经济的全面复苏。一是扩大市场开放，助力民营经济发展。拓宽市场准入范围，严格落实负面清单制度，在能源、养老、医疗、金融等关键领域打破行业壁垒，同时更新观念，提高对新型产业的宽容度。提高民营经济市场开放程度，改善对外金融环境、市场竞争环境，畅通民营经济尤其是小微企业投融资渠道，进一步激发民间投资。二是深化"放管服"改革，补齐体制机制短板。继续改善政务环境、法制环境和服务环境，摆正管理职能和服务职能的关系，不断提高服务意识，进一步改正政策执行中的"玻璃门""吃拿卡要""不担当、不作为、不靠前、服务差"等现象，不断简

化行政许可办理流程，降低企业所需承担的除了生产成本之外的人力、时间等机会成本；加大对相关政策法规的宣传力度和范围，提高政策的社会知晓程度，推动政策落实到位；加强民营经济人才市场、资本市场、法律服务、信用评价以及动态监管等公共服务体系建设。三是进一步优化民间投资结构，完善投资政策。深入贯彻落实《进一步激发民间有效投资活力促进经济持续健康发展的指导意见》等国务院政策措施，结合全省生态建设、资源优势、服务体系等特点，进一步完善针对民间投资的具有可操作性的政策法规；优化投资结构，提高投资效率，积极引导民间资本流向高新技术、新能源、新材料、5G基建、大数据、物联网等新兴产业。

（三）夯实基础建设，引领推动投资增长

项目是落实固定资产投资的重要抓手，应继续夯实以5G建设为主的新型基础设施建设，以攻坚会战状态抓好"百大项目"推进，要求全省各地进一步加快项目建设进度，做好调度，及时解决影响投资的关键问题，形成更多有效投资。确保项目开工率、投资完成率、资金到位率稳中有升，继续抓住国家基础设施补短板、公共服务补强提升、专项债券给支持的机遇，加快实现百大项目建设速度、质量同步快速提升。要素保障部门要持续畅通绿色通道，为百大项目实行精准服务，积极落实保审批、保资金、保土地、保环评、保水电气运工"五保"举措。

加快中央投资项目建设进度，特别是水利等资金计划下达较晚的行业，要抓紧有效施工期，争取多完成有效投资。借助构建"国内国际双循环"新发展格局的契机，指导各地积极谋划布局为新消费、新业态、新模式配套的新基建项目，增强投资增长的后劲。

（四）鼓励科技投资，加快科技领域创新

习近平总书记在东北振兴座谈会上强调，要激发创新驱动内生动力。加强省内科技创新投资，引导资本流向高新技术产业，激发科技创新驱动内生动力，对于贯彻落实习近平总书记讲话精神，不断调整改善黑龙江投资结

构，推动龙江经济高质量发展具有重要意义。一是结合"新基建"大趋势，引导资本流向工业互联网、5G、大数据、云平台、物联网等新兴产业。构建全方位激励机制，通过知识专利产权制度、投融资优惠政策、政府采购制度以及奖励制度等，对科技创新企业进行引导和支持。二是鼓励传统产业企业加强对新兴产业投入。加强对知识生产领域的投入，尤其对有市场前景的前沿技术创新研究，鼓励企业建立自主创新基金，政府对于此类企业提供配套科研资金和相关优惠政策，支持企业把部分的盈利再投入科研创新，专款专用，使企业自主科技创新有资金保障。三是搭建科技创新平台。加快高新技术集中开发区和特色园区建设，通过招商引资吸引高新技术企业和科研机构落户黑龙江，构建科技创新成果展示平台，扩大宣传，促进科技创新成果落地，不断提高科技创新成果转化率。构建信息科技信息共享平台，通过公共数据共享、科技文献更新、实验基地协作以及资源条件共用等方式，为科技创新提供优质服务。

参考文献

《哈尔滨基本实现主城区 5G 信号全覆盖》，《黑龙江日报》2020 年 8 月 6 日。
《全省经济复苏步伐加快总体呈现回暖向好势头》，《黑龙江日报》2020 年 8 月 19 日。

B.6
2020~2021年黑龙江省消费形势分析与预测

宋静波*

摘 要： 2020年，面对复杂严峻的国内外形势，黑龙江省采取一系列行之有效的对策措施，全省经济逐步复苏，且步伐日益加快，一些重要经济指标明显回升，经济总体呈现回暖态势。2020年前三季度，消费市场较上年同期降幅明显，全省实现社会消费品零售总额同比下降16.8%，降幅继续收窄，在上半年较一季度收窄10.7个百分点的基础上，较上半年继续收窄5.9个百分点。① 未来黑龙江省消费增长依然面临较大压力，但也应看到，全省消费品市场正在逐渐复苏，相比第一季度与上半年下降速度有所减缓。

关键词： 消费市场 消费品零售总额 黑龙江省

一 2020年黑龙江省消费市场运行的主要特征

2020年前三季度，黑龙江省在扎实做好疫情防控并使防控渐为常态化的同时，开展了一系列降低新冠肺炎疫情影响、鼓励消费的活动，即时发布《关于

---

* 宋静波，黑龙江省社会科学院文化和旅游研究所助理研究员，管理学博士，研究方向为区域经济、产业经济。
① 人民网，http://hlj.people.com.cn/n2/2020/1027/c220024-34377517.html。

应对新冠肺炎疫情影响开展搞活流通促进消费系列活动的指导意见》。持续推动商贸范畴内的企业复工复产以及复商复市，主动引导消费、激活消费，加快推动消费修复性增长。从供需两端实施一系列搞活流通促进消费的活动，包括在零售、餐饮、住宿、汽车、旅游和5G手机等惠民消费领域开展系列活动激发消费，引导形成合理消费预期。省政府明确"省市资金引领、金融机构出资配合、商家打折让利"①模式，强化与金融部门合作，用消费券以及银行卡等方式重点支撑零售、餐饮、住宿、旅游、汽车等行业消费。截至10月23日，政府消费券已发放三轮共五批，发放数量201.1万张，共投入资金合计1.38亿元，实现交易金额3.3亿元，拉动消费6.6倍，有效促进了消费回暖。

（一）消费市场总体加速回暖

伴随国内疫情防控常态化积极向好，黑龙江省居民生产生活秩序逐步井然，目前消费市场总体加速回暖，居民消费理念回归理性，由于疫情而被限制与压抑的消费正在逐步疏解。数据显示，2020年1~9月黑龙江省全省社会消费品零售总额比上年同期下降16.8%，降幅比上半年收窄5.9个百分点。社会消费品零售总额与同期全国平均水平-7.2%的增速相比较，低了9.6个百分点。在东北三省中，黑龙江省社会消费品零售总额同期增速低于吉林省（-15.1%）1.7个百分点，低于辽宁省（-11.1%）5.7个百分点，增速位于东三省之末位（见表1）。

表1 黑龙江省、吉林省、辽宁省和全国社会消费品零售总额增速

单位：%

时间	2020年1~3季度	2020年1~2季度	2019年1~3季度	2019年1~2季度	2019年1季度	2018年1~4季度	2018年1~3季度
黑龙江省	-16.8	-22.7	6.2	6.4	6.4	6.3	6.4
吉 林 市	-15.1	-20.0	3.6	3.9	3.5	4.8	5.2
辽 宁 省	-11.1	-17.0	6.0	6.0	5.6	6.7	7.4
全 国	-7.2	-11.4	8.2	8.4	8.3	9.0	9.3

资料来源：国家统计局。

---

① 黑龙江省商务厅网站，http://sswt.hlj.gov.cn/newsshow.php?cid=10&id=3176。

（二）基本生活类商品平稳增长

2020年前三季度，限额以上单位粮油、食品类商品零售额比上年同期增长8.4%，增幅比一季度提高1.1个百分点，较上半年提高0.5个百分点。上半年，粮油类、肉禽蛋类、蔬菜类等商品分别同比增长19.7%、42%和20.2%，饮料类同比增长28.8%。

（三）消费升级类商品迅速恢复

上半年，限额以上单位电子出版物及音像制品类、文化办公用品类、通信器材类商品零售额增速转正，分别比上年同期增长9.4%、54.6%和26.4%。6月当月，可穿戴智能设备（15.0%）、智能家用电器和音像器材（25.9%）、计算机及其配套产品（3.9倍）、智能手机（71.2%）等智能商品零售额实现两至三位数增长。9月当月，家具类零售额同比增长87.2%，金银珠宝类同比增长45.1%，体育娱乐用品类商品零售额同比增长37.4%。

（四）新经济新业态不断成长

消费转型趋势渐显，2020年前三季度，全省限额以上单位网上商品零售额比上年同期增长97.5%，增幅同比提高85.2个百分点，比一季度提高63.8个百分点。上半年，电子商务交易额实现1606.6亿元，同比增长3.9%；全省实现网络零售额180.6亿元，同比增长11.9%。以农特产品为主的直播带货在疫情影响之下，渐成商品销售新风尚，多家电商企业加速布局直播产业。1~6月，全省农村电商零售额66.8亿元，占全省网络零售额的37%，同比增长33.1%，增速高于全国30.8个百分点。农产品网络零售额实现30.5亿元，同比增长78.4%。

二 2020年新冠肺炎疫情对黑龙江省消费市场的主要影响

（一）对消费行业的影响

与最有可比性的2003年"非典"相比，非典当年对黑龙江省经济的总体影响不大，仅在短期内对第三产业、消费产生较大影响。由图1可知，2003年非典疫情对黑龙江省第三产业的打击最大，于2003年6月触底之后开始逐步反弹。作为与第三产业紧密相关的消费行业，也受到了极大的冲击。

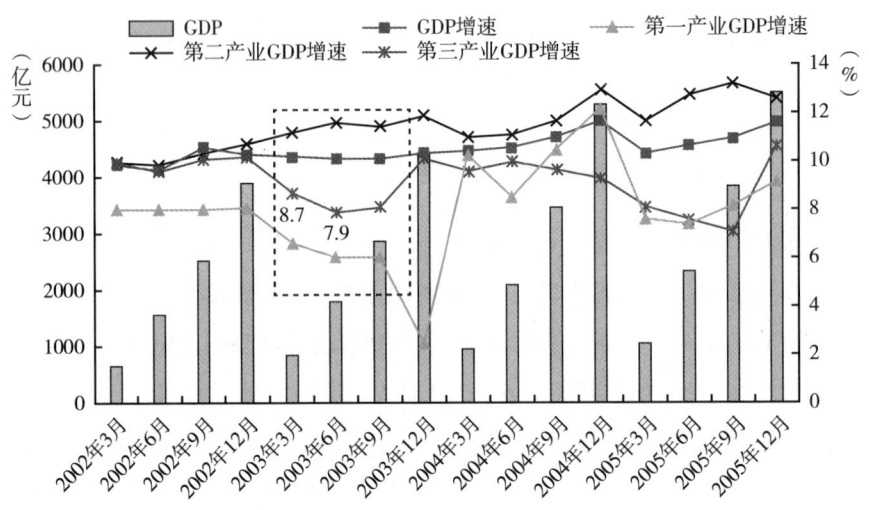

图1　2002~2005年黑龙江省三次产业GDP增速

资料来源：《黑龙江政报》（2002~2005）。

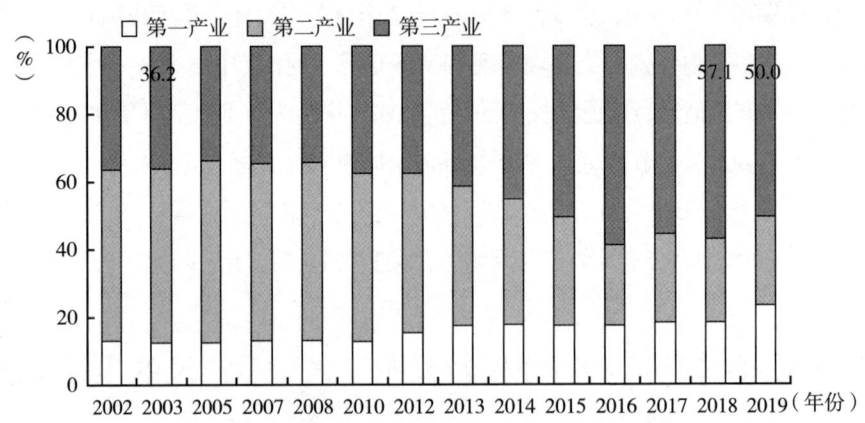

图2　2002~2019年黑龙江省三次产业占比

资料来源：各相关年份黑龙江统计年鉴及国民经济和社会发展统计公报。

与 2003 年相比，当前全省第三产业与消费占比更高。2018 年，三次产业对地区生产总值贡献率分别为 13.6%、13.3%、73.1%。2019 年第一、第二、第三产业结构占比分别为 23.4%、26.6% 和 50.0%，且最终消费支出已经成为全省经济增长的主要动力。从图 2 可以看出，从 2003 年到 2019 年，全省产业结构逐步优化，已由第二产业主导升级为第三产业主导。第三产业占比逐步扩大，从 2003 年占 36.2%，到 2019 年的 50%。更大的第三产业占比也显示了此次疫情对消费、第三产业的打击更大。

由图 3 可知，黑龙江省三次产业贡献率由 2001 年至 2018 年发生了根本性的转变，第二产业贡献率由 2003 年的 65.5% 下降至 2018 年的 13.3%，第三产业贡献率由 2003 年的 30.9% 上升至 2018 年的 73.1%。稳固提升的第三产业贡献率与明显下降的第二产业贡献率也预示了受疫情影响的第三产业以及消费对经济的影响，依靠第一产业、第二产业难以弥补损失。

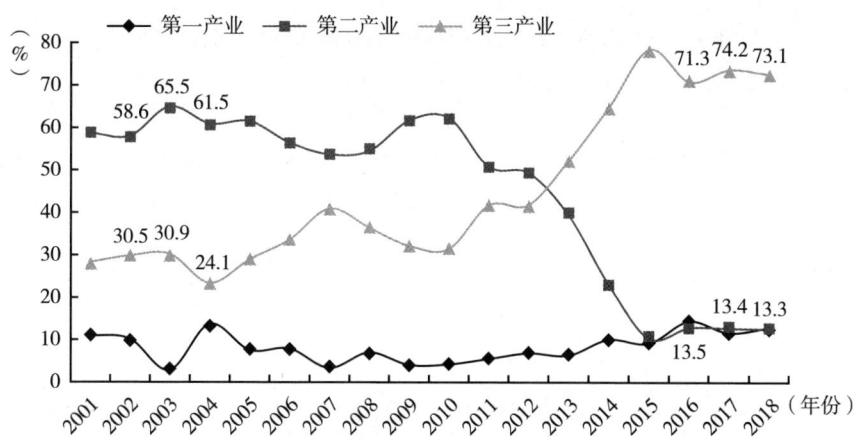

图 3　2001～2018 年黑龙江省三次产业对地区生产总值贡献率

资料来源：《黑龙江统计年鉴》（2001～2018）。

（二）新冠肺炎疫情对消费业态的影响

对比非典时期，黑龙江省社会消费品零售总额增速从 2003 年 3 月开始明显放缓，从 3 月的 10.3% 降至 6 月的 9.4%，6 月开始止降回升，12 月回到接近正常水平（见图4）。接下来的2004年，黑龙江省社会消费品零售总额增速迅猛反弹至13%，说明疫情过后存在相当程度的补偿性消费。

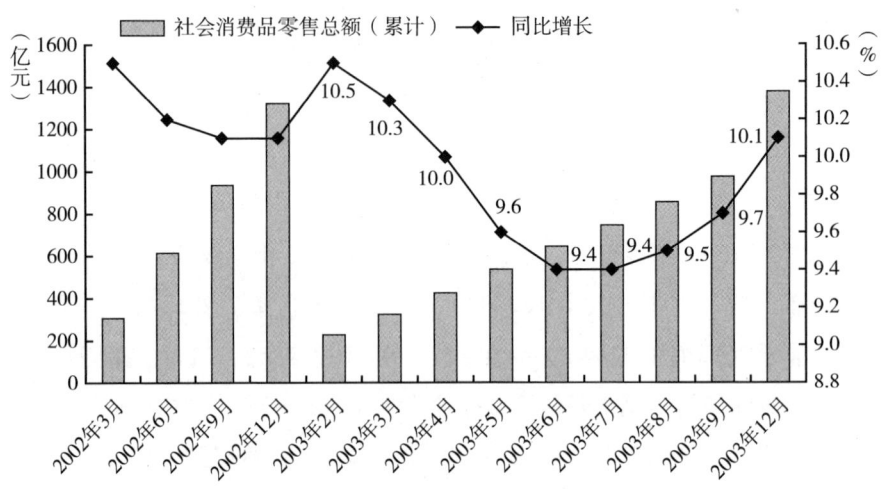

图4　非典期间黑龙江省社会消费品零售总额同比变化情况

资料来源：《浙江统计2002～2003》。

此次新冠肺炎疫情，文化、体育、休闲娱乐和旅游等新型消费业态受到的波及较大，各商业综合体受到严重影响，旅游业整体受损严重，整个产业链承受巨大的亏损。春节假期历来是拉动全省消费增长的黄金周。2017～2019年春节黄金周，全省接待游客均在1000万人次以上，实现旅游收入均超过100亿元。2017～2019年春节黄金周全省旅游人次占全年旅游人次的比例大于5%，旅游收入占全年旅游收入的比例亦大于5%（见图5、图6）。2020年疫情导致此部分收入受影响最大，与之相关的餐饮、酒店住宿、零售、交通运输被严重波及。

传统业态中，餐饮业是此次新冠肺炎疫情中受到冲击最大的行业。对比2003年，虽然非典的大规模公开防疫只持续了两个多月，但黑龙江省2003年全年，餐饮行业整体遭受的创伤明显，零售额增幅陡然下滑（见图7）。

根据国家统计局数据，2019年全国餐饮业收入为46721亿元，其中有15.5%来自春节。据商务部监测，2019年除夕至正月初六，全国零售和餐

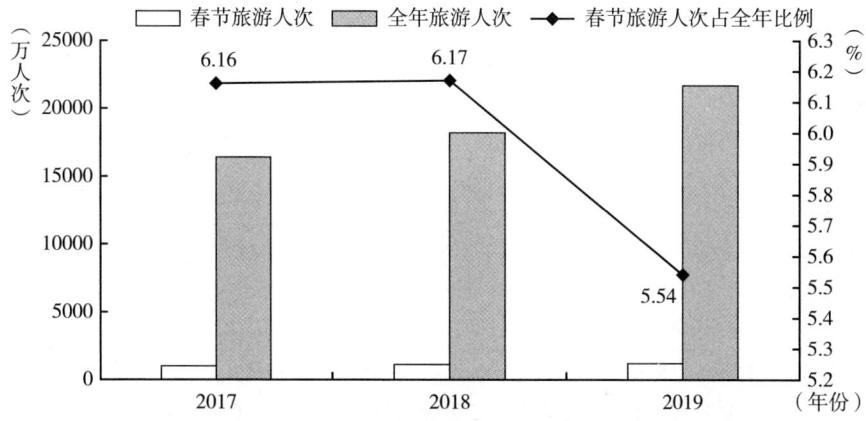

图 5　2017～2019 年黑龙江省春节及全年接待游客人次情况

资料来源：中国产业信息网。

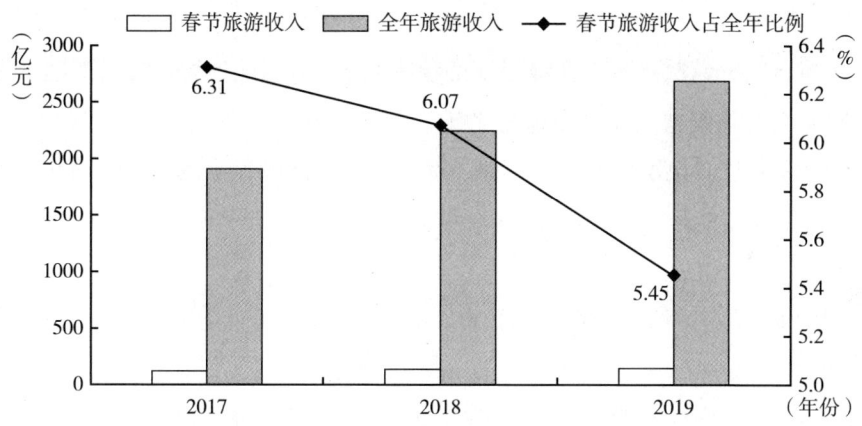

图 6　2017～2019 年黑龙江省春节及全年旅游收入情况

资料来源：中国产业信息网。

饮企业累计实现销售额约 10050 亿元。黑龙江省商务厅近几年的监测结果显示，2016 年除夕至正月初六，全省重点监测零售和餐饮企业实现商品销售总额 174.8 亿元；2017 年除夕至正月初六，全省重点监测零售和餐饮企业实现商品销售总额 192.5 亿元；2018 年除夕至正月初六，黑龙江省重点监测零售和餐饮企业实现商品销售总额 210.9 亿元。

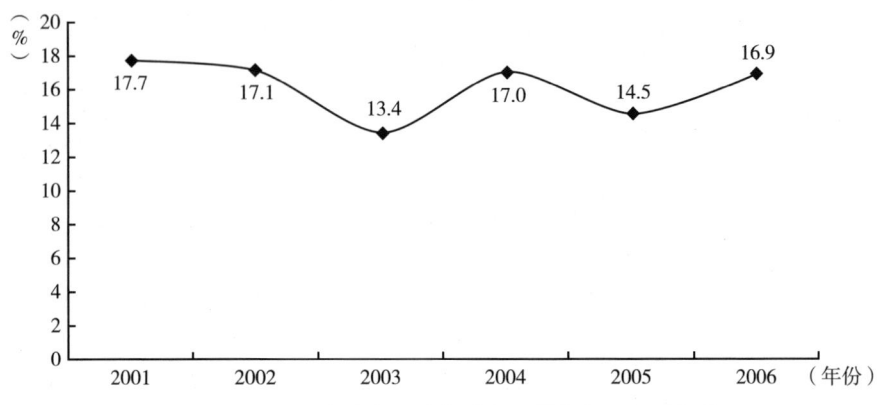

图 7　2001～2006 年黑龙江省餐饮行业零售额同比增长情况

资料来源：《黑龙江省国民经济和社会发展统计公报》（2001～2006 年）。

在中国烹饪协会的调研中，新冠肺炎疫情期间，78.2%的餐饮企业营收损失达到100%，9.1%的企业营收损失在9成以上，7.4%的企业损失在7~9成之间，营收损失在7成以下的仅有5.3%。据此估算，疫情期间，全省94%以上的餐饮企业损失超过70%。

疫情也对文化娱乐、教育培训、医疗卫生、健康养生等服务性消费行业影响明显。尤其是电影票房，2020年上半年基本处于停顿状态，这些行业直接接触消费者，人工、租金等固定成本占比高，是受损敏感型行业。

以电影票房为例，疫情暴发恰逢春节，春节档票房对全年票房的贡献度最高，是全年票房第一大黄金档期。据拓普数据统计，随着春节档票房体量的不断扩大，它与2月、3月、4月的票房一共累计贡献上半年票房的70%，占全年票房的1/3。而在接下来没有任何一个档期能弥补这四个月的损失。2019年春节初一至初六，哈尔滨地区电影市场票房4766.9万元，全国除夕至初六，票房累计58亿元。疫情导致影院错过春节档、情人节档，即便是当前观影恢复后，由于居民的避险心理以及防疫相关规定，票房仍不乐观。

（三）新冠肺炎疫情对消费模式的影响

新冠肺炎疫情在对经济生活造成严重影响的同时，也使居民消费模式发生较为显著的变化。线下消费受影响较大，疫情期间线上消费的崛起对冲了部分负面影响，生鲜电商满足了消费者对于生鲜食品等的消费需求，日订单量大幅增长。以网络游戏、视频影音为代表的在线文娱消费增长，网上购物等新消费模式十分活跃，"云消费""宅消费"有了更广阔的发展空间，"线上消费"加速替代"线下消费"，网络消费持续增长。服务线上化与产品线上化齐头并进，新型"宅经济"需求量持续增长，在线教育、在线娱乐、在线购物等接受度越来越高，"云"生活模式不断改变人们的消费习惯，致使居民消费出现新的热点。

2003年"非典"由于不出门的购物需求，使淘宝、京东迅速走进大众的视线。17年后的2020年新冠肺炎疫情，各类线上渠道——外卖平台、生鲜平台、跑腿儿平台和线下商超通过第三方电商平台发展的线上业务，特别是近几年经营委靡的线上生鲜，经此一役，异军突起。

通过京东发布的大数据可以发现，2020年春节"宅消费"（数据为2020年除夕至初九同比2019年农历春节同期），以成交额增长排名，黑龙江省居全国第四。从消费品类来看，生鲜消费占比最高，其他品类比较均衡。

美团外卖发布的"无接触配送"报告显示，在2020年1月26日至2月8日期间，全国使用"无接触配送"服务占比最高的城市，哈尔滨市"无接触配送"的订单占到了其整体订单量的87.4%，居全国第五位。为了让用户更加安心和放心，美团外卖在"无接触配送"基础上升级推出"无接触安心送"，通过App平台展示骑手的健康情况及餐箱消毒情况等安全防护信息，在确保无接触的同时实现全过程信息安全。各商业综合体也通过建立营销微信群，或者运用小程序，线上浏览、线上点单，物流配送，使消费者足不出户即可享受购物的乐趣与服务。

随着民众对健康的更加重视和环保意识的提高，其用于医疗保健、保险和体育锻炼的消费支出显著增加，占消费支出的比重上升。健康化消费备受重视，体现在产品健康化与生活方式健康化两个方面，疫情暴发引发史无前例的全民健康教育，疫情使广大居民有望持续增加健康消费支出。在产品方面，消费者对健康、品质、杀菌等方面的重视程度大幅提升，促使健康化和品质化产品销量大幅增长。

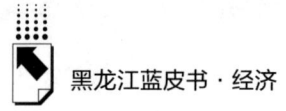

三 2020年黑龙江省消费市场运行的主要问题

(一) 居民的消费支出意愿下降

为了解后疫情时期民众消费意愿和消费支出情况,笔者于2020年7月25日至8月25日发起问卷调查,210份有效问卷调查结果显示,超过70%的被调查者表示上半年总体消费支出减少,主要减少购置服装、鞋帽、箱包、饰品以及娱乐餐饮、旅游出行等方面的消费。超过50%的访问对象认为消费支出减少主要原因是外出安全感低、减薪以及贷款压力。疫情也改变着民众的消费理念,超60%的受访者表示接下来会加强储蓄。

(二) 城乡居民消费能力增长较慢

2019年黑龙江省居民人均可支配收入仍然位于东北三省末席,且中低收入人群占比较大,城乡居民消费信心和消费能力不足,影响消费市场的快速发展。2019年,黑龙江省城镇居民人均可支配收入(30945元),比上年增长6.0%,低于全国(42359元)11414元,低于全国平均增长1.9个百分点;农村常住居民人均可支配收入比上年增长8.5%,低于全国9.6%的水平。2020年上半年,黑龙江省城乡常住居民人均可支配收入与全国平均相比差距仍然较大,全省城镇常住居民人均可支配收入14383元,全国同期平均为21655元,比全国同期低7272元;农村常住居民人均可支配收入6706元,全国同期8069元,比全国同期平均低1363元。全省城乡居民可支配收入水平多年来一直处于低位,抑制消费潜力释放,且近10年黑龙江省城乡收入差距仍然存在,城乡居民人均可支配收入差额从2015年的13108元增至2019年的15963元,城乡收入差距逐年加大,城乡发展不平衡现象依然明显,影响消费市场升级。

(三) 汽车等大宗商品销售疲软

受疫情影响,2020年上半年全省居住类商品需求疲软,汽车类、石油及制品类等重点商品消费需求受到抑制。受上游房地产政策和疫情防控措施、人气度降低等因素影响，家具及装饰建材类商品销售行情不容乐观。中国汽车流通协会4月初发布"汽车消费指数"显示，2020年3月全国汽车消费指数为63.0，汽车消费需求依然不足。2020年5月，中国汽车流通协会发布了"中国汽车经销商库存预警指数调查"VIA（Vehicle Inventory Alert Index）。调查数据显示，2020年8月汽车经销商库存预警指数为52.8，库存预警指数仍位于荣枯线之上。黑龙江省所属的北区指数为53.2，仍处在不景气区间。尽管随着"汽车下乡"政策以及一系列相关刺激消费政策出台，汽车销量有所提升，但是与上年同期仍有较大距离。

（四）住宿餐饮业全面恢复速度较慢

随着新冠肺炎疫情防控形势的稳定，住宿和餐饮企业已全部复工，但疫情之后人们对聚集性消费仍心存顾虑，同时疫情改变了人们的就餐习惯，大多数居民更加愿意选择在家就餐，疫情暴发以来经营状况不佳的局面仍未完全扭转，住宿餐饮行业尚未走出低迷态势。2020年上半年，黑龙江省限额以上住宿和餐饮业营业额同比均呈下降态势。

四 2021年黑龙江省消费市场发展趋势预测

纵观2020年上半年，黑龙江省经济复苏步伐加快，总体呈现回暖向好态势。前三季度全省实现地区生产总值（GDP）8619.7亿元，比上年同期下降1.9%，降幅比上半年收窄3.0个百分点。第三产业增加值5063.1亿元，同比下降3.0%，降幅较上半年收窄2.6个百分点。宏观经济前三季度稳步复苏，较上半年有明显回升，民生指标表现良好，就业形势稳定，消费市场加速回暖。展望2021年，社会主义现代化建设新局面业已开启，总体来看，黑龙江省消费市场平稳增长的动能依然存在，消费市场仍有较大发展潜力。

虽然在复杂的国内外形势之下，黑龙江消费市场面临诸多影响商品消费的不利因素，但新的消费热点亦在不断形成，随着黑龙江省经济由高速增长迈入高质量增长，经济的驱动力由出口、投资转向消费。消费升级的不断加快，消费理念的不断更新，新业态新商业模式的不断引入，黑龙江省消费结构不断升级，新旧动能转换不断加速，在拉动内需的同时也在不断地满足人民群众追求更高品质的生活需求。

表2 2020~2021年黑龙江省社会消费品零售总额预测结果

单位：亿元，%

指标	2019年统计值	2020年预测值	2021年预测值
社会消费品零售总额	9898.0	9394.0	10105.0
名义增长率	6.2	-5.3	7.8
实际增长率	3.5	-8.0	4.5

由黑龙江省宏观经济模型测算，预计2021年黑龙江省社会消费品零售总额将超过万亿元。受疫情影响，2020年黑龙江省社会消费品零售总额名义增长将为-5.3%，2021年则将迅速企稳至7.8%，扣除价格因素，2020年与2021年黑龙江省社会消费品零售总额实际增速将分别为-8.0%和4.5%，消费市场加速回暖，降幅逐步收窄（见表2）。

五 促进黑龙江省消费市场发展的对策建议

接下来的一年，全省要在贯彻落实中央"扩大内需"战略，做好疫情防控和促进经济平稳发展部署的同时，全力落实"六保""六稳"工作要求，打好提振消费会战，充分释放被压抑的消费需求，在消费有起色时，培植壮大在疫情防控中衍生的消费新模式，推进全省消费市场有序平稳健康发展。

（一）提高消费能力，优化区域供给

要进一步加快收入分配制度改革，多渠道促进居民增收，努力实现城乡居民收入稳步增长。决定消费的最根本因素还是居民收入，体现在GDP中

就是劳动者报酬，劳动者的收入直接影响着消费市场的增长潜力。保证受疫情影响的人群收入水平，对于消费信心及消费预期的恢复均有较大作用。将稳就业作为近期工作的首要任务。投入更多财政资源，加大力度开展适应新型行业的劳动力技能培训，帮助受疫情冲击而失去工作的劳动者得到充分社会保障，甚至提供临时性的基本生活补助，并尽最大努力安排其尽快寻找再就业的机会。引导居民多样化的消费需求，鼓励市场主体陆续提高区域供给能力和水平，保障基本消费，加速培养中高端消费市场。强化区域自有品牌建设，保护和优先发展"老字号"品牌，培育"新字号"品牌，加快品质提升，增加中高端商品供给，认定和培育一批文化特色浓、品牌信誉高、有市场竞争力的中华老字号品牌，塑造具有国际竞争力的绿色特色农业品牌，提高产品文化内涵。培养造就一批全国知名、世界闻名，而且真正能够体现"龙江制造"与"龙江服务"的优质名片。

（二）创新消费模式，完善体制机制

以"互联网＋"为依托引导发展消费新模式。着重支持创新型消费的发展和演进，积极发展"宅经济"，促使传统产业焕发新的活力。加速推动平台型消费，鼓励支持共享经济等发展，提高相应主体整合有效要素的能力，提高供需对接与协同创新发展水平。借助创新技术手段，逐步实现远程办公、在线教育、知识付费、冷链及无人机配送、无人零售、健康养生、体育健身，以移动电商、虚拟社交、视频直播、在线游戏、网络导流等网络宅商业等新兴消费模式，促进新兴行业迎来更加快速的发展。构建既包含一定的"安全阀"与"红线"，亦能包容创新发展的审慎监管体制机制，拟定颁发"不见面审批"服务清单，加快建设全省消费大数据中心，构建消费领域使用大数据等新技术进行形势分析与政策辅助决策的有效机制，及时开展消费政策评估。加大绿色产品标识认证制度实施和采信力度。构建并健全守信"红名单"与失信"黑名单"制度，加速推进消费领域"信易＋"场景应用，加强失信主体相关市场禁入以及服务受限等各种惩戒措施。按照"延伸追溯链条、扩大追溯范围"总体要求，建立并完善重要产品追溯及创新演示升级制度。

（三）施行"标准化+"升级，补齐发展短板

用先进标准引导消费品质提升，大力提升商品品质和技术水平，改善产品和服务供给模式，不断释放潜在消费需求。推进消费升级，更好地满足消费者个性化、差异化需求。促进商业与文化、教育、娱乐、养生等服务业融合发展、集聚发展，以服务消费的快速增长带动相关实物商品、住宿、餐饮等领域增长，做到良性互动。不断满足消费升级需求，形成多点带动。尽快推进制定并健全省服务业区域标准，推动建设标准化示范试点。注重有形产品消费向与服务消费并重转变，从满足大众消费向个性化消费转变。放宽服务消费领域市场准入，加大生活性服务领域有效有序开放力度。以消费领域基础设施建设为抓手补齐发展短板。尽快实现服务信息网络降费及提速，推动光纤和5G网络扩大覆盖范围，培育完善物联网、工业互联网、云计算等新一代信息基础设施建设，加快培育和建设区域消费中心城市。推进齐齐哈尔、牡丹江、佳木斯、大庆等区域中心城市相关配套基础设施建设，完善城市末端物流节点，加速农村消费网络建设，建设一批商贸强镇。推动农产品冷链物流、质量追溯体系建设。

（四）加强财税支持，扩容线上金融

对相关服务业企业在2020年上半年的基础上继续适当加大减税降费和定向补贴力度。抓好医药、医疗、医用物资、蔬菜等农产品，交通物流等方面的增值税减免税的政策落实。对全省各地购买房屋、土地用于疫情防控的酒店餐饮等按规定免征契税。积极推进社会保障体系建设，消除居民消费的后顾之忧，进一步提高居民消费信心和消费能力。促使非接触式金融服务逐步发展成为新常态，充分运用大数据、移动互联网以及区块链等科技方法与手段，加速金融上"云"，加快银行数字化转型步伐，对于在疫情防控期间重点贡献企业等，实施差别化信贷政策。降低企业融资成本，积极落实小微企业专项信贷规模等扶持政策，为企业生产经营提供金融保障。开辟授信审批绿色通道，针对复工复产的金融需求特事特办。赋能金融科技创新，拓展线上服务新模式，提供精准线上金融服务。

B.7
2020~2021年黑龙江省消费者物价指数分析与预测

隋云鹏*

摘　要： 2020年以来，黑龙江省消费者物价指数（以下简称CPI）呈现平稳下降态势，居民消费价格涨幅稳步降低，1~9月，黑龙江省CPI上涨3.1%，根据目前物价运行走势，预计2020年黑龙江省CPI上涨不超过2.7%。展望2021年，受猪肉产能逐步恢复，肉类供给持续改善，粮食价格涨幅可控等因素影响，食品价格大幅上涨概率不大，宏观需求偏弱，终端消费需求难以在短时期内显著扩大，非食品价格难以支撑CPI大幅上涨。综合考虑各方面因素影响，初步判断2021年黑龙江省CPI涨幅不超过3.3%。为维护CPI走势稳定，建议做好保障主要农产品供给，维护市场秩序，抑制投机资金的炒作，做好低收入群体的救助工作的同时多措并举激发省内消费需求。

关键词： 消费者物价指数　物价水平　黑龙江

2020年黑龙江省政府工作报告提出，要坚定实施扩大内需战略，就必须保持物价的总体稳定，打消老百姓在做经济决策时的后顾之忧，让老百姓敢消费、愿消费。黑龙江省推动经济复苏，挖掘内需潜力的重要前提就是要

---

* 隋云鹏，黑龙江省社会科学院助理研究员，研究方向为县域经济。

稳定民心，保障物价稳定。目前全国防控疫情总体形势稳定，黑龙江省各行业逐步有序的复工复产，市场供需状况逐渐向好，2020年黑龙江省CPI预计将呈"由高向低、逐步平稳"态势，全年物价过度波动的概率不大。

一 2020年黑龙江省CPI运行情况

（一）黑龙江省CPI涨幅逐月下降，整体走势恢复平稳

2020年9月黑龙江省CPI同比上涨1.7%，在全国9月CPI由高至低排序中，与内蒙古、江西并列17位。在东北三省CPI涨幅中，黑龙江省分别低于辽宁省、吉林省0.5个、0.3个百分点，为三省涨幅最低。9月黑龙江省城市CPI上涨1.5%，农村CPI上涨2.2%。CPI环比上涨0.6%。1~9月黑龙江省CPI比上年同期上涨3.1%。

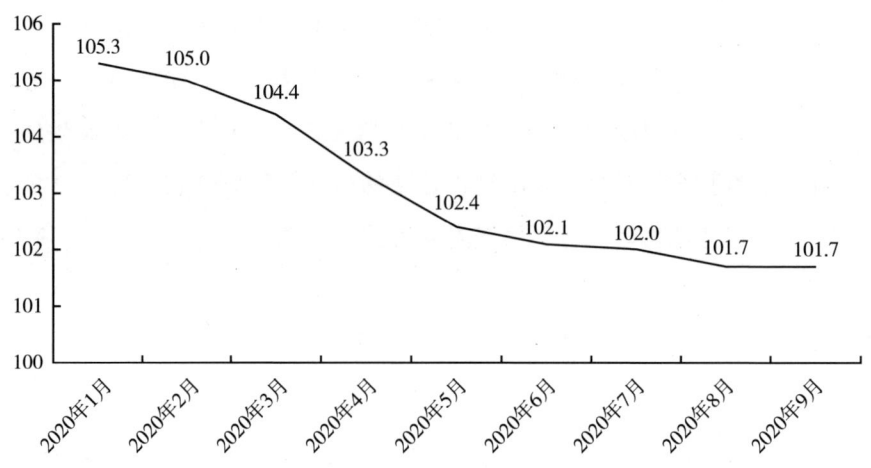

图1　2020年1~9月黑龙江省CPI走势

资料来源：国家统计局、WIND数据平台。

如图1所示，2020年以来，黑龙江省CPI涨幅逐月降低，年初1月、2月份受猪肉价格飙升，春节物价波动以及突然暴发的新冠肺炎疫情的影响，

黑龙江省年初CPI处于高位，涨幅超过5%，3~9月，猪肉价格同比涨幅逐步下行，带动食品价格涨幅明显回落。受疫情影响，2020年上半年，黑龙江省居民收入受到巨大损失，直接影响消费市场，导致需求不足形势更为严峻，在多种因素影响下，黑龙江省CPI涨幅逐步收窄，由3月的4.4%下降到9月的1.7%，现已进入温和通胀区域。

（二）黑龙江省CPI分类指数运行情况

如图2所示，2020年9月黑龙江省CPI八大分类价格四涨四降。其中，食品烟酒、其他用品和服务价格涨幅较大，分别上涨了6.7%和4.1%，医疗保健、教育文化和娱乐价格涨幅较小，分别上涨2.6%、1%；交通和通信、居住、衣着、生活用品及服务价格有所下降，分别下降3.9%、1.8%、0.9%和0.3%。从分类指数上看，2020年9月，拉动CPI上行的主要力量来自食品烟酒价格，抑制CPI波动的主要力量来自交通和通信分类。

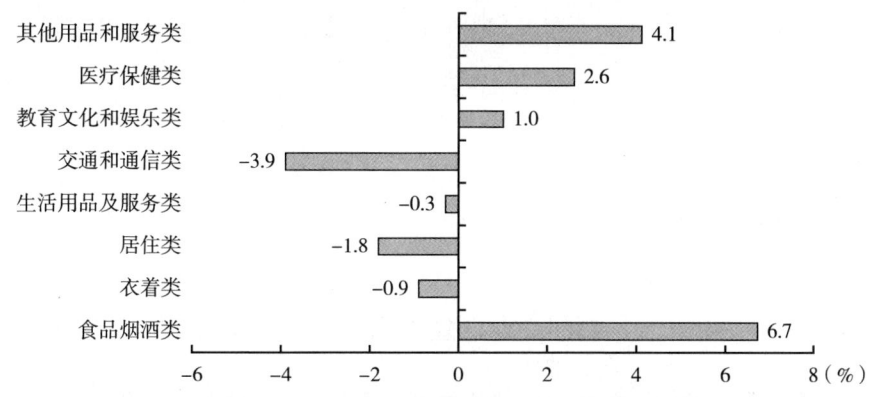

图2　2020年9月黑龙江省CPI分类指数

资料来源：国家统计局、WIND数据平台。

食品烟酒分类在CPI中比重接近30%，始终是影响CPI波动的最主要因素。截至9月，全省生猪供应能力增强，畜肉类价格涨幅由年初的96.1%下降至27.1%，尽管涨幅下降，但畜肉价格仍是推动食品烟酒价格上涨的首要因素。由于2019年同期鲜果、蛋类价格高企，2020年9月黑龙江省鲜果、蛋类价格涨幅为 -8.7% 和 -17.1%，是平抑食品烟酒价格上涨的主要因素。

如图3所示，2020年9月份黑龙江省食品烟酒类价格分类指数中，畜肉类价格上涨27.1%，影响CPI上涨约1.3个百分点；鲜菜价格上涨11.1%，影响CPI上涨约0.3个百分点；水产品价格上涨3.4%，影响CPI上涨约0.06个百分点；粮食价格上涨2.1%，影响CPI上涨约0.04个百分点；蛋类价格下降17.1%，影响CPI下降约0.1个百分点；鲜果价格下降8.7%，影响CPI下降约0.2个百分点。

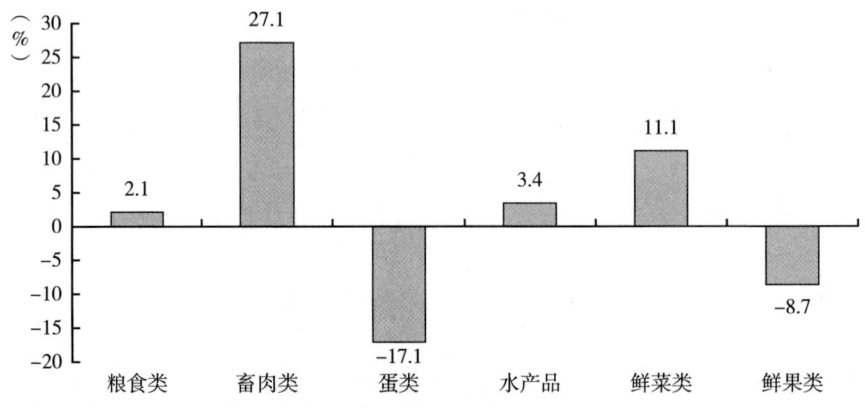

图3　2020年9月黑龙江省食品类价格分类指数

资料来源：国家统计局、WIND数据平台。

（三）"十三五"期间黑龙江省CPI走势与全国一致

"十三五"期间，黑龙江省CPI同比走势与全国基本相同，2016年1月至2020年7月，全国CPI同比月均涨幅2.34%，黑龙江省月均涨幅2.1%，月均涨幅黑龙江省低于全国0.24个百分点，价格波动略低于全国。总体来说，2019年10月之前，全国与黑龙江省CPI均低于4%以下，处于温和通胀区间。

如图4所示，"十三五"期间，全国CPI同比涨幅最低出现于2017年2月份，涨幅为0.8%，同年3月黑龙江CPI涨幅最低，为0.2%，涨幅最高点出现于 2020 年 1 月,全国 CPI 当月同比涨幅 5.4%,同月黑龙江省 CPI 涨幅 5.3%,为"十三五"以来最高。

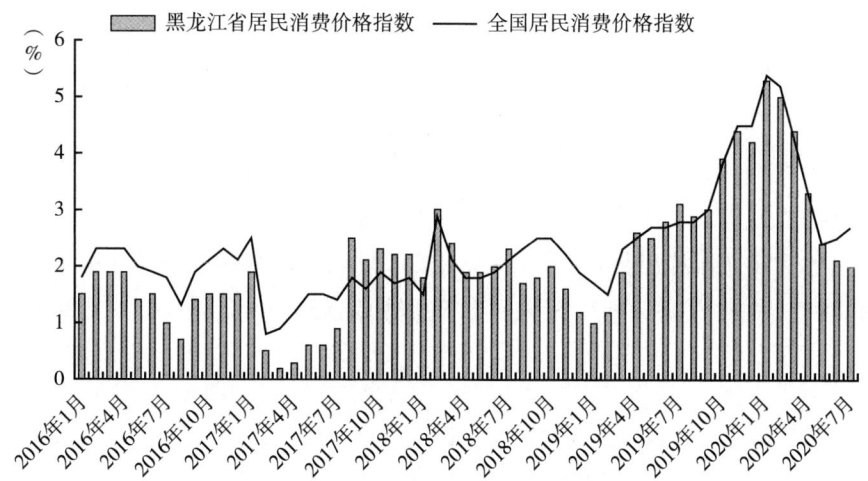

图 4 "十三五"期间全国与黑龙江省 CPI 走势

资料来源:国家统计局、WIND 数据平台。

通过分析数据可知,全国与黑龙江省 CPI 波动受食品烟酒价格影响巨大,2017 年 2~4 月,全国与黑龙江省 CPI 均处于历史低点,当时全国食品价格涨幅为 -2.4%,黑龙江 3 月份食品价格涨幅为 -3.2%,均为"十三五"期间食品价格涨幅历史最低点。2020 年 1~2 月,受非洲猪瘟影响,猪肉价格飙升,带动同时期食品价格飙升,2020 年 1~2 月,全国食品价格涨幅超过 15%,推动全国 CPI 当月涨幅超过 5%,同时期黑龙江省食品价格涨幅为 17.6% 和 16.5%,推动黑龙江 CPI 涨幅达到 5.3% 和 5%,达到"十三五"期间最高峰。

二 影响黑龙江省 CPI 波动的因素分析

(一)食品烟酒价格波动严重影响 CPI 稳定

2016 年 CPI 指数调整基期,下调了食品烟酒类在 CPI 中的占比权重,目前食品类占比不到30%，但仍然是八大分类指数中占比最大的一类，CPI指数的波动与食品价格高度相关，纵观"十三五"期间黑龙江省CPI指数始终随着食品价格的波动而波动。如图5所示，2016年至2020年，食品烟酒价格的几次波动均直接反映到了CPI指数上，2017年3~4月，黑龙江省食品烟酒价格指数下跌至-3.2%和-3.6%，直接影响CPI指数下降到0.2%和0.3%，2019年4月至2020年1月，黑龙江省食品烟酒类价格涨幅由5%上升到17.6%，拉动CPI由2.6%上升到5.3%，为2016年以来新高。由此可见，CPI指数对食品烟酒价格变动十分敏感，过度波动的食品烟酒价格不利于黑龙江省实现稳定经济增长、保障民生的施政目标。

图5　2016~2020年黑龙江省CPI与食品烟酒价格指数及居民消费价格指数走势

资料来源：国家统计局、WIND数据平台。

（二）投机资金对一些农产品的炒作，致使CPI过度波动

近年来，出现了数次由单一或几种农产品供给关系变化，致使其市场价格飙升，从而导致CPI指数出现大幅波动，造成大家耳熟能详的"豆你玩"

（2010）、"蒜你狠"（2016）、"姜你军"（2020）等经济现象，总结其成因，主要是一些投机资金借机炒作某些具有金融资产属性的农产品造成的。

一方面，某些农产品作为普通商品本身具有满足人们的某种需求的使用价值，由于需求弹性小、供给量易变、生物周期性等农产品生产特点，容易出现供需错位。同时市场化程度不高，缺少对这些农产品价格走势的指导，使得买卖双方处于商品信息不对称的状态，又给这些小宗农产品赋予了金融资产的属性，此类农产品的交易从实体转入虚拟，经常出现通过短期炒作导致商品价格大幅上涨，成为代表未来收益的凭证。又由于农产品的供给具有一定的周期性，也就是短时间内无法实现大量供给，这也给小宗农产品价格上涨留下了很大的空间。

另一方面，由于2015年我国资产泡沫破裂造成了巨大的股灾，金融市场出现一些乱象，国家为了规范金融市场，保障实体经济良好发展，防止经济"脱实向虚"，于2017年出台相关政策，有效地限制了资金大量涌入股市的炒作行为，遏制了资产价格泡沫的产生。2018年中央经济工作会议强调"住房不炒"，成功抑制了房地产泡沫的产生，因此大量资金从虚拟经济领域流入实体经济。在此大环境之下，一些投机资金寻求增值，有计划地利用农产品交易市场的信息不对称，用虚拟经济的炒作方式控制一些小宗农产品交易，导致其价格脱离成本飙升，从而推动了CPI的上涨，影响了物价的稳定。

投机资金对小宗农产品的炒作行为给市场的供需两端都造成了损害。在需求端，炒作增加了消费者的支出成本；在供应端，炒作使农产品的价格严重偏离生产成本，使农业生产者获得了错误的价格信号，为了追逐利润盲目加大对农产品的生产力度，使其产量高于市场需求，导致农产品价格跌落，最终不但损害了农民利益，更扰乱了市场价格。

（三）新冠肺炎疫情加剧了CPI的波动

2020年初为了控制新冠肺炎疫情的蔓延，国家实行了全面封锁的措施，在保障了人民生命安全的同时，也一定程度上对人民生活各方面产生了影响,从而影响了CPI指数的稳定。

对食品价格来说,物流受阻加大了农产品的供给难度,使得各超市和市场的异地采购更加困难。农产品流通不畅,市场供给减少,导致各类食品价格不同程度上出现了上涨,一定程度上推动CPI上升。

对医疗保健类价格来说,年初疫情的暴发导致市场上医疗用品的供不应求,口罩、酒精、防护服、药品等医疗用品被抢购一空,尽管中央及时启动应急预案,严厉打击囤积居奇、哄抬物价等扰乱市场秩序的行为,但医疗物资的价格还是不可避免地上涨,增加了居民生活支出负担,导致CPI上涨。

对于其他非食品价格方面,疫情导致人员无法复工使得制造业出现劳动力短缺,生产加工能力受限,致使零售商品供给出现缺口,在零售商品供不应求的情况下,导致CPI上涨。

三 2020~2021年黑龙江省CPI预测

尽管2020年初CPI高企,一度涨幅超过5%,但由于国家及时出台各种干预措施,有效地遏制了CPI的过度波动,预计黑龙江省2020年CPI涨幅不会突破2.7%,主要依据以下几方面。

首先猪肉价格方面,随着南方水涝减退,对生鲜供给影响逐步弱化。年内"猪周期"已见顶回落,生猪产能有序恢复。8月7日,农业农村部有关负责人表示下半年猪肉供应将持续改善,7日与8日分别投放两次储备冻猪肉,共计3万吨,有效保证了猪肉供给,降低了猪肉价格再次大幅上涨的可能性。

其次粮食安全保障方面,尽管2020年我国南方遭遇洪涝灾害,但我国夏粮还是再获丰收,总产量同比增长0.9%,黑龙江省作为我国重要的秋粮产区,2020年遭遇了数次台风,对粮食产量造成一定影响,但我国的粮食安全仍有保障。2019年我国三大主粮的总供给(当年产量+上年末库存)达到当年消费量的1.6倍,库存消费比在64%左右,仅靠库存可维持半年以上的消费需求。国内除了大豆等个别品类，主粮基本上不需要进口，过去少量的进口主要是调剂品种，因此主粮受国际环境影响较小。尽管2020年受自然灾害、新冠肺炎疫情、国际粮食危机等影响，我国粮食价格短期内存在一定上涨压力，但涨幅可控，不具备持续性，不会对CPI形成持续的上涨推力。

再次非食品价格亦无过大上行压力，2020年疫情同时冲击黑龙江省供需两端，但总体而言供给大于需求。非食品方面，在失业率较高、人均可支配收入减少的约束下，终端消费需求尚难以在短期内显著扩大，同时大宗原材料自上而下沿产业链的成本传导仍有阻力。预计年内不会推动CPI过度上涨。

预计2021年在国内粮食保障仍旧充分、疫情影响趋弱、非洲猪瘟疫情得到有效控制的前提下，全年CPI涨幅不会超过3.3%。

四 黑龙江省稳定物价水平的对策建议

（一）深化农业供给侧结构性改革，保障食品价格稳定

黑龙江省作为全国的农业大省，肩负着保障国家粮食安全的重任，建议全省继续加快现代农业体系的建设，深化农业供给侧改革，积极结合无线传感器等互联网技术，改善传统种植方式，调整优化粮食供给结构，保护农业生态环境，落实好轮作休耕、土地质量保护专项补贴等措施。提高粮食产量，确保"中国人的饭碗要端在中国人的手中"。加快构建现代化养殖体系，大力加强生猪养殖的政策支持力度，做好动物疫病的防控工作。改善全省畜肉供给能力，保障食品价格稳定。

（二）抑制投机资金炒作，维护市场秩序

建立黑龙江省小宗农产品信息与储备系统，指导市场根据供需关系提供价格信号，指导农业生产者根据需求生产适量农产品，对消费者提供正确的

价格信息，同时利用储备调节小宗农产品市场价格，努力实现小宗农产品市场化，杜绝信息不畅造成社会恐慌，不给投机资金炒作机会，让投机资金失去炒作环境。

严肃整顿各类市场秩序，防止囤积居奇、哄抬物价、恶性竞争等行为，保障市场公平有序和物价稳定，整合相关平台资源，建立社会舆论与市场观察预警机制，及时做好消费者预期的引导工作。

（三）多措并举促进消费

2020年全世界范围暴发新冠肺炎疫情，一方面推动了黑龙江省CPI的上涨，另一方面重创了全省各行业，抑制了全省消费。因此建议通过税费减免和补贴等方式，加快受疫情冲击严重的餐饮、旅游、零售等行业恢复，同时调整社保缴费等福利待遇政策，帮助企业优化用人成本，保障就业稳定。同时发挥数字经济优势，引导全省居民转变消费方式，由必须性消费转向多元化消费。

（四）加强对低收入群体的救助，严守社会网底不破

由于不同收入群体对物价的感知明显分化，造成城市居民与农村居民之间、有房者和无房者之间、老年人与年轻人之间由于收入和消费理念的不同，对物价波动的感知和敏感度都存在巨大的差异，所以建议全省改善低收入群体的补贴政策，使低收入群体的财政保障支出与低收入群体CPI指数或生活必需品价格指数挂钩，发挥价格指数在低收入家庭的兜底保障作用。

参考文献

钟加坤：《猪肉价格大幅上涨 结构性通胀压力加大》，《中国物价》2020年第3期。

王振霞：《物价总水平走势的特点、趋势和应对措施》，《中国发展观察》2020年第

3 期。

王群：《CPI 与食品价格的变动关系研究》，《农业经济研究》2020 年第 2 期。

许坤、卢倩倩、许光建：《CPI 权重、结构性物价上涨与物价感知》，《价格理论与实践》2019 年第 9 期。

简容：《2020 年中国经济的两种情绪》，《发现》2020 年第 9 期。

B.8
2020~2021年黑龙江省对外贸易形势分析与预测

朱德鹏*

摘　要： 2020年，受突如其来的新冠肺炎疫情冲击，黑龙江省进出口总额增速呈现逐月下滑，国外疫情持续、国际市场低迷、人员出入境受限、国际物流成本提高等因素导致黑龙江省进出口业务量下降，企业订单减少；对俄口岸旅检通道大部分处于闭关状态，进出境采购活动受阻；国内企业出货和收汇受阻，大量外贸企业出现资金短缺等困难。随着国家拉动内需政策的落实，生产和需求逐步恢复，预计2021年全省进出口总额下降幅度将趋缓，逐步缩小与全国的差距。

关键词： 货物贸易　经贸合作自贸区　黑龙江省

2020年，面对突如其来的新冠肺炎疫情全球大暴发，各国经济发展和全球贸易都受到了极大的冲击。针对新冠肺炎疫情对经济的不利影响，我国提出要扎实做好"六稳"工作、全面落实"六保"任务，黑龙江省在省委省政府的坚强领导下，统筹疫情防控和经济社会发展，积极落实稳外贸、稳外资、促消费政策措施，全力稳住外贸外资基本盘，积极推动黑龙江省对外经贸合作高质量发展。

---

* 朱德鹏，黑龙江省社会科学院经济研究所助理研究员，研究方向为发展经济学。

一 2020年黑龙江省对外贸易形势分析

2020年以来，受全球疫情和国际油价暴跌的双重影响，黑龙江省进出口总额增速呈现逐月下滑，国外疫情持续、国际市场低迷、人员出入境受限、国际物流成本提高等因素导致黑龙江省进出口业务量下降，企业订单减少；对俄口岸旅检通道大部分处于闭关状态，进出境采购活动受阻；国内企业出货和收汇受阻，大量外贸企业出现资金短缺等困难。占全省贸易额48.3%的进口原油量价齐跌，是外贸进出口下滑的最主要原因。特别是上半年，原油进口量下降11.5%，进口总额下降31.3%，负拉动黑龙江贸易额18.5个百分点，其他进出口新增长点难以弥补此缺口。

（一）1~10月黑龙江省外贸进口额较上年同期下滑，但出口额逐步回稳增长

2020年1~10月，黑龙江省货物贸易进出口实现1292.6亿元，同比下降15.6%，低于同期全国进出口增幅16.7个百分点。其中，出口293.7亿元，同比增长4.2%，高于同期全国出口增幅1.8个百分点；进口998.9亿元，同比下降20.1%，低于同期全国进口增幅19.6个百分点；累计贸易逆差705.2亿元。1~10月，全省对俄货物贸易进出口实现818.9亿元，同比下降22.2%，占同期全省货物贸易进出口总值的63.4%。其中对俄出口82.5亿元，同比增长0.4%；自俄进口736.4亿元，同比下降24.1%（见表1）。

表1 2020年1~10月黑龙江省货物贸易进出口总额及变化

单位：亿元，%

类别	进出口总额	同比增减	出口额	同比增减	进口额	同比增减
全省货物贸易	1292.6	-15.6	293.7	4.2	998.9	-20.1
全省对俄货物贸易	818.9	-22.2	82.5	0.4	736.4	-24.1

资料来源：哈尔滨海关。

从贸易方式看，2020年1～10月黑龙江省一般贸易进出口1008.9亿元，同比减少19.9%，占比为78.1%；加工贸易进出口71.6亿元，同比减少7.2%，占比为5.5%；边境小额贸易进出口158.4亿元，同比增加13.6%，占比为12.3%（见表2）。

表2　2020年1～10月黑龙江省按贸易方式分进出口总额、变化及占比

单位：亿元，%

贸易方式	进出口总额	同比增减	占比
一般贸易进出口	1008.9	-19.9	78.1
加工贸易进出口	71.6	-7.2	5.5
边境小额贸易	158.4	13.6	12.3

资料来源：哈尔滨海关。

从进出口货物运输方式看，2020年1～10月江海运输进出口428.1亿元，同比减少3.6%，占比为33.1%；铁路运输进出口133.4亿元，同比增加2.3%，占比为10.3%；汽车运输进出口102.6亿元，同比增长22.5%，占比为7.9%；航空运输进出口29.1亿元，同比减少27.7%，占比为2.3%；邮件进出口7.3亿元，同比增长11.5%，占比为0.6%；其他运输方式进出口592.0亿元，同比减少28.4%，占比为45.8%（见表3）。

表3　2020年1～10月黑龙江省按运输方式分进出口总额、变化及占比

单位：亿元，%

运输方式	进出口总额	同比增减	占比
江海运输	428.1	-3.6	33.1
铁路运输	133.4	2.3	10.3
汽车运输	102.6	22.5	7.9
航空运输	29.1	-27.7	2.3
邮件	7.3	11.5	0.6
其他运输方式	592.0	-28.4	45.8

资料来源：哈尔滨海关。

从企业类型看，2020年1～10月国有企业进出口669.8亿元，同比减少28.1%，占比为51.8%；外商投资企业进出口99亿元，同比减少6.6%，

占比为7.7%；民营企业进出口510.7亿元，同比增长10.6%，占比为39.5%（见表4）。

表4　2020年1~10月黑龙江省按企业类型分进出口总额、变化及占比

单位：亿元，%

企业类型	进出口总额	同比增减	所占比重
国有企业	669.8	-28.1	51.8
外商投资企业	99	-6.6	7.7
民营企业	510.7	10.6	39.5

资料来源：哈尔滨海关。

从出口产品大类看，2020年1~10月农产品出口47.5亿元，同比减少2.8%；机电产品出口124.1亿元，同比增长5.6%；高新技术产品出口43.4亿元，同比增长95.6%。机电产品中，纺织机械及其零部件、缝纫机械及其零部件、医疗仪器及器械、集装箱、手机等产品出口有较大幅度增长。农产品中，罐头、水海产品和肉类出口有较大增长。出口方面，随着哈尔滨星地通通讯科技有限公司、齐齐哈尔龙江阜丰生物科技有限公司、黑龙江省伊品生物科技有限公司、哈尔滨创新金融产业园有限公司等新兴龙头企业产能的释放，全省出口将保持正增长。

从进口产品大类看，2020年1~10月农产品进口107.6亿元，同比增长9.9%；机电产品进口66.7亿元，同比增长13.5%，其中包装机械、压缩机和液晶显示板有较大幅度增长；高新技术产品进口21.9亿元，同比增长28.1%；原油进口588.4亿元，同比减少33.3%；天然气进口36.1亿元。进口方面，如果国际原油价格不能很快回升，按照目前原油价格计算，全年原油预计进口2910万吨，进口额707亿元，比2019年减少361亿元，拉动全省进出口额下降19.3%。

（二）黑龙江省稳外贸采取的措施

2020年4~5月，外贸呈现下降态势，黑龙江省商务厅梳理了国家及省里针对外贸企业发展的支持政策21项，通过网站、微信公众号等渠道向企业发布，为外贸企业办理"骨干企业复工证明"指导企业尽快复工复产。

为应对疫情不利影响和落实"稳外贸、促消费、保主体、拓市场"目标任务,省商务厅积极行动加强线上平台建设,创建了"龙江商企通"和"龙江云展会"两大平台。"龙江云展会"平台将通过互联网手段,帮助全省内外贸企业在线上、云端广结客户、抢抓订单、开拓市场,为内外贸企业提供一个产品展示、品牌推广、贸易磋商和在线交易的高效载体,为"后疫情"时代全省稳外贸、促消费、保主体贡献积极力量。"龙江商企通"平台旨在宣传国家政策、搭建企业融资合作平台、助力企业拓展国内外市场等。

中国(黑龙江)自由贸易试验区作为我国最北的自贸试验区,自挂牌以来,在开放环境下进行压力测试,率先形成了首批省级创新实践案例,在全省进行复制推广(见表5)。截至2020年上半年,自贸试验区新设立企业3592家,新签约项目120个,投资额1784.28亿元。

表5 黑龙江自贸试验区三个片区重点发展产业目标

片区	重点发展产业
哈尔滨片区	新一代信息技术、新材料、高端装备、生物医药、科技、金融、文化旅游、寒地冰雪经济
黑河片区	跨境能源资源综合加工利用、绿色食品、商贸物流、旅游、健康、沿边金融
绥芬河片区	木材、粮食、清洁能源等进口加工业、商贸金融、现代物流

资料来源:商务部网站。

(三)利用外资全面逆势增长,招商引资凸显强大韧性

黑龙江省实际使用外资仍保持较大幅度增长,以1~7月为例,全省实际使用外资2.45亿美元,同比增长87.9%。但新设立外商投资企业数量处于下降状态,到资增长乏力。全省新设立外商投资企业39家,同比下降48.7%;合同外资金额11.2亿美元,同比增长170%。全省1~7月实际使用外资仅达到2019年全年的45.1%。各市招商发展不均衡,吸引外资地区主要集中在哈尔滨、齐齐哈尔、大庆、绥化等中心城市,双鸭山、伊春、七台河、鹤岗4个市无外资利用,4个地市利用外资额占比不足1%。根据对现存外资企业增资意愿和新设立企业实际使用资金的研判,2020年实际使

用外资将在 4 亿美元左右。随着全省营商环境的持续改善和招商引资的力度不断加大，2020 年实际利用外资将呈现增长态势。

二 2020年黑龙江省对外贸易中存在的问题

（一）外贸运行受到新冠肺炎疫情冲击

2020 年新冠肺炎疫情全球大流行，使得国际人员往来大幅减少，全球货物贸易及国际投资活动受到冲击。据世贸组织 10 月发布的全球贸易预测，预计 2020 年全球货物贸易量将下降 9.2%，2021 年全球货物贸易量将增长 7.2%，但仍低于新冠肺炎疫情危机前的态势。2020 年第二季度全球货物贸易量环比下降 14.3%，为有记录以来最大降幅，但第三季度已出现部分反弹迹象。亚洲地区的贸易量降幅将小于其他地区，其中出口预计下降 4.5%，进口预计下降 4.4%。

（二）外贸运行受到经济全球化逆流冲击

尽管经济全球化遭遇逆流，但因经济全球化可以有力促进新技术和新产品在落后国家应用，从而有力带动落后国家发展，经济全球化的历史趋势没有发生变化。美国采取贸易保护主义措施，以保护国家安全为由限制中国华为 5G 通信技术设备进入美国市场，采取多种手段限制中国高科技企业发展并进行无理打压，违背了市场经济公平开放和贸易自由化的原则。所谓单边主义是指举足轻重的特定大国，不考虑大多数国家和民众的愿望，单独或带头退出或挑战已制定或商议好了的维护国际性、地区性、集体性和平、发展、进步的规则和制度，并对全局或局部的和平、发展、进步有破坏性的影响和后果的行为与倾向。经济全球化需要反对贸易保护主义和单边主义，可以说贸易保护主义和单边主义有违经济全球化的规则要求。

（三）对外贸易结构不完善，发展模式落后

对于黑龙江省的外贸结构研究，是通过对黑龙江进口依存度（进口额/

地区生产总值)、对外开放程度、出口对经济增长贡献率、出口依存度(出口额/地区生产总值)和直接利用外资的能力进行评估的。黑龙江省对外贸易结构存在经济增长贡献率降低,对外贸易结构单一,出口产品档次低,现代化高科技高附加值高档次产品出口品类少、数量也少。这是由于黑龙江省缺少这类面向国际市场的大企业导致的。此外,黑龙江省所处地理位置,相较于我国改革开放的前沿地带——东部沿海地区,受外资企业青睐度不高,获得改革开放政策红利较少,产业发展主要依赖于本土的大型国有企业,外资企业引入过低。

三 2021年黑龙江省外贸形势预测

综合疫情和国际原油价格双重影响,预计黑龙江省2020年外贸进出口总额降幅较大。但目前国际原油价格已呈企稳回升态势,并拉动天然气、铁矿石等大宗货物价格走高。同时,随着国家拉动内需政策的落实,生产、需求逐步恢复,全省进出口下降幅度将趋缓,逐步缩小与全国的差距。根据2020~2021年黑龙江省宏观经济主要指标预测,2020年全省进口总额预计为182亿美元,同比下降17.6%;出口总额预计为53亿美元,同比增长5.2%;货物贸易逆差为128亿美元。2021年全省进口总额预计为206亿美元,同比增长13.5%;出口总额预计为57亿美元,同比增长6.8%;货物贸易逆差为149亿美元(见表6)。

表6 2020~2021年黑龙江省对外贸易主要指标预测情况

单位:亿美元,%

指标名称	2019年统计值	2020年预测值	2021年预测值
进口总额	220.0	182.0	206.0
进口增长率	0.3	-17.6	13.5
出口总额	51.0	53.0	57.0
出口增长率	13.9	5.2	6.8
货物贸易逆差	170.0	128.0	149.0

四 黑龙江省对外贸易发展的对策建议

（一）建设开放合作高地，发挥对外开放平台作用

一是提升自贸试验区建设水平。充分发挥自贸试验区改革开放"试验田"作用，积极开展首创性、差别化改革探索，着力形成具有龙江地方特色的可复制推广经验和沿边开放创新案例。进一步对标先进，优化营商环境，吸引更多市场主体落户试验区。二是提升边境（跨境）经济合作区建设水平。落实国家《关于应对新冠肺炎疫情支持边境（跨境）经济合作区建设促进边境贸易创新发展有关工作的通知》要求，着力打造跨境产业链和产业集群。三是提升开发区建设水平。在全省开发区全面实施产业链链长制，完善开发区产业"家谱+图谱"，开展稳链、补链、延链、强链行动。探索国际合作路径，鼓励有条件的开发区建设食品、汽车、生物制药、高端装备制造等领域对俄、对日韩及东盟国家的合作产业园。四是提升口岸便利化水平。争取黑河口岸年内通过国家验收，早日实现黑河至卡尼库尔干公路口岸货运通道开通。推动同江铁路口岸和黑瞎子岛公路客运口岸加快建设进程。推进绥芬河、东宁公路口岸优化货物通关流程，稳步提升货车通关速度，争取旺季每日通关100台次和80台次。推动《黑龙江口岸中长期发展规划》落地，以规划为引领完善口岸设施条件和服务平台。要抓住国家及黑龙江省对俄经济合作机遇期，发挥黑龙江省口岸优势，做好从俄罗斯进口木材、能源和粮食等产品工作，做到进口抓落地转化、出口抓加工制造。做好口岸发展规划，要把黑龙江省产业优势、口岸功能建设等考虑进来，把吸引产业集群考虑进来。五是建设合作服务平台。通过优化营商环境，增强对国内外大企业的招商引资力度，发挥龙江优势开展合作；创造公平竞争的市场环境，向大中小不同规模的企业开放市场，为国外企业提供更加透明的市场信息。支持有实力的龙江企业"走出去"，到东南亚、中亚、拉美、非洲等发展中国家开展货物贸易、投资并购、投资建厂、工程项目承包等。龙江

企业可以通过与中国出口信用保险公司开展合作等渠道，了解掌握不同国家的投资风险和行业市场信息，降低贸易和投资风险。龙江企业除需积极开展对俄及"丝绸之路经济带"沿线独联体国家合作外，还应该把目光投向东盟十国市场。

（二）创新方式落实政策，全力稳住外贸外资基本盘

一是全力稳外贸。推动传统模式提质增效，支持出口产品转内销。进一步稳定管道原油和天然气进口规模，提高落地使用率。不断完善钾肥、原糖、锯材、成品油等限制类商品进出口管理办法。开展首批省级外贸转型升级基地创建工作，积极争取升级为国家级基地。进一步优化"龙江商企通"和"龙江云展会"平台，搭建服务企业开拓国内外市场和出口产品转内销线上平台。推进跨境电商模式创新应用，召开全省跨境电商综试区联席工作会议，进一步完善跨境电商支持政策，积极争取跨境电商B2B出口监管试点资格。二是全力稳外资。贯彻《外商投资法》及其条例和《关于进一步支持对外开放做好利用外资工作若干措施》，打造外资企业投资兴业的良好营商环境。用足用好招商引资激励资金，加强市场化招商队伍建设，鼓励各地将激励资金与招商绩效挂钩，实施更加灵活的激励政策，筛选确定一批专业机构开展委托招商、代理招商、精准招商。用好招商引资大数据平台，做好第三届进口博览会期间的招商活动，举办中德创新论坛，拓展合作渠道。持续开展对日本、韩国、欧洲重点国家"网上招商洽谈"活动，为进一步合作打好基础。

（三）推进边境贸易创新发展，深化对俄经贸合作

一是强化边境贸易创新发展。充分发挥边境贸易创新发展联席会议机制，推进黑河、绥芬河便民互市贸易进口商品落地加工试点取得突破。巩固传统能源资源类商品进口优势，扩大自俄进口大豆等农产品规模，鼓励企业对俄投资权益回运产品开展贸易和加工。扩大对俄装备产品、农产品和高附加值产品出口。二是强化对俄农业合作。支持中鼎牧业、碧桂园农业集团、

中粮集团等战略投资者与黑龙江省共同开展对俄农业产业链合作。依托自贸区、边合区、互市贸易区等政策，开展农产品精深加工，打造俄罗斯农副产品加工集散基地。积极推动对俄大豆产业合作，与俄有关州区签署合作协议。三是强化对俄林业、矿产等领域合作。推进图瓦铅金矿二期建设和国家级境外园区龙跃林业经贸合作区林木采伐深加工建设。四是强化对俄科技合作。充分利用中国科技创新年之机，积极探索与俄开展科技合作。落实《中俄在俄罗斯远东地区合作发展规划》，推动黑龙江省与俄远东和北极地区的务实合作。五是强化对俄合作延伸。推动对俄合作向俄中西部腹地延伸。以哈电集团在俄卡卢加州装备制造业项目、新春集团在俄伊尔库和克拉斯诺亚尔斯克林业深加工项目等重点项目为牵动，积极推动与俄中西部发达州区开展务实经贸合作。六是强化对俄经济合作区规范管理。修订黑龙江省境外经济合作区管理办法，对境外经济合作区实施动态分类管理，提升境外经济合作区层次。

产业发展篇
Reports on Industry Development

B.9 黑龙江省房地产业稳定健康发展研究

程遥 刘欣*

摘 要： 2020年的新冠肺炎疫情给全国人民生产生活、生命健康带来了巨大冲击，给经济社会发展也带来了前所未有的困难与挑战，房地产业具有拉动投资、促进消费、保障民生的三重作用，仍然是黑龙江省重要的经济产业，对经济社会发展起着不可替代的作用。本文通过对2020年1~8月黑龙江省房地产业运行数据分析阐释了其运行特点及当前存在的主要问题，并对2021年及今后一段时间黑龙江省房地产业发展趋势进行了预测，提出了解决妨碍黑龙江省房地产业稳定健康发展的前瞻性、针对性、可行性强的对策建议。

关键词： 房地产业 保障性住房 黑龙江省

---

* 程遥，黑龙江省社会科学院经济研究所副所长、研究员，研究方向为房地产、农业农村经济；刘欣，黑龙江省社会科学院研究生学院区域经济专业研究生。

一 2020年黑龙江省房地产运行基本态势

（一）房地产开发投资完成额小幅下降，到位资金额大幅下降

据统计，2020年1~8月黑龙江省房地产开发完成投资额545.3亿元，同比增长-0.3%。其中国有及国有控股企业投资完成额为104.9亿元，同比增长-19.8%；民间投资完成额为412.1亿元，同比增长1.7%；外商及港澳台投资完成额为28.3亿元，同比增长160.0%。黑龙江省房地产业总体投资微幅小降，民间投资微幅上升，说明在开发投资方面，新冠肺炎疫情对房地产企业整体及民营企业影响不大。国有及国有控股企业完成投资开发额大幅下降，显见是国企或将大部分资金助力防疫、保障民生事业方面；而外商及港澳台同比投资额大幅上升则说明2019年同期这些投资过少。另外，2020年1~8月黑龙江省房地产业到位资金678.0亿元，同比增长-13.0%（见表1）。房地产业到位资金大幅下降，显见，新冠肺炎疫情较大地影响了房地产业资金流的供给。

表1 2020年1~8月黑龙江省房地产开发完成投资额、到位资金额及同比增长

单位：亿元，%

项目	金额	同比增长
投资完成额	545.3	-0.3
国有及国有控股	104.9	-19.8
民间投资	412.1	1.7
外商及港澳台投资	28.3	160.0
到位资金	678.0	-13.0

资料来源：《黑龙江省统计月报》（2020年1~8月），经笔者整理得出。

（二）房屋施工面积小幅增长，新开工面积大幅下降

据统计，2020年1~8月黑龙江省房地产业房屋施工面积为10443.3万平方米，同比增长0.3%，其中新开工面积1370.7万平方米，增长-7.1%

（见表2）。可见，受新冠肺炎疫情影响，房地产企业新开工积极性大幅降低，房地产施工面积主要是上年剩余工程。

表2 2020年1~8月房屋施工面积、新开工面积及同比增长情况

单位：万平方米，%

项目	面积	同比增长
房屋施工面积	10443.3	0.3
新开工面积	1370.7	-7.1

资料来源：《黑龙江省统计月报》（2020年1~8月），经笔者整理得出。

（三）房屋竣工面积呈两位数大幅下降

据统计，2020年1~8月黑龙江省房屋竣工面积为312.7万平方米，同比增长-25.8%，其中住宅竣工面积为248.9万平方米，同比增长-27.7%（见表3）。房屋竣工面积呈两位数大幅下降，显示受疫情影响2020年上半年房地产企业开工、复工较晚，或不开工企业较多。新冠肺炎疫情严重影响房地产企业开工、用工，加大社会失业人员比重，对黑龙江省经济社会发展影响较大。

表3 2020年1~8月黑龙江省房屋、住宅竣工面积及同比增长情况

单位：万平方米，%

项目	面积	同比增长
房屋竣工面积	312.7	-25.8
住宅竣工面积	248.9	-27.7

资料来源：《黑龙江省统计月报》（2020年1~8月），经笔者整理得出。

（四）商品房销售面积、销售额呈两位数大幅下降

据统计，2020年1~8月黑龙江省商品房销售面积为666.5万平方米，同比增长-26.8%，其中住宅销售面积为606.3万平方米，同比增长-24.7%。同时，黑龙江省商品房销售额为513.3亿元，同比增长

-24.9%，其中住宅销售额为460.2亿元，同比增长-21.6%。商品房销售面积和销售额同比都呈20%以上大幅下降，同时商品住宅销售面积和销售额也呈20%以上大幅下降。可见新冠肺炎疫情极大地改变了人们的消费结构。一方面，受疫情影响服务业受到较大冲击，人们就业困难、失业者增多，收入大幅减少。即使先前欲购房者也改变想法、保留资金以备日常生活之需，而收入少者则更将宝贵的资金留用于医疗、饮食消费，以保证生存之需。另外，2020年1~8月黑龙江省房地产景气指数为88.4%、同比增长-2.2%，呈小幅下降，也佐证了疫情对黑龙江省房地产的影响（见表4）。

表4　2020年1~8月黑龙江省商品房销售面积、销售额情况

项目	数额	同比增长（%）
商品房销售面积（万平方米）	666.5	-26.8
住宅销售面积（万平方米）	606.3	-24.7
商品房销售额（亿元）	513.3	-24.9
住宅销售额（亿元）	460.2	-21.6
房地产景气指数	88.4	-2.2

资料来源：《黑龙江省统计月报》（2020年1~8月），经笔者整理得出。

二　2020年黑龙江省房地产业运行发展存在的主要问题

（一）区域发展不均衡

黑龙江省内共有13个地级市，63个县（或县级市），但各个市县区之间房地产发展运行情况差别较大。综合来看，省会哈尔滨市房地产的施工、竣工和销售面积占全省的一半以上。哈尔滨市内各区分化也较为明显，据统计，2015年，哈尔滨市区的房地产库存占全市库存总量在90%以上，其他城市如大庆市，房产竣工、销售、投资等多集中在萨尔图区、让胡路区、高新区等。区域房地产业分化明显，供需关系失衡，会极大损害黑龙江省房地产业持续健康发展。

（二）经济发展缓慢，人口流失

近些年，黑龙江省人口自然增长率相对全国平均水平来说较低。黑龙江省国民经济和社会发展统计公报显示，2018年黑龙江省人口出生率为5.98‰，人口死亡率超过了人口出生率，为6.7‰，自然增长率出现了负增长。而2018年中国常住人口自然增长率为3.8‰。黑龙江省总人口的净迁出状态可以追溯到20世纪80年代。黑龙江省经济发展较为滞后，人才吸引力低，劳动人口迁出较多。加之近年来，省外各地区的竞争力加强，相继出台并落实条件优越的人才落户政策。在省内推力和省外拉力的合力作用下，黑龙江省人才流失愈发严重。这种趋势在短期内并不会得到明显的改善，同时，迁出人口多为适龄劳动人口，对商品房的需求较大，因此，黑龙江省房地产的发展也受到了一定程度的影响。

（三）边远贫困地区、老旧小区居民住房条件有待改善

保障贫困地区居民的住房安全，不仅是精准扶贫的重要任务之一，也是实现乡村振兴的必由之路。据调研，黑龙江省贫困户的危房比例较高，部分地区例如甘南县，危房比例甚至超过了正常房屋的比例。危房年久失修，抵御恶劣天气能力差，并且还存在倒塌的风险。边远贫困地区经济增长乏力，居民可支配收入少，生活环境差，劳动力外流，致使房屋修缮面临资金人力的双重压力。还有部分地区，旧城改造尚未完成，老旧小区基础设施差，物业服务不到位。这些地区的人民居住条件都难以在短时间内得到改善，新冠肺炎疫情的出现又增加了建设保障性住房的难度。

（四）融资环境持续收紧

房地产业经营周期较长，从获取土地到最后售房交付各个环节均需要大量的资金来维持正常的经营运转。一旦某个环节融资不到位，企业后续发展都会受到较大影响。目前房地产业融资来源主要集中在两个方面，一是销售资金回笼，二是银行信贷。仅有少部分大型房地产企业会通过债券

进行融资。目前房地产业的资金运转仍然十分紧张,由于疫情原因,房地产销售额下降,销售资金回笼不畅,加之房地产信贷准入收紧,导致房地产企业融资受阻。

(五)高质量房地产业发展缓慢

人工智能的飞速发展拓展了人们对于住房想象的边界,疫情的出现使人们对住房的功能进行了更多的思考,也提出了新的要求。住房不再仅仅是栖身之所,未来可能承载更多功能。疫情期间,直播带货、线上办公的兴起意味着更多的人从传统的上班模式中解放出来,在家办公的时间越来越多,人们对住房的要求也会随之变得多样化。但目前黑龙江省住房建设千城一面,同质化严重,且环保材料和高科技产品应用较少,不利于房地产业的长远发展。

三 2021年黑龙江省房地产发展趋势分析与预测

(一)房地产开发在短期总体上收缩,长期保持稳定

受新冠肺炎疫情影响,2021年黑龙江省经济增长难以预期,增幅将下滑,人民总体收入水平亦将一定程度下降,人们必将收入首先考虑投在饮食等刚性生活支出上,因此,黑龙江省房地产消费需求将减少。另外,房地产企业在新冠肺炎疫情持续影响下,对市场预期也会悲观,开发积极性将大打折扣,同时由于前几年的市场低迷,企业资金回笼困难,房企受资金限制,也会将发展计划定位在保本微利、维持生存的运营时期。从消费方面看,由于疫情原因,居民的购房需求在短期内受到抑制,但是长远来看,随着新冠肺炎疫情逐渐减弱或得到根治,我国经济将全面复苏、稳步发展,人们对美好生活的追求、对优良居住环境的需求将更迫切,居民买房的刚性需求仍然存在。疫情结束之后,这部分潜在需求仍然会逐步释放,但受制于经济发展和人口外流等因素,所以长期来看黑龙江省房地产业仍将保持基本稳定。

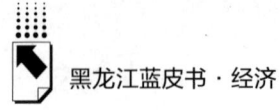

（二）房地产业整合和转型升级会加速

许多中小型房地产公司承受风险能力较低，在疫情冲击下，资金回笼较为困难，可能面临被收购或重组，加速房地产业进行整合，提高整体的运行效率和应对风险的能力。同时，疫情对实体经济也带来了巨大的冲击，但基于互联网的各类交互活动，例如线上办公、网络购物、在线娱乐等，发展迅猛。目前，黑龙江省房地产业的数字化转型正处于起步期，此次疫情将会推进企业的运营和服务向数字化转型，开发线上运营新模式。另外，也会推动房地产企业对产品进行转型升级。疫情使人们的需求发生变化，部分居民的租赁需求也转变成购房需求，人们的住房品质要求也水涨船高。需求变化势必会带来市场的变化，拥有自主研发能力、率先推出高科技高品质住房的企业一定会抢占更多的市场份额，带动产业整体的转型升级。

（三）城市群及中心城市周边重点小城镇将有效开发

受新冠肺炎疫情影响，2020年及今后几年内人口流动将在一定程度上受到限制。黑龙江省人口外流严重，很多农民工及城市年轻人在南方省份就业、创业，因为疫情常会出现交通管制、限制，使这部分人短时期内失业，变为无收入者。为解决这部分人生活问题，黑龙江省委省政府必将出台各种支持政策加大县城、重点镇、工商贸镇、旅游镇等城镇建设，以促进外出农民工就地、就近置业、创业，即就地、就近城镇化，既留住了人口和劳动力，又促进了当地经济社会发展。同时，为解决大城市过度拥挤、超载等城市病，也必将加大哈尔滨省会城市周边卫星城市建设力度，以便分解其承载过多的功能，从而达到优化城市空间布局功效。

（四）房地产走势将持续分化

预计随着疫情逐渐弱化及根治，黑龙江省房地产业总体形势将逐渐回暖，省会城市哈尔滨的房地产市场将持续平稳发展。哈尔滨市区地段房产品质较高，地理位置优越，竞争力强，预计商品房房价在疫情结束后会进一步上涨；三、四线城市商品房库存充足，如果人口、人才流失问题得到有效解决，随着疫情减弱与居民购房需求释放，预计商品房价格会一定程度上渐渐回暖；偏远地区商品房质量较差，地理位置偏僻，人口外流严重，短期内购房需求难以改变，预计居民购房需求减少，房价将会继续下跌。

四 促进黑龙江省房地产稳定健康发展的对策建议

（一）对不同地区实施差异化调控，促进房地产业均衡发展

房地产的宏观调控应当因地制宜，针对不同地区的房价走势以及销售竣工情况进行分类指导，对黑龙江省房地产业的整体发展、空间布局因地制宜做出全面规划。应当抽调专家学者组成调研队伍，深入实地调查研究，充分尊重经济社会发展规律及房地产业发展规律，制定适合该城市、该区域长远发展的规划，包括该城市、该区域房地产品的空间布局，该城市、该区域各种房地产品的数量比例及各种产品的外观形状、楼体高度、建筑容积率等内容。对于商品房的销售，房价调控也应采取不同政策，疫情过后，房价可能会逐步反弹，部分房价涨幅较大的地区，调控仍应收紧，防止房价失控；房价大幅下跌的资源型城市以及边远地区，应当削减土地供应，以去库存为主。

（二）落实人才落户政策

据研究，收入与公共服务是影响人口流迁的重要因素。黑龙江省应当加紧落实人才落户政策，创造更有吸引力的落户条件。黑龙江省地理位置较为偏僻，经济发展相对缓慢，但是房地产价格相对全国较低，应该以价格为立足点，吸引农民工、大中专学生、专业技术人才等到本地落户。目前中国已经出现了逆城市化的现象，一线城市的高房价、高物价令很多年

轻人望而却步，黑龙江省应当抓住当下的机遇，加大环境与公共服务的宣传，吸引更多人才落户，促进经济发展，把房地产的潜在需求转化成真正有效的需求。

（三）加快保障性住房建设

改造贫困地区危房与旧城区有利于全面建设小康社会，为达到小康住宅水准，黑龙江省委省政府应调动社会各界力量和资源，全面、全方位努力进行旧城与危房改造，以保障居民实现小康居住水准。首先要加大对地方的资金支持，一方面要争取中央财政资金，另一方面可以通过多种措施提高社会资本参与率，例如，缩短投资周期，降低投资风险，允许社会资本建设商业设施以提高投资回报率等，保障改造贫困地区与老旧小区的资金来源。其次要合理分配资金，结合各个地区的经济发展状况，提高资金的使用效率。根据房屋的实际进行评估，确定改造和补贴发放的优先级。再次是在改造过程中，要加强监管，并安排专业人员对施工单位进行选材和设计的指导，保证房屋的质量。最后是推行建立租购并举的住房制度。不能仅仅依赖建设新住房，可以将闲置住房改为廉租房，尽快让全体人民有其居。

（四）改善融资环境

房地产业在新冠肺炎疫情的影响下表现较为低迷。政府方面，可以适当放宽金融政策，为房地产业的融资创造更加便利的条件，缓解房地产企业的资金压力。从需求的角度，可以适当降低居民房贷的利率，可以通过降低房屋首付比例等刺激居民的买房需求。企业方面，可以进行销售模式创新，不必拘泥于传统的销售方式，可以采取线上售房、直播带货等方式进行售房，与第三方平台或者流量较大的主播进行合作，开辟销售新途径；同时采取折扣或优惠券等方式，加速销售资金回笼；也可以发展线上租赁业务，与其他房屋租赁平台合作，将现有闲置房屋租赁给有房屋租赁需求的人。除此之外，企业也可以拓宽自己的融资渠道。可以借鉴国外的融资模式，逐步打造完善的信托融资体系。尤其是中小房地产企业，受制于股权融资和债券融资的高门槛,可以考虑与信托机构进行合作,共同培养专业的信托人才,互惠互利,逐步建立起有针对性的信托融资体系。

(五)加快创新,建设高质量住房

当前,黑龙江省房地产业和全国一样,完全摆脱了计划经济时代住房短缺、供不应求状况,住房市场已经进入供需大体平衡时代,由"有其居"需求向"适其居"需求转变。加之疫情冲击,住房升级的需求也相应增加。房地产业高质量发展成为当前和今后的重要任务和目标,这就要求提升房地产、建筑产业的质量水平。一是要加快打造绿色智能家居品牌。一方面,疫情推动了实体产业进行数字化转型;另一方面,"新基建也为打造智慧社区带来了契机",新基建,就是以5G技术、人工智能、智能交通等为代表的一系列信息、融合、创新基础设施。当下,黑龙江省房地产业应当把握新基建带来的机遇,加强人工智能、5G技术与物联网的应用等,房地产品使用材料应进一步加大科技含量,除外墙体加用保温保暖材料外,室内空间设计亦应科学合理,在有限的面积内多功能化;室内装修材料力争使用绿色环保无害产品,使人住得健康、舒适、美观。推进绿色建筑、数字科技与健康人居的协同创新,打造健康、绿色、智能的新型社区。二是继续推进房地产产业化发展。黑龙江省地处中国最东北部,气候寒冷,施工期短,建筑周期较其他省区市长、成本高。因此,应进一步推进建筑品工厂化制造,建筑安装机械化,力争缩短建筑工期,在寒冬前完成外部作业。内部建造力争在冬季进行,可节省大量时间及人力,大幅缩减建造成本。同时,出台完善的相关法律法规,并加强监督管理,促进全省建筑装修与建筑建造同步高质量发展。

参考文献

《2020沈阳购房补贴政策最新消息》(更新中),沈阳地宝,2020年4月17日。

《深圳提出学习"新加坡模式" 专家：住房结构或改变，房企需积极转变投资策略》，《华夏时报》2020年9月7日。

《要从经济发展的战略高度抑制房价过快上涨问题》，21经济网，2020年7月16日。

《中央预算内投资543亿元改造城镇老旧小区已全部下达》，中国新闻网，2020年7月22日。

B.10
黑龙江省旅游产业发展研究

赵 蕾*

摘 要： 突发的新冠肺炎疫情使黑龙江省的文旅产业备受重创。疫情影响下，黑龙江省文旅产业发展中不平衡、不充分的问题更加凸显。疫情防控和经济复位将是2021年黑龙江省文旅产业发展的主旋律。黑龙江省要实现文化强省、旅游强省的战略目标，需立足新阶段、新特点，构建发展新格局和新思路，从五个方面入手，做好恢复性发展向高质量发展的过渡。

关键词： 文旅产业 高质量发展 黑龙江省

新冠肺炎疫情影响世界经济发展，国际经贸受阻，文旅产业受到很大冲击。面对复杂的国际国内环境，黑龙江省统筹推进疫情防控和经济社会发展，紧紧围绕"文化强省""旅游强省"的建设目标，全面落实"六稳"工作、"六保"任务，坚决打赢"三大攻坚战"，积极引导文旅企业复工复产，文旅经济逐渐恢复，并呈现出逐月回升的态势。

一 2020年黑龙江省文旅产业发展现状

全球疫情的蔓延和境外输入病例的出现增加了黑龙江省文旅产业复工复

---

* 赵蕾，黑龙江省社会科学院经济研究所副研究员，研究方向为产业经济。

产的难度,加大了文旅经济回暖的不确定性,非常时期黑龙江省采取一系列非常举措,回顾2020年文旅产业的发展,可梳理出以下几个特点。

(一)行业冲击前所未有

受疫情影响,2020年1月26日,牡丹江市率先取消全市一切群体性集会活动。随后,黑龙江省各地陆续关闭所有旅游景区、滑雪场。整个旅游行业全面停摆,旅游旺季错失。4月9日,疫情反复,刚刚试水恢复营业的电影院、酒店等文旅企业再次停业。为了防止聚众传播和输入性病例,直至6月黑龙江省才陆续放开省旅游市场。6月12日,黑龙江省旅游惠民活动开启并投放200万元的电子旅游消费券和旅游补贴,以刺激省内消费市场。7月25日,黑龙江省恢复跨省团队旅游,旅行社开始陆续复工复产。回顾梳理后不难发现,2020年前7个月,受新冠肺炎疫情影响,黑龙江省错失1~2月的冬季旅游和6~7月的夏季旅游2个旅游旺季,文旅产业链出现整体断裂,文旅经济呈现断崖式下滑,文旅产业成为黑龙江省受疫情影响最严重的产业之一。

(二)消费模式发生变化

新冠肺炎疫情影响着人们的生活并改变了市场供需关系。居家防疫、远程办公、在线教育、在线医疗、线上消费等新消费模式悄无声息地走入千千万万个百姓家庭,"宅经济"成为疫情常态化后的新经济形式,人们的消费模式发生着翻天覆地的变化。2020年2~4月,黑龙江省取消一切旅游接待和文化经营等活动,陆续推出网上博物馆、直播带货等新举措。5场"地道农产品,市/县长来直播"专场,直播总观看量达800万+,累计销售农产品2.6万余件,总销售额200余万元。5月30日的"文旅助农直播大会"更是一场视听盛宴,20位黑土艺术家对经典剧目改编助阵,用艺术作品展现黑土文化和旅游生态。6月,《黑龙江文旅促消费计划》应运而生,电商网购、在线服务等新业态将在防疫常态化中发挥更大的作用。

（三）全域发展规划未来

为实现"文化强省""旅游强省"建设目标，黑龙江省不再只将旅游作为单一的产业发展，而是将产业发展与城镇发展有机结合，通过全时段、全空间、全要素的链接，引领健康、时尚、绿色的美好生活方式。一方面，修建"醉美龙江331边防路"，将黑龙江沿岸1700公里碎片化的旅游资源进行整合，20多个3A以上景区和6个国际重要湿地串联成一幅"千里画廊"，构建"大珠小珠落玉盘"全域旅游格局，实现边境旅游新气象。一方面，2020年9月，于黑龙江省第三届旅游产业发展大会举办期间，在黑河瑷珲国际汽车营地启动全域旅游租车项目。另一方面，出台《黑龙江省全域旅游发展总体规划（2020—2030年）》，明确提出战略目标——未来10年打造成"国际冰雪旅游度假胜地""中国生态康养旅游目的地""中国自驾和户外运动旅游目的地"，确定发展格局——3个层级的旅游枢纽城市、5个综合旅游集群、8个主题文化旅游集群、7条主题旅游廊道，全域旅游正拉开黑龙江省文旅发展的新序幕。

（四）夏季避暑叫响全国

携程大数据分析显示，2020年7月"跨省游"重启后，黑龙江省的旅游人数环比增长最快，以634%居首位。同程旅行发布的《2020暑期居民出游趋势报告》显示，哈尔滨市成为2020年暑期居民出游的十大热门目的地之一。8月4日，新华大数据基于"新华睿思·城市旅游属性（避暑）评价指标体系"发布的"2020避暑城市榜单"中，哈尔滨进入前十。从以上权威数据中不难发现，黑龙江省的避暑旅游具有较强的吸引力和美誉度，其凉爽的气候、特色的文化、安全的生态、绿色的食品备受国内游客青睐，是国内避暑旅游的首选目的地之一，黑龙江省避暑游具有较强的消费吸引力和市场竞争力。

（五）冰雪链条凸显特色

黑龙江省是我国现代冰雪运动、冰雪旅游、冰雪文化发展的肇始之地，多年来，始终引领着国内冰雪旅游的发展。"全国TOP10最佳冰雪休闲旅游景区""全国十大必滑雪道""春节热门景区"等多项殊荣见证着黑龙江省冰雪旅游的成长，冰雪大世界、融创雪世界、雪乡、北极等景区备受青睐。未来三年，黑龙江省将借助已有的冰雪、体育、旅游、文化生态等优势，以2022年北京冬奥会为契机，努力做大做强冰雪全产业链条。2020年8月出台的《黑龙江省冰雪旅游产业发展规划（2020—2030年）》，提出"国际冰雪旅游度假胜地"的建设目标，加快黑龙江省体育文化旅游事业的融合发展。9月，黑龙江省体育局、哈尔滨工业大学与萨马兰奇体育发展基金会合作成立张虹体育教育专项基金，以推动黑龙江省体育文化旅游事业的国际交流。

二 疫情影响下黑龙江省文旅产业发展面临的挑战

突发的新冠肺炎疫情破坏了相对稳定的全球经济环境，黑龙江省的文旅产业深受重创。疫情改变了人们的消费方式和消费需求，疫情对全球文旅产业的影响不是局部的，而是全产业链的。疫情影响下，黑龙江省文旅产业暴露出发展不平衡、不充分的弊端，主要表现为以下几个方面。

（一）文旅企业生存面临困境

受疫情影响，众多个体旅行社、快捷宾馆、农家乐等小微企业资金链断裂，无法维持生存。受访企业普遍认为，本次疫情至少将影响企业未来2～3年的发展战略，行业恢复周期较长。企查查的数据显示，截至2020年9月20日，黑龙江省旅游企业数量减少（见表1），行业规模缩小。

表1 2020年9月黑龙江省部分旅游企业现状统计

类别		住宿业——一般旅馆（家）	餐饮业——其他餐饮业（家）
企业状态	在业和存续	2971	516
	注销和吊销	1354	1067
	迁出	5	1

续表

类别		住宿业——一般旅馆(家)	餐饮业——其他餐饮业(家)
在业存续企业注册资本	100万元以下	2961	323
	101万~500万元	8	121
	501万~1000万元	1	35
	1001万~3000万元	1	28
	3001万元及以上	0	12
参保人数	5人以下	2969	467
	5~10人	0	25
	11~20人	2	13
	21~100人	0	12
	101人及以上	0	2

注：企查查将餐饮业分为饮料及冷饮服务、餐饮配送及外卖、其他餐饮业。此表中选取的是其他餐饮业。

资料来源：企查查。

（二）体制机制改革任务艰巨

调研中发现，由于历史原因，黑龙江省众多优质文旅景区仍处于多重管理状态，条块分割严重；特别是湿地公园的产权不清问题一直没有解决，哈尔滨呼兰河口湿地等多家湿地公园由于种种原因已退出市场。黑龙江省缺少优质文旅龙头企业的引领，文旅产业没有形成集聚合力，文旅企业缺少竞争实力。政府的作为和企业的发展没有形成协同配合，市场的有效供给和消费均存在发展不平衡、不充分的问题，体制机制改革任务艰巨。

（三）文旅融合紧密度不高

2018年我国文化和旅游部的组建，表征着文旅一家的理念已深入人心，文化和旅游的融合发展进入新的历史阶段。受疫情影响，2020年旅游被迫改为线上游览，文化采取线上传播方式。疫情期间，黑龙江省仅有省博物馆推出了线上游览，其他景区及文化场馆的线上服务基本没有。黑龙江旅游业在满足人民精神文化需求、助力精神文明建设等方面的功能没有实现，其旅游领域意识形态缺失和文化建设不足的问题显而易见，黑龙江文旅融合的实效有待加强。

（四）互联网利用率偏低

互联网的普及不仅改变着人们的消费模式，同时也提高了文旅企业的经营管理水平。但是，黑龙江省文旅产业的信息化水平不高，大多数文旅企业必须依托携程、去哪儿、美团等第三方平台才能实现网络预订和旅游攻略查询，许多景区没有实现网络链接，文旅企业的线上营销仍处于守株待兔阶段，营销缺少整体运作和品牌打造，线上的VR体验更是寥寥无几。黑龙江省文旅企业的信息化水平不高，不能满足互联网时代的发展需要，黑龙江省文旅企业亟待改变此现状，努力提高信息化利用水平。

（五）投融资难度加大

有数据表明，2020年较2019年，投资机构对文旅行业的投资总额减少约四成，对文旅企业的投资数量减少约八成。[①] 调查表明，黑龙江省内受访的文旅企业，有三分之一的企业经营困局源于融资难度加大，现有融资渠道主要依赖银行信贷；七成以上企业有资金缺口。伴随着旅游市场的回暖，文旅企业对融资的需求更加强烈，但投资者对投资的态度更加谨慎，疫情过后投融资将成为文旅发展的阻点之一。

三 黑龙江省文旅产业发展的对策建议

国际疫情蔓延给我国经济带来了新的风险和挑战，同时也带来了新机遇。随着疫情常态化、消费新模式的兴起会推动文旅产业供需市场的大发展。疫情防控和经济复位将是2021年文旅产业发展的主旋律。黑龙江省要实现文化强省、旅游强省的战略目标，需立足新阶段、新特点，构建发展新格局和新思路，做好恢复性发展向高质量发展的过渡。

---

① 中经文化产业，2020年10月19日。

（一）防疫情定目标，谋划"十四五"发展新战略

"十四五"是我国实现第一个百年奋斗目标向第二个百年奋斗目标迈进的开局五年，是我国在全面建成小康社会之后开启全面建设社会主义现代化国家新征程的新起点。当前，全球疫情防控形势仍然严峻复杂，国际政治关系愈加复杂多变，中国正处于百年未有之大变局中。黑龙江省各级政府和部门要清醒地认识到"十四五"时期的内外部发展环境，深刻剖析自身优势和短板，谋划"十四五"至2035年全省文旅产业发展的新战略。

1. 打好防疫攻坚战和持久战

黑龙江省作为对俄开放的重要口岸、东北亚的腹地，严防输入性病例是一切工作的前提。要树立防控常态化的危机意识，确保本土疫情零出现、入境疫情零传播，持续巩固来之不易的防控成果，确保社会经济环境的安全平稳。

2. 应以辩证思维看待新发展阶段的新机遇和新挑战

抓住后疫情时代全球政治、经济、文化的变化特点及发展趋势，特别要把握国内消费市场及区域发展的变化趋势，以辩证思维看待新发展阶段的新机遇和新挑战，顺势做出超前、全面、科学的战略谋划。

3. 做好"十四五"时期文旅产业发展规划

要将文化和旅游业的发展融入全省政治、经济、文化、生态的建设中，挖掘释放旅游在脱贫、创新、就业、融合中的带动效能，着眼长久、把握大局，尽快出台具有高融合度和引导性的文旅产业发展规划。

4. 建立防范化解重大风险的防控管理机制

无论是地震、洪涝等突发天气灾害，还是"非典"、新冠等重大公共卫生事件，政治安全、经济安全、文化安全、生态安全都是民生安全的重要保障。黑龙江省应"把防范化解重大风险作为重大课题，放在治国理政更加突出的位置加强综合整治、形成常态长效管理机制"，落实习近平总书记的重要指示，建立防范化解重大风险的防控管理机制，提高应对突发重大事件的能力和水平。

（二）稳内需促消费，构建双循环消费新格局

文化和旅游是生活性服务业的重要领域，是国人消费不可或缺的主要内容。稳内需促消费，既可满足人民日益增长的美好生活需要，又可以化解区域发展不平衡、不充分的矛盾，更是落实"六稳"工作、"六保"任务的有力保障。构建以国内大循环为主体、国内国际双循环相互促进的新发展格局，是疫情常态化背景下我国未来发展的全新战略。黑龙江省也可借鉴此经验，从以下几方面入手。

1. 刺激省内有效消费

发起"龙江人游龙江"活动，针对黑龙江省内居民人均可支配收入不高的现状，可通过发放消费券、增加临时价格补贴等方式刺激省内有效消费，通过发放旅游团队专用消费券和星级饭店消费券普惠龙江百姓，通过朋友圈晒图和摄影、自驾等方式唤起省内居民的家乡自豪感和美誉度。

2. 吸引省外中等收入群体消费

从供给端发力延长文旅产业链条，凸显龙江生态、绿色文明，唱响龙江农业、边境优势，挖掘中等收入群体的消费热点，通过网络宣传、景区公示增加游客的知晓率和参与度，通过与支付宝、微信的合作方便游客结算，通过抖音、微视晒体验、展个性，鼓励游客传播龙江文化旅游产品，吸引更多的外地游客参与龙江文旅产业发展。

3. 延长消费链条

后疫情时代游客消费模式正在发生变化，线上体验、网络营销、自驾旅游、养生度假等成为消费常态。黑龙江省应切实丰富旅游产品的文化内涵，提高有效供给能力和水平，延长文化和旅游的消费链条，引导游客消费延展和升级，构建梯次发展、衔接互动、优势互补的多层级消费格局。

（三）促科技谋创新，开辟高质量发展新路径

习近平总书记强调，"我国经济社会发展和民生改善比过去任何时候都更加需要科学技术解决方案，都更加需要增强创新这个第一动力"。互联网

时代，以科技创新激活社会需求，以科技创新驱动经济发展，是高质量发展的最佳路径。

1. 从科技改革入手谋创新

"科技是第一生产力"。在新一轮科技革命和产业变革的大背景下，文旅消费模式已发生变化，经济运行模式也正在随之改变，黑龙江省文旅产业只有提高信息化水平，增加科技含量，才能在信息时代全面展示龙江文旅优势、快速吸引潜在游客、加快产品提档升级、实现产业的升级换代、保持文旅经济持续稳定的增长态势。

2. 从新基建入手增投资

作为经济欠发达的黑龙江省，固定资产投资压力较大，建议黑龙江应列出新基建清单，调整新基建的产业布局，加速5G基站、景区、酒店的信息化建设，加快高铁、地铁和"醉美龙江331边防路"的建设进程，加大文化产业和旅游产业的智能化投入，推动与信息服务产业的配套发展。

3. 从留人才入手强后劲

黑龙江省人才外流现象严重。信息时代，人才是第一资源。有人就有消费，有人就有资源，有人就有未来。黑龙江省旅游院校的教育应加入职业生涯规划和家乡情怀的内容，旅游企业应建立学习型组织培养从业人员的在职技能，政府主管部门应构建人才库和出台人才培养激励机制政策，从教育、医疗、住房、养老等实质性问题入手破解人才流失的内在问题。

（四）重服务固根基，营造企业生存新环境

无论是文化产业还是旅游产业都是现代服务业的重要组成部分，作为消费型服务业，文旅产业的实质就是服务。政府作为职能部门，服务也是第一要务。只有树立服务为民的思想，才能切实践行"宜融则融，能融尽融，以文促旅，以旅彰文"的文旅融合发展思路，才能营造出良好的营商环境，为企业构筑生存发展的根基。

1. 做好信息公开及时透明

由于疫情对景点景区的限制，预约、错峰、限流成为常态，休闲度假、

健康养生和户外运动将会成为未来投资关注的重点。深圳特区改革开放40年的成功经验表明，政府要从管理者转变为服务者。黑龙江省政府也应转变角色，从及时公开信息这一基础服务做起，构建透明、高效、廉洁的政府形象和政治生态。

2. 从融资减税入手加强服务

企业是产业发展的基础，破解企业发展的后顾之忧是优化营商环境的重要内容。旅游产业具有投入大、回收期长的特点，因此，可通过跨界项目、体验类项目、智慧科技、数字技术类项目等打造融资新亮点，通过减税、降费、奖励等政策提振企业信心，通过产学研结合、政企分开等改革措施增强文旅企业内生动力。

3. 建立监管机制

黑龙江省应抓紧补短板、堵漏洞、强弱项，继续发挥看得见的手的监管作用，规范旅游市场秩序，通过建立旅游市场综合监管联席会议机制、长效检查机制、投诉联合处理机制、维权机制等，维护经营者和旅游者的合法权益，促进旅游产业健康有序发展。

（五）强治理谋共建，打造区域发展新局面

区域一体化可以发挥各地的比较优势，促进各类要素合理流动、高效集聚，是转变政府职能、解决区域发展不平衡、不充分的有力保障。黑龙江省应借鉴京津冀、长三角、珠三角经济带的成功经验，提高治理能力现代化，积极融入东北区域发展新格局。东北三省只有尊重客观规律，同舟共济、抱团取暖，才能发挥比较优势、完善空间治理，推动形成优势互补、高质量发展的区域经济格局。

1. 就省内而言，叫响"醉美龙江331边防路"品牌

"醉美龙江331边防路"是黑龙江省边境风土人情、异国风貌的全方位展示，是边境城市优质文化资源和旅游资源的全谱系开发。在建设中，黑龙江省要打破地域行政限制和行业管理限制，注重沿线旅游标识的统一、景区对外连通公路的升级改造、沿线服务设施的建设。与"哈尔滨2小时经济

圈""自由贸易区建设"等项目捆绑一起，建成"畅行、安全、舒适、美观、智慧"的自驾旅游目的地，在全域旅游建设中打造龙江整体品牌。

2. 就东北地区而言，释放"东北旅游景区联盟"的协同优势

2014年成立的"东北旅游景区联盟"有30家5A和4A景区，是东北三省集合优势旅游资源、联手打造的"大东北旅游带"，是东北旅游景区全域旅游合作的新模式。建议黑龙江省文旅企业在整合旅游资源、打造旅游精品、联合营销、信息共享、共同开发市场等方面勇开拓、闯新路、出实招、求实效，积极参与推进东北地区旅游经济一体化建设。

3. 在"一带一路"方面，要加快"龙江线路带"建设

黑龙江省有13个对俄陆路开放口岸，是"一带一路"建设的重要节点，积极落实国家"一带一路"建设，推进"黑龙江陆海丝绸之路经济带"建设。建议黑龙江省在绥芬河、黑河、黑瞎子岛和同江等4个跨境经济合作区、哈尔滨中俄产业合作区、牡丹江中韩产业合作区中加入文化和旅游元素，展示北国边疆风貌，共建亚欧通道，推动共赢发展。

B.11
双循环战略下黑龙江省冰雪旅游产业融合发展研究

赵 砚*

摘 要: "双循环"是中央应对当前复杂的国内外环境提出的重要发展战略。黑龙江应抓住此机遇,依托独特的冰雪资源优势,科学制定发展规划,推进产业融合,为冰雪旅游发展提供新动能,延长冰雪旅游产业链,做大做强黑龙江冰雪旅游产业,使冰雪旅游产业成为推动地方经济腾飞的新增长点。

关键词: 双循环 产业融合 冰雪旅游 产业链 黑龙江省

中央明确提出了"加快形成以国内大循环为主体,国内国际双循环互相促进的新发展格局",双循环新战略的提出是对产业链、供应链、需求链全系统的推进,是符合当前中国发展需求的重大战略。目前,冰雪旅游已成为黑龙江冬季旅游和冰雪经济的双核心产业,黑龙江应充分利用得天独厚的冰雪旅游资源,围绕新战略,形成新思路,拓展新方式,谋求新格局,坚持打造独具特色的龙江冰雪旅游品牌,推进产业融合为冰雪旅游发展提供新动能,延长冰雪旅游产业链,做大做强黑龙江冰雪旅游产业。

一 黑龙江冰雪旅游产业情况分析

作为中国开展冰雪旅游最早的省份,黑龙江具有发展冰雪旅游的得天独

---

* 赵砚,黑龙江省社会科学院经济研究所副研究员,研究方向为旅游经济学。

厚的优势，在国内具有一定竞争力，主要体现在：具有丰富的冰雪旅游资源，具有一定历史传统和知名度的冰雪旅游产品，较早开始的冰雪旅游产业经验和地方政府为推进冰雪旅游产业发展出台的相关支持政策等多方面。

（一）冰雪旅游资源较为丰富

黑龙江省地处中国最北端，雪期长达120天左右，良好的地质资源和景区资源是开展冰雪旅游产业的优势所在。首先，自然资源方面，全省雪资源以天然雪为主，这为开展冰雪运动和冰雪旅游大幅降低了成本。适宜开展冰雪旅游产业的城市比较多，哈尔滨、牡丹江、佳木斯、伊春、大兴安岭都有较为突出的冰雪旅游资源。另外，全省山地面积高达60%以上，山林总面积高达18万平方公里，森林覆盖率接近50%，全省境内有超过100座可供开展冰雪旅游的山峰，山区雪量充足，坡度适宜，既可开展冰雪运动项目又可建设冰雕、雪雕景区供游客观赏。其次，现有冰雪旅游景区有一定的历史传统和知名度。哈尔滨每年举办的国际冰雪节与加拿大的魁北克冰雪节、日本札幌冰雪节、挪威冰雪节并称世界四大冰雪节，每年冰雪大世界景区成为国内游客青睐的重要旅游目的地之一。亚布力曾经参与举办过大冬会、亚冬会等多项国际赛事，深受滑雪爱好者的喜爱，每年来亚布力滑雪已成为很多滑雪爱好者必不可少的选项。漠河市作为中国最北端的城市，每年举办的极光节也同样吸引了大量游客来此地"找北"。

（二）冰雪旅游产品具有一定竞争力

相对于国内其他省份，黑龙江开展冰雪旅游比较早，旅游产品供给方面有一定竞争力。黑龙江省冰雪旅游业主要提供的是大型冰雪观赏景区、雪上娱乐、冰雪艺术主题公园、滑雪等方面产品，这些冰雪旅游产品都中哈尔滨冰雪大世界、雪博会、亚布力滑雪、雪乡观光游等产品在国内均有较高知名度，加之2018年春晚在冰雪大世界设立分会场，对黑龙江冰雪旅游宣传起到推波助澜的作用，优质冰雪旅游项目近年来发展较为迅猛。其他省份近年来在冰雪旅游产品的开发上也下了很大功夫，一批较为优秀的冰雪旅游产品相继问世，市场份额由此开始分流。北京、张家口作为2022年冬奥会的举办城市，近年来冰雪旅游业不断壮大。吉林省、辽宁省和内蒙古自治区近年来也在努力发展冰雪旅游产业，吉林省围绕长白山冰雪旅游区，推出了吉林雾凇、查干湖冬捕、寒地温泉等多个冰雪旅游产品，这些冰雪旅游产品都有自身独特优势，可以说在冰雪旅游产品开发中逐渐找到自己的优势所在，发展势头越来越好。辽宁近年来找准自身定位不断推出适合本省发展的冰雪旅游产品，近年来主推的棋盘山冰雪节在规模和影响力上逐步提升，分走了黑龙江的游客资源。不仅如此，辽宁省还扬长避短地打出到哈尔滨看冰灯、来沈阳看雪雕的宣传广告。

（三）冰雪旅游基础设施和配套服务设施落后

黑龙江地处中国最北方，一方面具有较好的丰雪资源，但另一方面也具有区位上的劣势。近年来，其经济总量排名一直在国内处于下游，经济发展缓慢及区位上的劣势对黑龙江冰雪旅游产业投资造成了很大的影响，基础设施特别是交通设施方面与旅游产业发达省份有一定的差距，使得有些拥有优质冰雪旅游资源的地区无法充分地对外开放。冰雪旅游场区建设方面，滑雪场建设主要依赖县、市级政府以及个人出资，省级以上投资较少。有些地区由于一些主客观原因，餐饮、住宿等方面出现以次充好的现象，大大影响了游客的体验度、影响了口碑。另外，旅游设施配套产业方面，目前黑龙江冰雪旅游配套产业发展速度慢，大型旅游设施主要依赖国外进口，大大增加了运营成本。

黑龙江冰雪旅游除了包括交通在内的基础设施相对落后外，其他的还包括场地规模品质、餐饮、住宿、设备、购物等影响旅游体验的配套服务也相对落后。加拿大斯勒山滑雪场，连续多年被评为"北美滑雪第一胜地"，占地9000多公顷，品质雪道超过1000条，拥有115家各种类型的度假酒店，餐厅近百家，另外还有200余家购物店。国外对冰雪旅游产业聚集地的巨大投入，让这些地区的冰雪旅游基础设施建设处于领先地位，冰雪旅游已成为其旅游业的第一大产业。黑龙江在具备优质自然资源的前提下，各级政府应加大投入，在基础设施建设上应以此为投资重点，让冰雪旅游产业快速发展。一个省份经济发展不能仅仅依靠第一、第二产业的发展,冰雪旅游业经过一段时间的发展或许能够成为黑龙江省经济的第一大支撑产业。

(四)冰雪旅游服务业服务能力低

黑龙江虽然开展冰雪旅游业起步较早,但是多年发展较为缓慢,没有形成专门的旅游产品开发思路,旅游纪念品的种类仍然比较单一,没有利用好黑龙江的丰富物产、多民族融合的优势。黑龙江省冰雪旅游业从业人员素质偏低一直以来都是不争的事实,对冰雪旅游高级管理人员的培育工作多年来没有突破。另外,滑雪等冰雪运动项目的大众参与度不高,没有培育出一批能力较强、技能突出的教练员队伍,这与黑龙江经济发展水平低有关,一些退役高水平运动员为了更高的经济收入,集中在北京、沈阳以及广州、深圳等城市参与冰雪运动教辅工作。

黑龙江省冰雪旅游产业服务能力的短板从另外一个角度阻碍了其冰雪旅游产业发展。拥有良好的自然资源、能够提供优质的旅游产品、具备较好的基础设施能够吸引更多的游客参与冰雪旅游,但是如何留住游客则成为冰雪旅游产业后续发展的关键。目前来看,黑龙江冰雪旅游从业人员的培养已经不能仅仅局限于自身培养和国内引援层面,亟须向发达国家借鉴经验,在有条件的情况下可以重金聘请国外高素质冰雪旅游业管理人才,派出冰雪旅游从业人员参与国际培训,通过向冰雪旅游发展较好的西欧、北美等地的学习带动全省冰雪旅游从业人员综合能力提升。另外,针对高端游客和外国游客我们也要做到有的放矢,提供私人定制服务,提升高端客户服务能力,开发冰雪旅游业新的增收点,通过高品质、全面周全的服务留住高端游客,吸引更多国际游客前来参与黑龙江冰雪旅游。

二 推进产业融合延伸产业链

(一)以冰雪体育为冰雪旅游主要杠杆

国务院《关于加快发展体育竞赛表演产业的指导意见》,提出了到2025

年,我国体育竞赛表演产业总规模要达到2万亿元,要基本形成产品丰富、结构合理、基础扎实、发展均衡的体育竞赛表演产业体系。黑龙江应抓住这一机遇大力支持冰雪竞赛表演、体育旅游及体育培训等产业发展,扶持培育更多的冰雪体育产业消费热点,不断提高其在冰雪旅游业中的比重。

1. 办好专业冰雪体育赛事

积极争取国家有关方面支持,以备战北京冬奥会、冬残奥会为契机,密切与世界和国家滑雪、滑冰、冰球、冰壶等运动协会联系,增强龙江冰雪体育赛事品牌知名度和影响力。着力打造具有龙江特色的品牌赛事,例如雪地足球、冰雪马拉松、冰雪汽车拉力赛等,并向国际推广,提升黑龙江冰雪旅游的品牌知名度。

2. 丰富业余冰雪体育赛事

创新社会力量举办业余体育赛事的组织方式,鼓励引导社会资本投资冰雪体育产业,在体育场馆设施运营、公益健身服务、群众性体育比赛等领域推广政府和社会资本合作模式。推进方便群众参加冰雪运动的全民健身设施工程建设,鼓励企业、社会组织和个人投资建设冰雪体育场地设施。围绕训练、比赛和备战北京冬奥会的需要,加强以省、市为重点的冰雪项目重点公共体育和训练设施建设。

3. 广泛开展群众性冰雪活动

牢记习近平总书记"带动三亿人参与冰雪运动"的谆谆嘱托,打造"大众冰雪健身季""玩冰雪总动员""赏冰乐雪"等群众性冰雪活动品牌。大力推进长距离雪地摩托、雪橇、雪地徒步等项目的发展,培养大众特别是孩子们的参与热情,打造亲子游娱乐性、参与性产品。哈尔滨及其他具备条件的城市,要全力打造和建设普通居民和游客能够广泛参与的冰雪游戏场地,开放并维护城市内外江河湖沟等冰雪场地,为居民和游客能非常便利地参与冰雪游戏搭建平台。

4. 加大力度推进校园开展冰雪运动

联合教育部门,培养学生掌握冰雪运动技能,组织青少年积极参与冰雪项目训练与竞赛,扩大青少年运动员参赛规模,积极开展各类冰雪教学竞赛和展示活动。推动建设冰雪项目校园辅导员队伍。各市（地）要大力推进大中小学校园冬季冰雪场地的建设力度。旅游滑雪场要为青少年滑雪提供优惠和方便。积极争取国家体育总局支持，将镜泊湖作为全国青少年冬季阳光体育大会永久性主会场。

（二）以创新冰雪旅游综合体为重要载体

习近平总书记在考察黑龙江时明确指示，"绿水青山是金山银山，冰天雪地也是金山银山"，为黑龙江冰雪产业发展提供了高屋建瓴的指南和科学的行动纲领。随着群众性冰雪运动日益普及，冰雪产业发展加快。预计截至2022年初，我国冰雪旅游游客将要达到3.4亿人次，收入超过6800亿元，带动相关产业（特色小镇、文创、运动、制造、度假区等）产值达2.92万亿元。作为我国冰雪旅游的发源地，黑龙江在经过了50多年发展后，塑造了一批在国内外叫得响的冰雪旅游品牌，仅2018年底至2019年初这一个冰雪季，黑龙江就接待省外游客2044万余人次。创新发展成为黑龙江省冰雪旅游产业的新课题。

1. 加快推动冰雪健身休闲业

丰富旅游产品供给，改变单纯依靠滑雪的传统旅游方式，增加冰雪旅游的参与感和体验感，在冰雪文化、休闲购物、冰雪会展、冰雪观赏娱乐等方面加大投入，更好地满足各类人群的消费需求，让游客来得了、留得住、有钱花得出，更好地满足各类人群的消费需求。

2. 推进冰雪娱乐产业发展

加大力度推进冰雪综合体项目发展，引进国外雪场高端娱乐项目，开发攀岩、滑翔伞、高尔夫等四季旅游新产品，组织开展夏令营、电影节、音乐节等营销活动，补齐冰雪旅游"一季热、三季冷"短板。重点建设城市大型冰雪主题公园和景区依托型冰雪主题乐园。冰雪主题公园以城市及主要景区为依托，以冰雪大世界、雪博会等为引领，着力打造冰雪动漫嘉年华、冰雪欢乐谷、冰雪雕国际大赛等大型主题活动，建设世界一流的冰雪养生旅游度假区。持续办好哈尔滨国际冰雪节、亚布力国际滑雪节或比赛、中国雪乡旅游节、雪地观鹤文化旅游节、大庆雪地温泉节、秘境冰湖冬捕节、佳木斯三江国际泼雪节、兴凯湖冬捕节、伊春森林徒步穿越节等以冰雪为主题的大众性、娱乐性节庆活动。丰富城区景区室内外冰雪娱乐项目，多元化开发娱乐产品。

3. 加快冰雪旅游商品开发

黑龙江冰雪旅游商品可以从以下三个方面进行创新，实现产业新发展。一是在加强与相关产业融合上进行创新，这是实现旅游产业快速发展的有效路径，包括与制造业、信息产业、其他服务业等的融合。二是在实现产业链延伸上的创新，包括设备制造、系统管理等方面的创新。以滑雪运动为例，即要实现从雪场设备制造、雪场管理系统、滑雪装备等向滑雪衍生服务发展的纵向延伸，也要向滑雪配套服务，比如住宿、交通、饮食等方面的横向延伸。三是深入研究形成冰雪产业体系架构，即在冰雪旅游产业构架的建设上形成体系，围绕冰雪旅游，指导发展。黑龙江冰雪旅游商品要具有自身的特色，要注重充实内涵特别是地域文化内涵。探索自然景观的新玩法，从观赏到感受、到新奇体验，既要做到价格亲民，又要做到内容丰富多彩，在现有冰雪文化节庆活动的基础上，对配套产品进行深度挖掘，实现冰雪文化资源的整合与开发，打造全民适游冰雪旅，形成冰雪旅游产品体系。要进一步加强冰雪旅游商品与新技术的紧密结合，研发冰雪旅游的专业装备，形成冰雪旅游的新体验。

（三）以对俄冰雪旅游合作为拓展空间

黑龙江地处东北亚腹地，是对俄及东北亚的桥头堡和枢纽，深化对俄冰雪旅游合作，加强国际的友好沟通、相互协助，搞好营销宣传，扩大交流规模，共同打造冰雪旅游产业，推动中俄双边旅游经济健康发展，促进黑龙江的冰雪旅游，稳步提升黑龙江省冰雪旅游的知名度和影响力。

1. 构建中俄界江冰雪旅游带

强化与俄方的沟通合作，依托中俄界江——乌苏里江、黑龙江，沿途提升打造一批边境冰雪特色旅游城镇和边境冰雪特色旅游区，并通过一系列特色冰雪赛事及冰雪节庆将中俄界江打造成集冰雪娱乐、冰雪运动、冰雪观光、冰雪度假、民俗体验等产品于一体的边境特色冰雪旅游目的地。提升打造一批"边境冰雪特色城镇"。提升沿线城市的冰雪景观风貌，增加冰雕、雪雕景观，营造城镇整体冰雪旅游氛围。提升打造一批"边境冰雪旅游区"。依托沿线景区，结合景区自身特色，通过"边境+冰雪+文化"的资源整合，完善基础设施，提升服务功能，丰富冰雪休闲娱乐项目，构建区域冰雪旅游产品，做热界江沿线冬季冰雪旅游。

2. 开展特色边境冰雪赛事

探索产业文化与冰雪旅游相融合的发展模式，依托界江、界湖冬季辽阔的冰面，联合俄方共同打造"国际冬季汽车拉力赛"，深入挖掘汽车文化内涵，以冰雪自驾车营地为载体，开展冰上汽车体验项目，结合边境冰湖旅游开展一系列冰上运动，引导户外越野与旅游产业相融合，促进黑龙江冰雪旅游业发展，将黑龙江打造成以冰雪运动为特色的冰雪旅游区。同时，依托当地渔猎文化和渔业资源，设计旅游项目，丰富旅游区旅游产品。

3. 加强与俄罗斯的冰雪产业合作

建立并完善中俄地方冰雪旅游等产业的合作机制，促进对俄罗斯冰雪产业合作的深入发展，积极推进与俄罗斯战略联盟，共同搞好冰雪旅游项目开发，全面增强旅游区核心竞争力，提升国际知名度，增强冰雪旅游市场竞争力，实现共同营销、共享客源、协同发展的冰雪旅游合作新模式。

（四）以冰雪运动装备制造为发展核心

习近平总书记就北京（张家口）2022年成功申办冬奥会提出了"带动中国3亿多人参与冰雪运动"的目标。这为冰雪装备产业做大做强迎来了黄金发展期。黑龙江省应借势而行，充分利用国家"产业政策红利"，依托雄厚的装备制造基础、先进的新材料产业取向、集聚的产业园区发展和扎实的人才技术储备，加快培育和发展冰雪运动装备制造业，做大做强冰雪经济。

1. 推动重点项目引领集群发展

一是要加大力度培育一批具有一定竞争力的冰雪装备生产企业。为企业的发展提供全方位支持，例如采用降低企业用能综合成本、提供贷款融资担保、工业周转金接续等措施，促进企业扩张规模，通过系统培训、全方位立体营销推广、对接金融支持、促进技术合作等方式提高冰雪装备制造企业的市场竞争力。二是引入高端冰雪装备制造项目。吸引投资商在黑龙江省投资建设高端冰雪装备生产项目和营销店，重点对接国际知名冰雪装备生产企业和知名品牌国内代工企业。三是对本省具有潜力的冰雪装备骨干企业给予资本支持，支持符合条件的企业新三板挂牌、众筹融资，实现直接融资，鼓励利用资本市场做大做强。

2. 找准定位抓住需求

要对产业发展认真研究，根据产业未来发展方向，找准定位，按消费需求，进一步细分市场，针对不同市场需求制订不同的产品研发、设计、生产、营销组合方案，实现差异化发展。要立足国内大众休闲需求，开发性价比高的实用型滑雪、滑冰装备，解决"大众滑得起"的问题。在立足大众需求的基础上，支持企业引进国内外先进的设备、技术、工艺和人才，增强设计研发能力，着眼高端人群，研发生产科技含量高的高端产品。支持企业利用互联网技术对接休闲个性化需求，根据不同人群，研发多样化、适应性强的冰雪运动器材装备。积极拓展"以销定产"及"个性化定制"的冰雪装备产品生产方式，防止一哄而上、各自为政的局面发生。

3. 加大科技注入推动创新发展

建立冰雪运动装备产业科技研发孵化中心，组建设计研发团队。组织和引导高校、科研院所、骨干企业、用户在科研开发、市场开拓、业务分包、专利共享和保护、品牌提升等方面开展合作，引导冰雪运动装备制造企业、研究机构以及高校学术团队共同参与，提升冰雪装备综合试验、检测与鉴定能力。加快物联网、云计算、大数据等技术在冰雪运动装备制造的应用，支持骨干企业与科研机构合作，加强研发能力建设，引入国际先进的冰雪装备生产技术，增强技术创新的支撑能力，加强冰雪运动器材、冰雪场地装备产品开发,打造智能生产模式,助力冰雪运动装备制造传统产业转型升级,开展新材料、智能穿戴技术在冰雪运动装备中的应用研究,鼓励企业采用国际标准和国外先进标准研发制造冰雪装备产品,全面提升装备产品质量和性能。

三 推进黑龙江冰雪旅游产业链延伸的对策建议

黑龙江存在冰雪旅游产品供给总量不足、供给质量和效益不高的问题,供给侧结构性改革的任务十分艰巨,加快产业融合有效提高冰雪旅游的供给水平和能力,是推动黑龙江冰雪旅游产业走向高质量发展的重要选择。为此,需要做好全省冰雪旅游产业竞争力的保障工作。

(一)转变思想观念,建立"大冰雪"产业观

当前,黑龙江的冰雪产业以及冰雪旅游的认识还停留在传统的思想基础上,并未能跟上国内经济发展新常态和国际产业发展新的趋势变化。需要进一步解放思想,转变观念,在坚持长远整体规划设计的基础上,建立"大冰雪"产业观,推动黑龙江省冰雪旅游产业高质量发展。

当前的产业竞争已经不是产业链条中某一环节的竞争,而是全产业链条的综合水平和能力的竞争。因此,在冰雪产业发展上要树立"大冰雪"观,以现代信息技术广泛嵌入和深化应用为基础,以市场为导向,以冰雪制造业与服务业深度融合为载体,实现旅游、文化、体育、教育、服务、装备制造的有机衔接形成合力构建起自身独特的核心竞争力。因此,在做冰雪产业整体规划和专项规划的时候,要围绕"大冰雪"产业观的发展思路,紧紧抓住制造业与服务业的融合发展演变出的新技术、新产业、新业态和新的商业模式,充分发挥"六个有机"(旅游、文化、体育、教育、服务和装备制造)衔接的作用,打造黑龙江冰雪产业的综合性竞争优势。

黑龙江的滑雪条件场地居全国第一,但滑雪人数却远远低于北京、吉林、河北等地;就其滑雪产业的质量和效益来看,尽管黑龙江的滑雪产业起

步在全国是领先的，但是并没有建立领跑的优势。2019年，黑龙江省已经正式启动由联合国世界旅游组织编制的《黑龙江省全域旅游发展总体规划（2019—2030）》和《黑龙江省冰雪旅游产业发展规划（2019~2030）》。此两大规划从发展战略、产业布局、营销策略、实施措施、效果评估等方面编制。这两部规划符合联合国世界旅游组织的高要求与高标准，使黑龙江能够利用世界其他主要旅游目的地的发展经验。此次编制的两个规划将助推黑龙江建设"旅游强省"，成为世界一流的旅游目的地。

（二）全面引进民营资本，整合冰雪旅游资源

加快推进黑龙江省旅游国有企业改革，引进民营资本，发展混合所有制结构是当前提升黑龙江省冰雪旅游产业竞争力的体制机制保障，真正发挥黑龙江旅游投资集团的投融资平台和战略合作平台的作用，通过股权多元化发展混合所有制经济，承担起资源集聚、资本放大、品质提升和产业升级的功能。加快完善现代企业制度，健全法人治理结构。在充分发挥党组织把方向、管大局、保落实的作用的同时，充分发挥"三会一层"法人治理结构的职业经理人作用。完善市场化经营机制，积极深化三项制度改革，激发弘扬企业家和工匠精神，不断发展壮大国有企业家队伍。运用市场化手段，全面整合冰雪旅游资源构筑复合型冰雪观光产品体系，以冰雪观光为引领，全面开发冰雪运动、冰雪娱乐、冰雪度假等多元产品，实现单一冰雪旅游产品向多元冰雪旅游产品的转变，强力助推冰雪旅游产业大发展，构筑产业发展的"龙江特色"。

（三）创新对口合作，积极推进引入外部资源

黑龙江省经济发展相对滞后的重要原因之一，就是原有境内资源要素大量外流的同时，并未出现相应优质要素的回流，这一单一流向的要素输出模式极易形成强化效应且难以改变。因此，必须在资源要素流动方向上下功夫寻求突破，形成正常的要素循环流动机制。从黑龙江实际来看，并非没有好的要素资源吸引投资，而是缺少良好的项目生成、培育和发展机制。一要大

胆实践，创新对口合作机制，特别是要抓住黑龙江与广东对口合作的新机遇，尽快形成工作机制、合作体系和培训机制，共建一批产业合作园区，尤其是要建设一批标志性跨区域合作的项目，并以此为依托形成相对完整的对口合作政策体系和保障措施。这对黑龙江冰雪旅游产业的发展是一个难得的发展机遇。充分挖掘黑龙江省冰雪、森林、湿地等生态旅游资源，共同发展旅游、文体、休闲等产业，通过共同开发景区、共同宣传推介等多种方式打造特色旅游品牌和线路，推动两省互为旅游客源地和目的地。两省联合打造"南来北往""寒来暑往"旅游季品牌交流活动。鼓励广东省有实力的旅游开发企业整体开发黑龙江省优势旅游资源，参与建设五大连池等省级旅游度假区和大兴安岭、伊春等全域旅游示范项目，开发具有黑龙江特色的旅游产品。依托黑龙江省良好的资源优势和产业基础，共同发展"互动式"养老、医疗大健康等产业，吸引广东省社会组织、养老机构落地黑龙江省，参与养老市场服务。二要重新塑造营商环境。深化机关作风整顿优化营商环境，集中全力解决政府失责失信、不依法行政问题；解决政策梗阻、弄权勒卡问题；解决流程不优、机构臃肿问题；解决形式主义、官僚主义新表现问题；解决不细不实、能力不足问题。解决好这些问题，黑龙江省营商环境一定会有一个根本性的转变。

B.12
新冠肺炎疫情对黑龙江省文化产业的影响

王力力*

摘　要： 新冠肺炎疫情的暴发对黑龙江文化产业发展产生了巨大的冲击，尤其是对依靠人员聚集性消费的线下文化行业来说影响更深。但同时也带来了转型升级的新契机，线上文化领域涌现出许多新型业态，为线上文化产业、线上公共文化服务等打开新空间，迎来新机遇，迈上新台阶。随着全国有序恢复生产生活秩序，黑龙江省要把握好疫情防控常态下的文化产业的"危"与"机"。确保相关政策实施和落地，推进文化科技的深度融合，加快文化产业的供给侧结构性改革，加强特色文化品牌的宣传推广，大力拓展文化产业消费市场，加快培养高素质文化产业人才，以确保黑龙江省文化产业持续稳定的发展态势。

关键词： 新冠肺炎疫情　文化产业　黑龙江省

"十三五"时期，黑龙江省文化产业的发展逐渐从数量增长向质量增长转变，文化产业体制机制不断完善，产业转型升级增势强劲，产业发展集聚化、数字化、融合化、特色化趋势进一步显现，黑龙江省文化产业发展潜力逐步释放。但是一场突如其来的新冠肺炎疫情，对我国经济社会造成了严重

---

* 王力力，黑龙江省社会科学院马克思主义研究所副研究员，研究方向为文化产业。

打击,给全省文化产业的发展带来了巨大的挑战。疫情发生后,以习近平同志为核心的党中央高度重视、审时度势、全面统筹,调动各方力量,带领广大干部群众以最快速的应急反应、最严格的防控措施,坚决遏制疫情蔓延势头,社会主义制度优越性不断凸显。

习近平总书记还强调:"我们要变压力为动力、善于化危为机。"随着全国有序恢复生产生活秩序,黑龙江省要把握好疫情防控常态下的文化产业的"危"与"机"。

一 新冠肺炎疫情对全省文化产业带来的影响

(一)对线下行业的影响

新冠肺炎疫情暴发以来,为减少人员聚集,降低易感染可能,很多行业暂时停业。广大居民也都积极响应党和国家的号召,坚持居家隔离。疫情对文化产业,特别是依靠人员聚集性消费的文化行业,如旅游、娱乐、电影、演艺、节庆、会展等行业冲击巨大。中国国家统计局发布的数据显示,2020年一季度,在文化及相关产业9个行业中,文化娱乐休闲服务营业收入降幅最大,比上年同期下降59.1%,其中的娱乐服务下降62.2%;文化传播渠道下降31.6%,其中作为线下场馆消费的典型代表的广播影视发行放映和艺术表演分别下降78.5%和46.2%。黑龙江省及时响应国家政策,在疫情蔓延的关键时期,全省各地的旅游景点、文化娱乐场所全部暂停营业,线下文化产业被迫按下了暂停键,营收呈断崖式下跌,整体进入冰点。后期随着我国疫情得到有效控制,全省生产生活得到有序恢复,旅游景区和文化娱乐场所采取网上预约、客流限制等方式,开始陆续分批、有序的恢复开放。

(二)对线上行业的影响

虽然新冠肺炎疫情暴发给文化领域带来不小的冲击,但也带来了转型升级的新契机。线上文化领域涌现出许多新型业态,线上文化产业、线上公共文化服务等打开新空间，迎来新机遇，迈上新台阶。国家统计局发布的第一季度相关数据显示，文化新业态特征较为明显的16个行业实现营业收入5236亿元，比上年同期增长15.5%。验证了以互联网为基础的文化新业态继续保持了较快增长，显示出强大活力。

黑龙江省的线上文化产业也在不断地探索改革，线上教育、网络影视、网络广播、线上游戏、新媒体等行业全面开花。在此次疫情中，一个较为典型的案例就是龙广电MCN，业务实现了稳定增长。伴随移动互联网快速发展，社交、短视频、长视频、游戏、新闻资讯等互联网App不断抢占国民注意力与使用时长。在这样的背景下，黑龙江广播电视台在2019年7月成立了龙广电MCN，发挥广电主持人优势，依托既有资源禀赋，融合广播电视制作优势，引导现有流量的同时开拓新兴流量，打造融媒体矩阵。在新冠肺炎疫情期间，针对大众的心理和金融企业的需求，基于互联网传播的产品和逻辑，龙广电MCN为金融行业策划、执行了"关爱不止步、服务不打烊"的整合营销策划方案。通过温暖人心的"理财小姐姐"短视频营销、关爱用户健康的"瑜伽云课堂"、技术赋能的交互视频产品、为线上服务引流的"创意小游戏"、阐述线上产品操作的H5页面等形式，为金融企业定制了全新服务。截至2020年7月，龙广电MCN的栏目号已经达到335个，涵盖新闻、综艺、民生、文化等各个垂类，现有抖音总账号606个，快手账号387个，全网粉丝量已超4700万，已开展公益、电商、娱乐、活动直播300余场，带货2000多万元。直播公会现有主播567名，月均流水200万元，全国广电系直播公会排名第一。2020年5月，在哈尔滨新区成立了龙广电MCN短视频直播基地，进一步拓展短视频制作和娱乐直播业务。抖音平台最新的领跑计划MCN榜单显示，龙广电MCN在全国排行位列第二，充分实现了社会效益与经济效益相统一。

二 黑龙江省文化产业的发展趋势

（一）数字文化产业将迅猛发展

2019年6月，黑龙江省人民政府《关于印发"数字龙江"发展规划

（2019—2025年）的通知》提出："落实网络强国、数字中国、智慧社会等战略部署的具体举措。以信息流带动资金流、物流、商流、人才流等资源要素高效流动和优化配置的新发展模式，涵盖经济、政治、文化、社会、生态等各领域信息化建设，形成适应数字中国、智慧社会需要的智能基础设施体系，构建数字驱动、融合发展、共创分享的新经济形态。"今后全省要积极实施"互联网+文化+""数字龙江"等发展战略，推进互联网与传统媒体、出版印刷业和广播电视等传统文化产业融合，带动游戏、动漫等数字内容产业发展，实现传播方式多样化、呈现方式全媒体化、营销方式多渠道化。推动以智能为核心的技术产品的生成和发展，推动文化创意和设计服务及企业商业模式升级。应用云计算、大数据、移动互联网、二维码、无线射频等高新技术，加强文化公共服务平台建设，打造社会化开放共享服务、远程服务、镜像服务和个性化定制服务，建设中国云谷等一批大数据综合试验区和产业集聚区。

（二）跨界融合将成为主流模式

文化产业不再是传统的单一产业属性，它既可以独立存在，也可以作为"魂"赋能在其他产业上，用文化带动其他产业发展。从未来趋势看，文化将更全方位、多角度、深层次地融入社会生活和产业发展的方方面面。一方面，融合将更全面。例如文化与旅游、文化与农业、文化与工业、文化与金融、文化与教育等的融合，文化融合将触及各个行业。另一方面，融合将更深入。文化与相关产业融合，能够增加相关产业的文化含量，提高产品附加值。文化融合指的并不仅是将文化附着在另一个产业上，而是从内容、生产、传播、消费等各方面全方位将其"文化化"，呈现出一种深度融合。

（三）新基建将赋能文化产业创新

疫情期间，"非接触式"交易和服务新业态异军突起、逆势上行。数据显示，第一季度中实物商品网上零售额同比增长3%，电子商务服务投资增长39.6%，科技成果转化服务投资增长17.4%。可以说与科技、新兴业态相关的投资在第一季度均呈现发展向好的势头。以数字化为核心特征的"新基建"是对冲疫情和经济下行的一剂良方，对深化我国供给侧结构性改革、提升我国经济高质量发展具有积极作用。未来，黑龙江省要积极发展以"新基建"技术为引领的新兴文化业态、智能文化设施、线上娱乐拓展升级，为后疫情时代文化产业的破茧重生、求变创新创造条件。另外，疫情期间，文化产业自身的发展变革，以5G技术为引领的线上文化消费、科技文化领域将成为未来文化产业发展的趋势方向，这也倒逼文化企业以更高更强的自主研发能力加强文化领域的"新基建"。

（四）传统文化产业将深度挖掘

将沉淀的传统文化，以新的形态发掘出来，成为地方发展的新名片是各地都在积极探索的模式。例如唐诗之路是与旅游业密切联系在一起的，青岛、杭州、郑州、武汉紧密结合了会展经济。这些文化产业发达城市的经验告诉我们，只有将传统文化与产业结合在一起，文化产业才能发展得更加深入。黑龙江省拥有独具特色的地域文化，未来要形成以齐齐哈尔历史文化、大庆石油文化、阿城金源文化、牡丹江古渤海国历史遗址文化、鸡西新开流文化为重点的文旅经济走廊。各大博物馆也将继续积极推进馆藏数字化、展览数字化、参观数字化的进程。一方面，数字化进程是新时代传承中华优秀传统文化的新要求；另一方面，馆藏文物是优秀传统文化的凝结，利用数字化技术"再造"馆藏文物，既能有效助推艺术创作和文化表达的中国化，又有助于社会创新要素在社会中的充分涌流。

三 黑龙江省文化产业发展的对策

总的来说，随着目前复工复产的科学有序推进，以及各类利好措施的出台，黑龙江省文化产业发展将迎来一段新的变革机遇期，应当坚信，长期向好的发展态势不会改变。

（一）确保相关政策实施和落地

积极发挥行业部门对企业的引导作用，科学组织文化企业复工复产。当前，在统筹做好疫情防控和经济社会发展的指导思想下，各部门应积极作为，主动多方发力，多措并举，引导企业持续做好复工复产、复商复市，最大限度地减小疫情的负面影响，促进全省文化产业尽快正常发展。认真落实国家和省里各项纾困优惠政策，帮扶企业渡过难关。支持企业加快落实各项政策，推进减税降费，降低企业融资成本和房屋租金，提高企业生存和发展能力。全面监测重点行业、重点企业的生产经营情况，及时解决存在的困难和问题，努力降低企业生产经营成本，最大限度地发挥企业效能，达到复工必复产，复产必达产的目的。调动民间投资积极性，引导其把资金用到支持实体经济特别是中小企业上。此外，应当切实做好政策实施效果监测，对真正能够刺激消费、恢复行业发展的扶持政策应当加大力度，而对效果甚微的扶持政策应当减缓执行。例如，通过政策实施效果监测机制，对多个地方颁发的消费券政策、弹性假期政策拉动消费进行科学的监测，避免公共资源的浪费。

（二）推进文化与科技的深度融合

此次疫情期间，包括网络视频、网游、手游、网络直播等在内的互联网相关文化产业的消费群体意外猛增。在"后疫情"时期，更要鼓励黑龙江省文化企业发挥这些互联网的技术优势，做好"科技+文化"的文章，不断推进文化科技创新，做到"形式新"、业态新，将大数据、云计算、物联网、区块链、AI、VR、3D、5G、4K/8K超高清等新技术与文化产业进行广泛深度融合，加快传统文化产业数字化、智能化改造进程，以科学技术驱动文化产业创新发展，探索文化产业融合发展的新形式，搭建文旅消费的新"场景"，不断培育壮大智能文娱、智慧文旅、数字文博、线上沉浸式观展、远程参与、虚拟体验等文化产业新业态、新形式，引领文化产业发展新风尚，不断开辟文化产业的增量市场，提前占据增量市场的份额。

（三）加快文化产业供给侧结构性改革

外部环境越复杂，练好内功越重要。面对疫情给文化企业带来经营压力的客观情况，主动淘汰落后及过剩产能，推动文化企业业务整合乃至行业整合。在这个背景下，黑龙江文化企业应当提高自身的内生动力，加大高质量文化产品的研发与供给，产出更高品质的文化产品和服务；厚植内容创新和文化创意能力，锻造"文化+"模式，做到"内容新"，提升文化核心竞争力，以源源不断的优质文化创意推进文化产业高质量发展。在"后疫情时代"，把提升文化内容创新能力和创意能力作为黑龙江省文化产业发展的主要发力点之一，做好"文化+创意""文化+科技""文化+金融""文化+旅游""文化+时尚"等"文化创新"的文章。具体而言，可从一"古"一"今"两方面入手。一是借助黑龙江省既有的文化创新团队和创意能力，推动中华优秀传统文化创造性转化、创新性发展，通过黑龙江省先进的文化科技，实现中华优秀传统文化的活化、场景化、现代化、时尚化，借助中华文化的独特魅力，将传统文化的资源优势转化为文化产业的发展优势。二是立足当今，发展时尚文化、流行文化等新兴文化，用"黑龙江省模式""黑龙江省话语""黑龙江省风格"打造属于黑龙江省的新文化IP，以优质的文化产品助推文化领域的供给侧结构性改革，开辟并迅速占领新的文化消费市场。

（四）加强特色文化品牌的宣传推广

第一，从政府角度出发，着力于黑龙江省文化产业整体品牌形象的打造，重点关注"国家级文化产业示范园区、国家级旅游度假区、国家文化产业与旅游产业融合发展示范区、国家级夜间文旅消费集聚区、国家文化科技融合示范基地"等国家级品牌的申报与认定。第二，凝练特色，打造独具黑龙江省特色的文旅大IP，在当前民众居家高度依赖网络获取信息的特殊时刻，通过网络渠道和网络平台进行广泛推广宣传，为"后疫情"时期吸纳游客来黑龙江省进行文旅消费造势。

（五）大力拓展文化产业消费市场

新冠肺炎疫情已经成为全球社会公共危机，不仅对文化旅游、影视演艺等行业造成了重大打击，也对其他文化生产、文化服务业产生了较大冲击，如何转危为机，拓展新兴文化市场，利用新媒介，催生新消费，达成新贸易，成为黑龙江省文化产业当前及今后很长一个时期的重要任务。新冠肺炎疫情对文化产业打击较大的是传统文化消费领域，比如旅游、酒店、影院、KTV等，但是网络游戏、在线教育、短视频等新兴消费领域不仅没有损失，而且逆势增长。黑龙江省在此次疫情中要迅速转危为机，瞄准新兴群体，拓展新消费市场。例如为老年人提供文化服务，这是老龄化社会到来之际的重要文化市场，黑龙江省文化企业应该更多关注适合老年人进行观赏、参与、体验的文化项目和产品，改变服务方式，甚至逆向开发，把已经过去的时代文化作为核心内容进行创新生产。再如为年轻人提供的夜间经济及其文化服务，改变传统观念，利用古今中外的文化内容打造健康的夜间文化，为年轻人提供八小时工作之外的滋养品。再如为少年儿童提供的在线教育，以及军事、农业、体育等特色文化体验项目，这既是新建当下市场，也是在培育未来市场。黑龙江省文化产业发展是以市场为终极导向的，在市场大转型时期，政府和文化企业应当瞄准新兴消费群体，通过政策、技术、资金、渠道等要素开发适合新兴消费群体的文化产品和服务。

新冠肺炎疫情对欧美国家造成严重打击，贸易战等摩擦不仅不会停止，还会与欧美之间发生更大规模的产业和市场竞争，欧美也会继续排斥中国文化内容、打压中国文化装备企业。在此背景下，外向型的黑龙江省经济必须部分放弃备受打压的欧美市场，进一步开发共建"一带一路"国家和地区的文化市场。目前共建"一带一路"国家和地区的经济发展程度相对较低，文化需求虽然不如欧美国家，但是这些国家和地区与中国建立了长期友好合作关系，更容易接受中国文化，更愿意使用中国生产的文化产品。因此，黑龙江省需要在文化内容、文化装备、文化服务等领域，创造出契合共建"一带一路"国家和地区需要的各类文化产品。

(六)加快培养高素质文化产业人才

要充分认识到文化产业人才培养的重要性和迫切性,重视文化产业人才的培养课题,建议在黑龙江省进行相应的中长期文化产业人才培养布局规划,调研相关高校的发展瓶颈和困难,大力发展职业培训等,从而为黑龙江省的文化产业发展提供源源不断的优秀人才队伍。针对目前正在加快发展数字出版、移动多媒体、动漫游戏等新兴文化产业,要想加快黑龙江省文化产业的发展,必须紧紧抓住"创意"这一重要环节,培养人才的创新能力,尤其是新业态行业的人才培养更是重中之重。

B.13
黑龙江省乡村旅游发展对策研究

苏惟真*

摘　要： 随着乡村振兴的提出，乡村旅游业迎来了快速发展的契机，并成为推进农业供给侧结构性改革、促进农业转型升级和旅游扶贫的重要手段。但由于黑龙江省发展乡村旅游起步较晚，所以发展的区域与数量并不多。本文在对黑龙江省乡村旅游现状分析的基础上，从依托旅游资源的角度归纳了黑龙江省乡村旅游产品的三种类型，分别为依托现有景区发展型、依托少数民族发展型、依托现代农业发展型，并提出黑龙江省乡村旅游存在的问题，如旅游宣传不到位、缺少夜旅游产品、旅游淡旺季明显等问题，最后给出了具体建议。

关键词： 乡村旅游　产品类型　黑龙江省

一　黑龙江省乡村旅游的发展现状

随着人们精神和物质生活需求的提高，更多的人喜欢回归自然，向往田园生活，乡村旅游正好迎合了人们的需求，成为工作之余放松、休闲的不二选择。2019年，全国乡村休闲旅游接待游客32亿人次，营业收入超过8500亿元。乡村旅游将成为未来旅游的新趋势和发展重点，也将是新兴消费的典型代表。黑龙江省乡村旅游处在快速发展阶段，市场需求大、发展空间大。

---

* 苏惟真，黑龙江省社会科学院农业和农村发展研究所助理研究员，研究方向为农村经济。

2020年国庆中秋双节期间，黑龙江省共接待游客1637.4万人次，恢复到上年同期的93%；其中，省内游客占比82%，实现旅游总收入108亿元。据统计，乡村旅游市场约占全省旅游市场的60%。

（一）发展现状

1. 环城市乡村旅游为城市居民的主要选择

长期以来，环城市乡村旅游一直是城市居民日常休闲的重要形态，疫情的暴发，为城市周边乡村旅游提供了新的发展机遇。目前，黑龙江省乡村旅游地主要分布在哈尔滨市郊、齐齐哈尔、牡丹江、佳木斯、伊春、鹤岗等地，因交通便利，乡村气息浓郁，旅游服务设施基础较好。随着旅游方式的变化，跟团旅游逐渐向自驾车旅游、个性定制旅游等转变。同样，乡村旅游的主要出行方式已转变为自驾车旅游，这也是疫情之下恢复最快的出行方式。

2. 旅游线路规划数量多

黑龙江省旅游发展委员会重点推出了8条乡村旅游线路，都是以省会哈尔滨为起点，辐射全省各个方向的线路。

①哈尔滨周边，著名景点包括呼兰河口湿地公园、北方现代农业都市示范园、闫家岗农场等。②哈尔滨—阿城方向，著名景点包括平山风景区、玉泉狩猎场、松峰山景区、西泉眼水库等。③哈尔滨—大庆—杜蒙—林甸—连环湖—齐齐哈尔，著名景点包括蒙古族村、甘南县兴十四村、扎龙自然保护区等。④哈尔滨—双鸭山—佳木斯—鹤岗，著名景点包括友谊农场、赫哲族民族乡、同江红河农场、萝北黎明村等。⑤哈尔滨—五大连池—黑河，著名景点包括龙门石寨、瑷珲古城遗址等。⑥哈尔滨—伊春，著名景点包括嘉荫恐龙国家地质公园、铁力年丰朝鲜民族自治乡、乌拉嘎鄂伦春民族村等。⑦哈尔滨—牡丹江—鸡西—七台河，著名景点包括横道河子镇、大海林雪乡、兴凯湖农场、八楞山、英山村、大四站等。⑧哈尔滨—大兴安岭，著名景点包括北极村、漠河等。[1]

以上8条线路，既包含了黑龙江省众多的乡村旅游精品景区，同时展示了黑龙江省现代化的农业产业、多样的民风民俗、日新月异的社会主义新农村建设、独具特色的乡村古镇、广袤的山水森林等独特景观。

3. 乡村旅游重点村逐年增多

2019年国家首次遴选一批符合文化和旅游发展方向、资源开发和产品建设水平高、具有典型示范和带动引领作用的乡村（含行政村和自然村），建立全国乡村旅游重点村名录。2019年7月，首批全国乡村旅游重点村共320个，黑龙江省10个乡村旅游重点村入选；2020年9月，第二批全国乡村旅游重点村名录680个，黑龙江省有21个乡村旅游重点村上榜（见表1）。

总结黑龙江省入选的31个村，发现这些村都有几个相同的优势。一是村内基础设施和公共服务较完善；二是村内有产业支撑，就业致富带动效益明显；三是自然生态和传统文化保护较好；四是乡村民宿发展较好；五是旅游产品体系成熟、质量较高。这31个村除了有相同的优势外，还都有几个明显的特点：一是约29%的村位于知名景区附近；二是约35%的村是少数民族村；三是约22%的村自然生态和民俗文化建设较好；四是约13%的村农业产业发展好。

表1 全国乡村旅游重点村名单（黑龙江省）

地区	2019年第一批(10个)	2020年第二批(21个)
哈尔滨市	宾县宾州镇友联村	尚志市鱼池乡新兴村
齐齐哈尔市	铁锋区扎龙镇查罕诺村	讷河市兴旺鄂温克族乡索伦村
		甘南县兴十四镇兴十四村
牡丹江市	宁安市渤海镇小朱家村	海林市横道河子镇七里地村
	西安区海南乡中兴村	
佳木斯市		桦川县星火朝鲜族乡星火村
		抚远市乌苏镇抓吉赫哲族村
		汤原县汤旺朝鲜族乡金星村
大庆市	杜蒙县连环湖镇南岗村	杜蒙县胡吉吐莫镇东吐莫村
鸡西市		虎林市虎头镇虎头村
		密山市白鱼湾镇湖沿村
伊春市	新青区松林林场	上甘岭林业局溪水林场
		铁力市年丰朝鲜族乡长山村
		大箐山县朗乡镇达里村

续表

地区	2019年第一批(10个)	2020年第二批(21个)
双鸭山市	饶河县西林子乡小南河村	
	饶河县四排乡四排赫哲族村	
七台河市	勃利县青山乡奋斗村	勃利县勃利镇元明村
鹤岗市		萝北县东明乡红光村
黑河市		爱辉区瑷珲镇外四道沟村
		五大连池市朝阳乡边河村
		爱辉区新生乡新生村
绥化市		兰西县兰西镇永久村
大兴安岭地区	漠河市北极镇北红村	漠河县北极镇洛古河村
		呼玛县白银纳鄂伦春族乡白银纳村

资料来源：根据中华人民共和国中央人民政府网站统计整理。

二 黑龙江省乡村旅游的主要产品类型

（一）依托现有景区发展型

1. 依托现有景区发展型的优势

黑龙江省内大型且知名的旅游景区大多在乡村。这就为乡村旅游提供了大量的发展机会。坐落在大型、知名景区附近的乡村，充分利用景区的客流量发展乡村旅游。这种类型的乡村旅游产品是黑龙江省最普遍的一种。游客在观赏景区后，由于意犹未尽，或者有继续观赏其他景点或找个休闲去处的意愿时，就会选择景区周边的农家乐或度假村进行餐饮、住宿以及休闲活动。依托现有景区发展乡村旅游，积极推动了景区周边的乡村开设饭店、住宿、销售农产品以及休闲娱乐项目，为农民增加了就业和创业机会，提高了景区周边的农民收入，不仅有利于农村社会经济的快速发展，而且有利于景区的可持续发展。

2. 依托现有景区发展型的特点

首先，地理位置优越，风景共享。景区依托型乡村由于在成熟景区的周边，在地理位置上有明显优势，为乡村旅游的发展提供了地域上的可能。成熟风景名胜景区交通条件相对较好，一旦乡村旅游地与景区之间的交通连接通畅，再加上两地的文化、环境和旅游线路保持一致，就能使乡村与景区更容易实现综合发展。

其次，市场优越，客流集中。乡村的农家乐项目可以参与景区的部分服务接待功能，成为景区的后备旅游服务区。依靠景区的热度和客流，景区周围乡村已成为游客的天然聚集地，并逐渐在发展中拥有自己的市场份额，为乡村旅游发展提供了市场前提。

最后，资源优越，互补发展。乡村在生态景观和文化渊源上与景区具有一定的连续性，但主要发展方向是田园风情、民俗风情，这又与景区展现了差异性的发展。并且乡村旅游的开发是对景区旅游产品功能的一种有机补充，它将景区的服务功能分离出一部分，减少了旅游景区建设资金的投入压力，可使资金重点投入到具有特色的旅游配套设施和服务上，因此它与景区形成了差异化和互补发展的格局。

黑龙江省著名的以景区为依托的乡村旅游地有：亚布力镇青山村，依托4A级景区亚布力滑雪场；五大连池镇，依托5A级景区五大连池；渤海镇，依托5A级景区镜泊湖公园；还有如海林农场、凤凰山林场、大海林雪乡、北极村等一批特色鲜明、充满活力的乡村旅游地。

这里我们以亚布力镇青山村为例。尚志市亚布力滑雪旅游度假区是世界十大滑雪场之一，国家5S级滑雪场，国家4A级景区。近年来新增亚布力熊猫馆、雪地温泉体验、东北民俗体验等旅游项目。2018~2019年雪季，该度假区共接待游客56.8万人次，其中滑雪游客47.4万人次，较上年同期增幅9.3%。

青山村位于亚布力镇最南端，也是与亚布力滑雪场距离最近的村庄。1980年滑雪场建立之前，青山村村民和其他靠天吃饭的农民一样，销售农产品的收入是其主要的经济来源。随着滑雪场的建立与快速发展，青山村的村民抓住了靠旅游致富的机会。全村已有50户村民做起了农家风情的滑雪旅游接待工作，村里人基本在从事与滑雪、旅游相关的产业，每年的收入十分可观,成为远近闻名的富裕村。

(1)积极开办农家饭店和家庭旅馆

青山村的农家饭店以东北菜、家常菜为特色,家庭旅馆以东北特色火炕为主。2014年共27个家庭由于经营良好,游客满意度高,被亚布力滑雪协会授予星级农家乐。

(2)当地村民从事与滑雪产业相关工作

据了解,青山村大部分年轻人放弃外出打工的机会,选择留在本地从事与滑雪相关的工作,青山村90%的青年一代都会滑雪技能,当雪季到来、游客增多的时候,青年人会成为滑雪场内的指导教练,教授游客滑雪技能并获得相应的报酬,仅导滑这项工作就可以增加全村近千人的就业机会。除了滑雪教练外,滑雪场的管理、服务都需要人员,这就为滑雪场周边的村民提供了非常稳定的工作机会。[2]

(3)销售农副产品

青山村村民凭借当地生产的有机稻米以及特色农副食品,吸引游客选购,并增加了销量,提高了经济效益。

(二)依托少数民族发展型

依托少数民族发展型,是依托民族文化村寨、自治乡镇,开发具有原汁原味的民族文化体验的一种旅游产品类型。黑龙江地区少数民族文化旅游资源丰富,有十个少数民族世代聚居在省内,如鄂伦春族、赫哲族、蒙古族等。他们擅长钓鱼和打猎,或者擅长耕作或放牧。他们勤劳、朴素、勇敢,这些少数民族不仅继承了祖先的优良传统文化,并且保留了自己独特的民族传统,展示了北方不同的少数民族文化,这些独特的传统民族文化,在现代社会具有较强的吸引力。与旅游相关的资源品质高,许多文化旅游资源独特,非常有吸引力。

1. 依托少数民族发展型的优势

首先,少数民族地区独特的民族风俗与环境是在大多数汉族聚居的城市和乡村所没有的,那里的文化与环境是人们向往的,对其存有极大的兴趣。

其次,有助于民族地区的对外开放,培育新的发展思路。少数民族地区由于受生活环境、民族风俗习惯和经济发展等方面的影响，少数民族地区普遍面临文化素质低下以及资本积累观念、商品观念、价值观念落后等问题。乡村旅游的发展，来自祖国各地的游客大量涌入，打破了民族地区原有的封闭状态，形成了一定规模的人流、信息流和商品流，促进了少数民族与外界的多种交流，开阔了眼界，更新了他们的思想，并增强了其语言表达能力，改变了旧的生活习惯，从而提高了各方面的综合素养，并形成适应形势发展的新观念。

最后，旅游业的发展必定为当地的群众提供就业机会，增加劳动者收入。

2. 依托少数民族发展型的特点

一是具有民族和地方特色，民族风情乡村旅游依托各民族的风俗习惯，具有鲜明的民族特色；同时，少数民族文化又具有地方特色。二是具有流行性和传播性，民族风俗是民族地区人们普遍遵循的生活习俗，并且民族习俗会不断传播到其他地方。三是具有丰富的多样性，不同的民族形成了各具特色的文化传统，不同地域的文化也有差异。四是具有时代稳定性，民族风俗不论在哪个时代都具有自己的独特之处，不同时期会有不同的表现形式，并且这种表现形式一段时间内是稳定的。

近年来，黑龙江省民族乡旅游标准化建设力度不断加大，先后有多个民族乡旅游景区被国家评为 A 级景区。2014 年与 2017 年国家民委两次评选"中国少数民族特色村寨"，黑龙江省共有 21 个特色村寨上榜，上榜的特色村寨积极带动了少数民族特色旅游业的发展。

表 2　中国少数民族特色村寨（黑龙江省）

2014 年(4 个)	2017 年(17 个)
齐齐哈尔市梅里斯达斡尔族区雅尔赛镇哈拉新村	哈尔滨市南岗区红旗满族乡东升村
黑河市爱辉区新生鄂伦春族乡新生村	哈尔滨市双城区农丰镇双利锡伯族村
佳木斯市郊区敖其镇敖其赫哲族村	佳木斯市同江市街津口赫哲族乡渔业村
牡丹江市宁安市江南朝鲜族满族乡明星村	佳木斯市同江市八岔赫哲族乡八岔村
	黑河市爱辉区瑷珲镇外四道沟村
	黑河市爱辉坤河达斡尔族满族乡坤河村
	黑河市逊克县奇克镇边疆村等

资料来源：根据国家民委官网统计整理。

这里我们以同江市八岔赫哲族乡为例。八岔赫哲族乡八岔村位于同江市东北部140公里处,是赫哲族聚居区最早建立乡级人民政权的地方。全国赫哲族人口有5300多人,同江市有1565人,约占全国的1/3,其中八岔村赫哲族人口469人,占同江市赫哲族人口总数的约30%。村内有丰富的赫哲族历史文化资源和八岔岛国家级自然保护区,是少有的自然景观以及水产品特色养殖。

八岔村集体组建了赫乡田园文化旅游有限公司,并与北京鑫福海工贸集团和北京华润金源公司签订了生态旅游和康老合作协议,项目投资3000万元用于发展旅游业和特色种植。相继举办了赫哲龙舟赛、乌日贡节、渔猎文化节、冰上国际马拉松、大马哈洄游节、冬捕节等多项节庆赛事,并精心设计了"赫乡民俗体验之旅"等几条旅游线路。为了使旅游业更快发展和开通黑龙江省境内的观光线路,引资1200万元建造了两艘游船,并计划向俄罗斯开通国际航线。八岔村先后荣获"全国美丽宜居村庄""全国文明村""全国少数民族特色村寨"等荣誉称号。2017年,该村农民人均纯收入20996元,2018年人均纯收入21840元。2017~2018年两年,累计接待游客4.2万人次,实现旅游收入220万元,带动赫哲群众人均增收1000元以上。

鱼皮画是赫哲族特有的艺术品,也是赫哲人宝贵的文化遗产,有着重要的艺术和研究价值。为了促进民族旅游产品的发展,同江市大力发展赫哲族传统的鱼皮和鱼骨手工艺。截至2017年,同江市有5家从事鱼皮文化生产和管理的公司,以及20家家庭式作坊。工艺品达到20多个品种,其中包括鱼皮画、鱼骨画、鱼皮挂饰、鱼皮日用品及服饰等。[3]八岔村创办"赫金虐"和"赫哲姑娘"鱼皮手工艺合作社,培训工艺匠人50多名,通过制作精品鱼皮画、鱼骨挂件等手工艺制品,加工鱼松、鱼柳等鱼制品,村民合作开办了34家赫哲家庭旅馆、赫哲部落餐厅。

(三)依托现代农业发展型

1. 依托现代农业发展型的优势

现代农业的发展明显推动了农业进步和乡村振兴,并且对乡村旅游业也具有重要的推动作用。现代农业与旅游融合发展，使农业由第一产业向第三产业扩展，从单纯的种植扩展到全产业链模式。

2.依托现代农业发展型的特点

（1）现代农业园

依托现代农业可以发展现代农业园、现代农业新村、农场庄园，可以带动乡村经济发展，增加农村居民收入，激发乡村发展活动。

黑龙江省大力发展休闲农业与乡村旅游，很多农业园都积极开发了旅游产品。从功能来看，在农业的基础上延伸产业链条，增加了相应的多样服务，以现代农业发展为依托，将休闲观光、餐饮住宿、技术研发、博览购物、创意娱乐整合为一个产业链条，让现代农业园区的功能更全面、种类更丰富。

现代农业园主要有农业产业园、农业生态园、农业科技园、观光园等主要类型。园区根据自身发展的需要，设计多样的旅游产品，包括观光采摘、休闲餐饮、主题公园、养生度假、商务会议等。现代农业园是将农业功能不断拓展和延伸，是一种将农业和旅游业相结合的新型产业模式和消费业态。

这里我们以乔府现代农业产业园为例。乔府大院是黑龙江省著名的大米品牌，其种植基地，即乔府现代农业产业园位于五常市。园区内设有高标准水稻种植基地，占地20万亩，还拥有年加工能力达30万吨稻谷的自动化生产线。园区内的王家屯合作社近年来积极发展旅游产业，开设了稻花香生态体验区、观光长廊、稻田观景台和自行车环道等参与体验项目。除此之外，园区周边农户还开设了多家农家乐，现如今形成了集稻米种植与加工、文化展示与观光于一体的休闲农业体验区。

（2）现代农业新村

现代农业新村是以经济发达、积极发展乡村城镇化并且有意识地打造成有特色的目的地的村庄。从2013年起，农业部每年都会进行"中国美丽休闲乡村"的评选，截止到2020年，黑龙江省现代农业新村共计有27个（见表2）。

表3 中国最美休闲乡村——现代农业新村（黑龙江省）

2020年(8个)	2019年(7个)	2018年(4个)	2017年(3个)	2016年(4个)	2015年(1个)
佳木斯市汤原县汤旺朝鲜族乡金星村	牡丹江市穆棱市下城子镇孤榆树村	大海林林业局双峰林场（雪乡）	漠河县北极村	农垦红兴隆管理局八五三农场(燕窝岛)	尚志市元宝村
七台河市茄子河区铁山乡四新村	鸡西市虎林市虎头镇虎头村	宁安市小朱家村	农垦宝泉岭管理局绥滨农场	东宁市洞庭村	
齐齐哈尔市铁锋区扎龙镇查罕诺村	七台河市勃利县青山乡奋斗村	牡丹江市爱民区丰收村	甘南县兴十四村	肇东市飞跃村	
牡丹江市海林市长汀镇哈达村	齐齐哈尔市富裕县龙安桥镇小河东村	黑河市爱辉区外四道沟村		依安县新合村	
绥化市兰西县兰西镇永久村	大兴安岭地区呼玛县白银纳鄂伦春族乡白银纳村				
大兴安岭地区呼玛县鸥浦乡三合村	伊春市铁力市工农乡北星村				
双鸭山市宝清县小城子镇太平村	绥化市北林区双河镇西南村				
大庆市林甸县四合乡联合村					

资料来源：根据农业部网站统计整理。

这里我们以2018年上榜的雪乡为例。雪乡是黑龙江省乃至全国的冰雪旅游的名片。2001年其正式被国家旅游局命名为雪乡国家森林公园，雪乡旅游风景区坐落于长白山脉张广才岭与老爷岭的交会处，占地面积17916公顷，海拔高度1100米。降雪月份从每年的十月份开始至次年四月，雪期长达7个月之久，年均积雪厚度达2米左右，是世界上独一无二、不可复制的旅游景区。

2018年1月雪乡共接待游客29.45万人，同比增长11.98%；旅游产值达2.9亿元，同比增长12.55%。2019年除夕夜至大年初六，入园人数83303人，较上年同期增长10.75%，刷新了春节黄金周历史成绩。随着雪乡旅游业的不断发展，雪乡内的住宿条件也随之改善。雪乡内住宿可以选择标准的商务酒店和特色的家庭旅馆。据调查，雪乡内有两个大型商务酒店，分别是戴维斯度假酒店和雪韵阁大酒店。其中，戴维斯度假酒店为五星级酒店，共拥有客房117间。雪韵阁大酒店拥有各类型套房共计260套，还拥有民俗旅馆客房290间，原始木屋别墅以及东北特色旅服公寓110间。除这两家商务酒店之外，还有特色的家庭旅馆138个。雪乡风景区内的停车场，面积约为20000平方米，在旅游旺季停车场使用率达到90%。

(3) 农场庄园

农场庄园主要分为农场和庄园。农场是利用农业资源开发形成的规模化农场，并开展旅游活动，如黑龙江省垦区内的大型农场等。庄园是以某种特色产业为基础，开发形成的庄园，并开展旅游活动，黑龙江省有草莓庄园、薰衣草庄园等。

农场庄园乡村旅游具有以下两个特点：一是拥有独特的农业资源，依托其独特性吸引游客参观，向游客展示其生产与使用方式等。二是规模性。所谓农场、庄园必须是具有一定规模，或者在省内具有较大影响力的产业规模，游客会因其广阔的空间被吸引而来。

黑龙江省垦区总面积5.62万平方公里，垦区地大物博、风景优美，共拥有113个农场，这些农场是北大荒精神的代表，也是黑龙江省特有的农业资源和旅游资源。目前部分农场相继开展了旅游项目，正在积极推进农业与旅游的融合发展。

这里我们以友谊农场为例。黑龙江省友谊农场利用"天下第一场"现代化大农业优势，以挖掘文化内涵为根本动力，将农业观光发展延伸到吃、住、行、购等多方面。通过与企业合作，进行农机具展示并销售，2017年销售额达1300余万元；通过开设特色农家乐，半年创收100余万元。利用农场种植的西香瓜与鲜桃等特色产业,开设采摘项目,增加旅游收入,2017年农场接待游客10余万人次,创收5000万元,较上年增长43%。[4]

三 黑龙江省乡村旅游存在的主要问题

(一)旅游产品营销不到位

旅游营销是旅游发展的重要内容。随着乡村旅游产品差异化越来越小,而旅游消费者的需求不断变化,面对散客群体规模的持续扩大,传统市场营销战略已经难以适应当前的市场需求。目前游客更多地熟知城市周边的景区,但对于身处乡村的旅游产品却知之甚少,虽然其有吸引游客的产品与环境,但游客并不知晓这里的情况,不会来此旅游。目前游客能获取到的乡村旅游地信息,主要通过美团、大众点评、携程网等平台。平台上的宣传仅限于经营者单独的商品信息,信息量少、功能简单、缺乏管理等,游客无法获取更全面的信息,没有达到预期的营销效果。

以5A级景区镜泊湖为例,它地处牡丹江市宁安市渤海镇瀑布村。瀑布村大力发展乡村旅游,它离景区镜泊湖大门约2公里处,即峡谷路上开设了近40家饭店、旅馆、农家乐等旅游产品。游客在美团上搜索"镜泊湖",附近3公里内约25个可住宿的商户信息一目了然,游客可通过住宿条件、价格、与景区距离等信息进行预定。尽管游客对每个商户有了一定的了解,但对于没有去过的游客来说,对瀑布村乡村旅游的整体情况依然是一头雾水,只有实际到了此处,才知道整体环境是什么样子。

距镜泊湖景区6公里的地方,坐落着一个2018年被评为"中国最美乡村"的小朱家村,村里开设了多家农家乐、饭店、旅馆,游客可以进行住宿、餐饮、渡船等体验,是一个值得去的乡村旅游地。但由于营销手段落后,在网络平台上,搜索镜泊湖景区周边信息,无法搜到小朱家村的信息。由于它与镜泊湖景区关联性不大的原因,即使相距很近,游客对它也无法了解,导致失去了提高知名度与增加旅游收入的机会。同样,距离镜泊湖景区不远处,有一个叫"年夜墨家村"的乡村旅游地,由于缺少宣传,其旅游产业的发展也受阻。

(二)缺少夜旅游产品

夜间旅游是乡村旅游延长游客停留时间、深化资源开发的重要途径。目前黑龙江省的乡村旅游地,很少有夜间旅游的产品。随着城市娱乐生活的丰富,人们睡觉时间基本在晚上9点以后。选择在乡村居住的游客,晚饭后只能简单地在乡村附近闲逛,由于没有其他娱乐项目,只能早早地回到农家乐的屋中自娱自乐。

(三)旅游淡旺季明显

因节假日、季节变化、景区定位等因素影响,黑龙江省乡村旅游普遍存在淡旺季现象。据了解,依托镜泊湖风景区发展乡村旅游的渤海镇瀑布村,每年5~10月,作为旺季,客流量大,村中约40个商户基本能营业。淡季时,开门营业的商户不足1/4。再如,亚布力滑雪旅游度假区,旺季为每年12月至次年3月份,度假区内以及周边开发的住宿及餐饮生意火爆,但淡季来到时,尽管在"十一"小长假期间,度假区附近的住宿与餐厅营业率也不到15%。

四 黑龙江省乡村旅游的发展对策

(一)发展智慧旅游

智慧旅游即借助现代化的信息通信手段,实现旅游信息的充分交换、传播,从而促进旅游业各种要素关系的优化。当前,城市旅游的智慧化服务发展得很好,亟须提升乡村旅游服务的智慧化水平,要充分利用互联网优势,整合乡村资源,实现线上与线下的无缝对接,提升游客的旅游体验质量。[5]

2020年8月新推出的公众号"一部手机游黑河",是移动端在线的黑河市全域旅游服务平台。它不仅展示了黑河市全域旅游的手绘地图,还覆盖了吃、住、行、游、购、娱旅游全要素,全流程服务。如果能设计开设一款专门介绍景区周边的乡村旅游地的公众号,为游客提供线上、线下自助式旅游信息查询、门票购买、民宿预订、旅游商品购买等服务,使游客在游览著名景区后,能再深度体验乡村旅游带来的乐趣。这不仅给景区带来了更多的游客,同时使周边的乡村旅游地得到快速的发展,延长游客逗留时间,增加地区旅游收入。

(二)实施精准化宣传,实现客流量的增加

首先,各地市要加大本地区乡村旅游地的宣传力度。对于开发较好的乡村旅游地应当先使所在地市的市民熟知并前去游玩体验,再通过口碑吸引省内其他地市的游客。其次,乡村旅游地应积极提高网络平台营销水平,增强竞争力。乡村旅游的游客大部分是散客,通过自驾旅游的方式,自己安排行程,借助网络平台获取乡村旅游信息。乡村旅游地需要通过各大网络平台进行宣传,如美团、携程等,提高营销水平,才能增加客流量。最后,加大与旅行社和驴友团等机构的合作。对于非自驾的游客,大多会选择旅行社和驴友团去乡村旅游地。针对这种情况,在营销方面,旅游经营者或旅游企业要加大和旅游机构的合作,以增加客流量。

(三)创新旅游产品

1.积极打造夜间旅游项目

乡村旅游以白天观景为主,如果能打造夜间旅游项目,可以增加乡村旅游的吸引力,推动乡村旅游产业持续发展。打造夜间旅游项目,可以从以下几方面开发:第一,在乡村打造夜景观,即增加活动空间的色彩度和声效感,由此带动游客的喜悦感和兴奋度,烘托夜旅游氛围。[6]第二,增加夜活动,即充分利用乡村人文资源,强调游客的体验感,如开发农产品制作等活动。第三,增加夜表演,表演是夜间旅游项目中游客较为喜爱的形式,具有

很强的互动性。利用实景、戏台等场地开发特色表演,如戏曲、二人转等表演形式。第四,增加商街夜市,以乡村的休闲广场为人气聚集核心地,调动村民或商户经营特色农产品或手工艺品,这是游客消费的又一重要载体。

2. 增加亲子农业旅游产品

随着二孩政策的放开,"带娃出游"的休闲方式日益成为众多家庭常态化的假日选择。据统计,76%的旅游者选择孩子作为出游同伴。亲子农业是在农业生产的基础上进行延伸开发的,利用农业特色提供亲子体验场所。农民可以利用自己的优势,进行自主经营,如开设一大片菜园或农地,在农作物生长过程中,育苗、浇水、插秧、除草、施肥、采摘等环节都可以让城市中的父母与孩子动手体验,让不同季节到来的游客都能参与其中。这种旅游产品,不仅有趣味性还有教育性,既不影响农作物的生长与收成同时还增加了农民的收益。

(四)增加研学参观的旅游线路

黑龙江省作为国家重要的粮食生产基地,要充分利用农业大省的优势,提高农业与旅游的融合度,让游客们充分体验现代农业的发展历程和现状。重点宣传已经与旅游融合的现代农业企业,规划并设计出几条适合研学参观的乡村旅游路线,路线中包括黑龙江省著名的稻米企业、玉米企业、畜牧业企业、海产品企业等。这不仅加快现代农业大企业的旅游产业发展,并能丰富黑龙江省乡村旅游的产品,不仅提高周边农民的就业率与收入,还将提高黑龙江省现代农业的影响力。

参考文献

[1] 朱正杰:《黑龙江省乡村旅游发展现状与对策研究》,《黑龙江对外经贸》2011年第7期,第8~41页。

[2] 崔丽娟:《哈尔滨市亚布力滑雪场对当地农民收入的影响分析——以亚布力镇青山村为例》,《经济研究导刊》2012年第14期,第40~41页。

［3］杨晗：《黑龙江省少数民族旅游发展研究》，《黑龙江民族丛刊》2017年第6期，第58~64页。

［4］徐宏宇：《释放资源优势 强化市场营销 全力打造旅游经济增长新亮点——黑龙江省友谊农场发展旅游经济的探索》，《农场经济管理》2018年第3期，第16~18页。

［5］石斌：《全域旅游视角下乡村旅游转型升级的动因及路径——以陕西省为例》，《旅游经济》2018年第7期，第77~82页。

［6］《发展乡村旅游如何做到四季全时，淡季不淡？》，乡村与旅游网站，2020年10月12日。

B.14
黑龙江省康养产业发展研究[*]

宋晓丹[**]

摘　要： 提升人民群众的幸福感和获得感，是实现中国梦的重要基础。随着亚健康人群数量的不断增加，健康养生逐渐成为热点和潮流，健康养生也不再是老年人群的专属，不论是都市白领，还是中年人，都越发关注如何通过养生手段使自己更健康，生活得更有质量，由此也为康养产业发展开拓了巨大的空间。近年来，黑龙江省正通过利用优质生态资源发展康养旅游，加大养老产业招商力度，召开森林康养研讨会，建议建设国家级康养医疗先行区等方式加快发展黑龙江省康养产业。本文以黑龙江省人口老龄化、慢性疾病比例偏高以及政府对国民健康的高度重视等方面为切入点，对龙江康养需求及成因进行分析。在介绍其基本现况的同时，指出黑龙江省康养产业发展面临着特色康养体系尚未形成、康养设施供给数量有限、精准化养老服务体系有待建立的问题。未来，通过发挥优良的资源优势，开拓创新，在康养产业的广阔市场中，黑龙江省一定会占有一席之地。

关键词： 老龄化　康养旅游　森林康养

---

[*] 本文为黑龙江省哲学社会科学项目"黑龙江省大小兴安岭生态产品价值实现路径研究"（20JLH040）阶段性研究成果。
[**] 宋晓丹，黑龙江省社会科学院经济研究所助理研究员，研究方向为区域经济、发展经济学。

国民健康既关系着个人也牵动着国家,到2030年中国的健康服务业总规模将达到16万亿元,健康中国战略将"健康中国人"赋予前所未有的高度。康养产业是顺应中国社会结构变化和居民需求新变化的新兴产业,它在中国蕴藏着巨大的市场空间和发展潜力。大健康时代,消费者对健康的需求表现在预防、治疗、修复、康养"四结合",康养也衍生出对健康状态的保养、亚健康状态的疗养和临床状态的医养。森林康养、气候康养、海洋康养、温泉康养等也分别呈现出不同自然资源的康养类型。

一 黑龙江省康养产业的需求分析

随着物质生活水平的逐步提升,国家对公民健康的重视程度正在不断加强,推动健康中国建设,从中央到地方积极应对人口老龄化趋势,实施健康中国战略,大力加强健康养老、健康养生、康养旅游业等融合发展。发展康养产业被认为是养老刚性化和养生常态化的两强需求。

(一)人口老龄化形势日趋严重

老龄人口比例不断上升是经济社会发展进步的产物,是21世纪人类社会共同面临的重大问题。《大转折:从民生、经济到社会——老龄社会研究报告No.1(2019)》表明,"长寿、少子、迁移是推动中国老龄化的动力,1999~2022年中国进入快速老龄化阶段,2023~2036年进入急速老龄化阶段,2037~2053年进入深度老龄化阶段,2054~2100年进入重度老龄化阶段"[1]。中国人均期望寿命从1981年的67.9岁增长到2017年的76.7岁,36年间增长8.8岁。老龄人口数量的不断增长,平均期望寿命的不断提升,一方面说明中国人民生活水平在提高和医疗卫生事业在进步,另一方面也预示着养老将给社会、家庭带来巨大的责任和压力。

---

[1] 《大转折:从民生、经济到社会——老龄社会研究报告No.1(2019)》,老龄社会30人论坛专题研讨会,2019。

黑龙江省老年人基数比较大，面临人口老龄化的压力越大。由图1可见，2014～2018年五年间，黑龙江省65岁及以上人口呈现逐年上升趋势，2018年相比于2014年，增加近100万人。2014～2018年五年间，黑龙江省65岁及以上人口占全省总人口的比重分别为10.1%、10.9%、11.6%、12.0%、12.9%，也呈现逐年上升的趋势。然而，黑龙江省人口出生率却呈现下降趋势，2008～2017年十年间，黑龙江省人口出生率从2008年的7.91‰下降到2017年的6.22‰，尤其是2014～2015年，人口出生率呈现大幅度下降（见图2）。李新颜（方正和生投资）认为，老龄化是一个人口结构性问题，低生育率加速老龄化，深度老龄化凸显养老及劳动力短缺问题。①

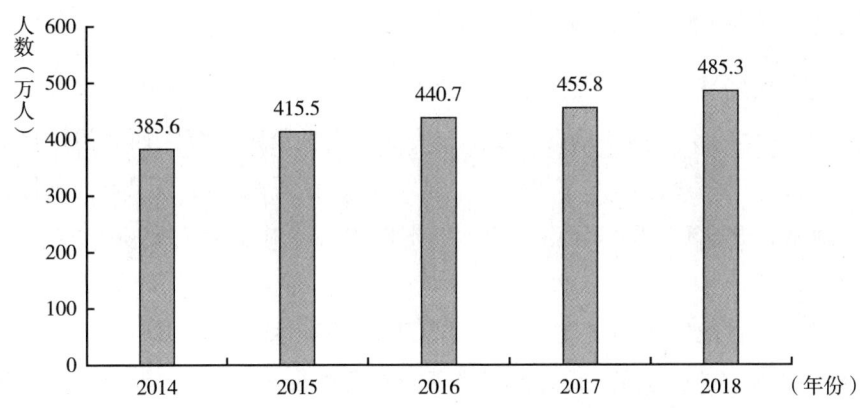

图1　2014～2018年黑龙江省老龄人口变化趋势

资料来源：《黑龙江省国民经济和社会发展统计公报》（2014～2018年）。

（二）慢性疾病比例偏高

慢性疾病的发生同吸烟、酗酒、不健康的饮食习惯、身体运动过少等因素有着密不可分的联系，同时也与遗传、气候、医疗条件等存在关联。慢性疾病不仅可以导致人体重要器官（大脑、心脏、肾脏）的损害，还会因长

---

① 长江产经研究院：《人口出生率低对未来经济社会的影响》，长江产经智库，2018年1月23日。

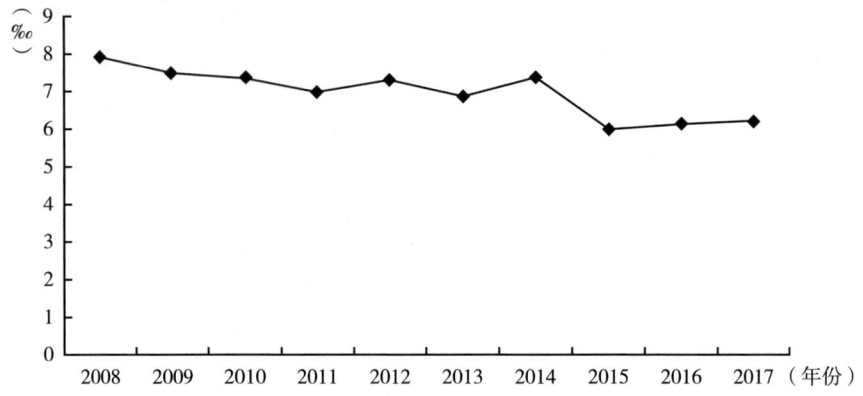

图 2　2008～2017 年黑龙江省人口出生率情况

资料来源：国家统计局网站。

期用药增加经济负担。并且中国慢性疾病的死亡率已经由 2008 年的 83% 上升至 2018 年的 86.6%，癌症、心脑血管病、慢性呼吸系统疾病等慢性疾病是造成死亡的主要原因，占 79.4%。另外，还有高血压占 25.2%，慢性阻塞性肺病占 9.9%，糖尿病占 9.7%。未来 10 年，中国将有 8000 万人死于慢性疾病。

黑龙江省地处高纬度地区，冬季气温最低可达零下 30℃（哈尔滨市）至零下 40℃（大兴安岭），为抵御严寒，居民对油、盐、肉、酒的摄入量较高，且户外活动较少，因此导致包括心脑血管疾病、慢性呼吸系统疾病、口腔疾病、癌症、糖尿病等在内的慢性病患病率明显高于全国平均水平。《黑龙江省卫生计生与人群健康状况报告》显示，截至 2013 年，黑龙江省因慢性病导致的死亡占全部死亡的 88%，高血压、冠心病、脑卒中等发病率均居全国前列，慢性病已占黑龙江省疾病总负担的 70% 以上。[①]

（三）健康的高度重视

从中央到各级人民政府都给予健康高度重视，不仅出台实施多项同健康

---

① 黑龙江省人民政府办公厅：《黑龙江省防治慢性病中长期规划（2017—2025 年）》，2017 年 11 月 28 日。

紧密相关的政策方案,还从实际层面促进国民健康。在国家层面,印发《"健康中国2030"规划纲要》,印发并实施《国民营养计划(2017—2030年)》《关于坚持以人民健康为中心推动医疗服务高质量发展的意见》,出台《健康中国行动(2019—2030年)》《关于规范家庭医生签约服务管理的指导意见》等。将包括12种实体肿瘤药物和5种血液肿瘤药物在内的17种抗癌药物纳入医保,使这些曾经价格高昂的抗癌药物的支付标准平均降幅达56.7%。赋予家庭医生可开具4~8周长期处方的权利,有效减少病患跑医院的次数。

为有效践行健康中国战略,更好地服务于百姓的医疗需求,让人民群众获得更高水平和满意的健康服务,近年来,黑龙江省先后印发《"健康龙江2030"规划》《黑龙江省"十三五"深化医药卫生体制改革规划》《黑龙江省健康老龄化行动计划(2018—2020年)》《黑龙江省2018年度母婴安全行动计划实施方案》《黑龙江省2018年度健康儿童行动计划实施方案》《黑龙江省中医药产业发展规划》《优化医疗卫生环境做到"看病不求人"的实施意见》《黑龙江省改革完善医疗卫生行业综合监管制度的实施意见》等。

二 黑龙江省康养产业发展的现状

康养产业作为现代服务业重要的组成部分,在国内已经发展成集医疗康养、旅游康养、森林康养、运动康养等产业集群,是具有强大生命力的朝阳型产业。医疗服务质量的提高、参保意识的提升、康养游客的增加、森林康养作用的凸显,都在持续推动黑龙江省康养产业的良性发展。

(一)医疗卫生机构的基本现况

提供优质高效的医疗卫生服务,提高医疗服务效率,提升医护人员的技术水平是推动医疗服务高质量发展的必然要求。满足人民群众多层次、多元化的健康需求,不仅能够保障患者的健康权益,也能够让人民群众的获得感进一步增强。2013~2017年,黑龙江省医院数量逐年上升,2017年比2013

年增加了96家医院;药师人数上,2016年药师人数最多达到1.16万人,2013年和2015年持平为1.15万人,2014年和2017年持平为1.14万人;医院床位数量增加较快,从2013年的15.13万张增加到2017年的20.08万张,增加近5万张;医疗卫生机构数呈现逐年递减趋势,2017年的医疗卫生机构数量相较于2013年的21369个,减少了1086个。

表1 2013~2017年黑龙江省卫生机构基本情况

年份	医院数(个)	药师数(万人)	医院床位数(万张)	医疗卫生机构数(个)
2013	993	1.15	15.13	21369
2014	1002	1.14	16.31	21229
2015	1012	1.15	17.36	20752
2016	1031	1.16	18.15	20375
2017	1089	1.14	20.08	20283

资料来源:国家统计局网站。

(二)养老保险参保的基本现况

通过改善民生,让人民群众的获得感和幸福感不断增强,为人民造福、为人民谋利,是彰显以人为本、人民至上的价值取向。2013~2017年五年间,黑龙江省离退休人员、在职职工和城镇职工参加养老保险的人数均呈现上升趋势。2017年黑龙江省城镇职工参加养老保险人数增幅较大,比上年增加近62万人;离退休人员参保人数相比2013年增加突破100万人(见图3)。2015年至今,黑龙江省先后5次出台失业保险降费率政策,失业保险总费率由3%降低至1%,全省减轻企业负担64.5亿元;自2019年5月1日起,黑龙江省城镇企业职工和机关事业单位基本养老保险单位缴费比例由原来的20%统一调整为16%,据测算,2019年5~12月,黑龙江省企业将减负43亿元。①

---

① 《黑龙江养老保险单位缴费比降4个百分点,据测算企业减负43亿元》,见黑龙江省人社厅微信公号"黑龙江人社",2019年5月18日。

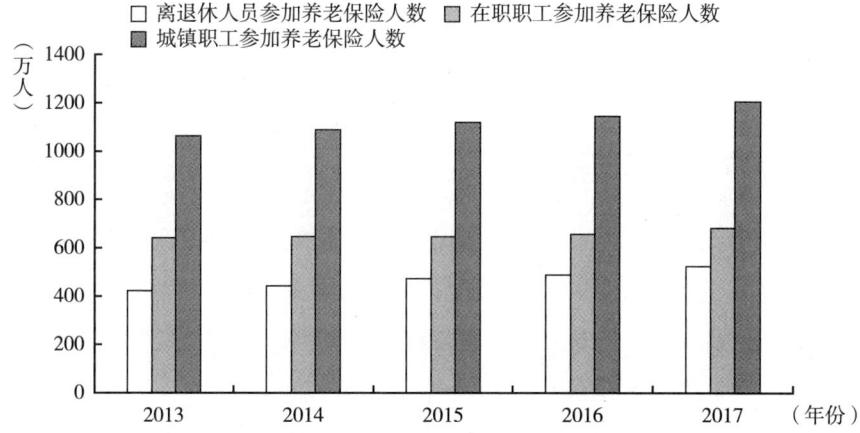

图 3　2013～2017 年黑龙江省参加养老保险的基本情况

资料来源：国家统计局网站。

（三）康养旅游的基本现况

康养旅游在国际上一般被称为医疗健康旅游。它是指通过养颜健体、营养膳食、修身养性、关爱环境等各种手段，使人在身体、心智和精神上都达到自然和谐的优良状态的各种旅游活动的总和。[①] 根据中国产业信息网对康养旅游行业发展的分析，到 2020 年中国康养旅游市场规模达千亿元。2017 年，黑龙江省启动健康旅居养老和文化休闲旅居养老示范基地创建工作，面向省内外、国内外有文化养老和健康养老需求的老人，突出森林氧吧、绿色生态食品配餐、老年病防治三大特色，开发"南病北治，北药南用"服务。2018 年，黑龙江省依托原生态优势，明确"旅游+康养"等八个融合发展方向，共接待国内外游客 1.82 亿人次，实现旅游收入 2244.02 亿元，同比分别增长 10.98% 和 17.55%，省外老年人到黑龙江省度假旅居的人数超过 200 万人。2018 年，黑龙江省五大连池入选 40 家首批国家旅游示范单位，成为 5 个中国康养旅游示范基地中的一个。2018 年，黑龙江中国北药园和

---

① 《国家旅游局公告 2016 年 1 号〈国家康养旅游示范基地〉行业标准》，2016 年 3 月。

黑龙江伊春桃山玉温泉森林康养基地进入首批"国家中医药健康旅游示范基地创建单位名单"。2019年,黑龙江推出"火山康养"主题文化旅游产品。

(四)森林资源的康养作用

森林康养是森林旅游的深化,是以保健、养生、养老等改善深呼吸健康活动为主要目的的旅游。[①] 2017年中央一号文件提出,"利用'生态+'、'旅游+'等模式,推进农业、林业与旅游、教育、文化、康养等产业深度融合"。黑龙江省森林覆盖率为46.14%,居东北三省首位。优良的生态环境,赋予黑龙江省丰厚的森林天然物产,它们是原生态、无污染、健康、安全、不乏绿色美味的谷蔬食材。产自黑龙江省大森林里的野生蓝莓、山野菜、黑蜂蜜、黑木耳、野生榛蘑、松茸、猴头菌、东北林蛙、东北野山猪、大果沙棘等,不仅营养价值高易于人体消化与吸收,且有医疗功效能够增强人体免疫力,还可实现药食同源的作用。这其中,饶河黑蜂采集的蜂胶,降糖降血压效果非常明显,黑蜂蜂王浆蛋白质含量高于全国平均水平;东北林蛙唯中国仅有,适于体弱多病者及老人食用,具有很高食补价值,且是集药用、食补、美容功能于一体的食材;沙棘果实可以广泛应用于食品、医药、轻工、航天、农牧渔业等国民经济的许多领域。在全国四个批次的森林康养基地试点建设单位中,黑龙江省除第二批次中没有入围单位,在第一批次、第三批次和第四批次中分别有2家、5家、6家单位入围。

三 黑龙江省康养产业发展中存在的问题

近年来,黑龙江省的康养产业正在加快发展,利用优质生态资源发展康养旅游,对养老产业加大招商力度,召开森林康养研讨会,并提出希望尽快建设黑龙江省国家级康养医疗先行区的建议。同时,在康养产业发展进程

[①] 梁云凤、胡一鸣:《中国特色康养经济研究》,经济管理出版社,2019。

中,也面临着特色康养体系尚未形成、康养设施供给数量有限、精准化养老服务体系有待建立的问题。

(一)尚未形成特色康养体系

康养体系建设是指以保障高龄、失能半失能、失智老年人为重点,积极构建以居家为基础、社区为依托、机构为补充、医养相结合的养老服务体系,从而不断满足老年人对康养服务的需求,促进健康老龄化。[①] 前瞻产业研究院研究显示,旅游康养、森林康养以及初始尝试"医养"结合是黑龙江省康养产业已经形成的三种模式,但相比于国外成熟的健康医学体系或国内完善的养生产业结构体系,黑龙江省系统完善的康养产业体系尚未形成。2016年在哈尔滨建成使用的"星源国际康养中心",才刚刚填补了北方医养项目的空白,并标志着北方医养结合的开端。参考国内外成熟案例,以美国健康医学体系为例,养生项目体系涵盖健康护理医疗、能量康复、精神康复、营养美食等在内的13项健康管理项目,其竞争力在于有强大的特色养生技术。以云南普洱为例,在度假型养老模式下,搭建和完善养生产业结构体系,包括支撑产业(医疗、生物医药、养生文化、生态农业)、核心产业(养生旅游、养生地产、休闲度假)和衍生产业(特色养生产业、保健品产业、健康管理服务产业、养生产品加工、养生设备制造、健康数据信息服务产业)。2019年浙江省民政厅聚焦康复产业与养老服务,将"加快推进康养体系建设"设为省领导重点调研课题。

(二)康养设施供应数量亟待增加

相较于南方康养产业的成熟地区,黑龙江省康养产业尚处于初始阶段,康养基础设施供应严重不足是全国范围内共同面临的问题。黑龙江省康养设施拥有数量与需求量相比也存在很大的差距。根据黑龙江统计年鉴,2017年黑龙江省康复医院仅有6家,康复医院的床位数占医疗机构总床位数的

---

① 《浙江:康养体系建设试点启动 让失能失智老人在家门口康养》,新华社,2019年7月20日。

4.5‰，护理院和疗养院各有2家。《我国医疗卫生发展水平分析》课题组研究成果表明，全国范围内，黑龙江省在医疗综合发展水平、医疗卫生设施、医疗卫生人员、医疗卫生服务、医疗费用、居民健康与保障分别排名第29、19、26、31、7、21。黑龙江老龄工作委会议指出，截至2019年4月，黑龙江省60岁以上老人已达748.4万人，每5人中就有一位60岁以上老人。而全球养老服务排名第一的瑞士，有大约25%的老年人会选择机构养老，平均每位入住养老院的老人会配备一名护理人员，基本能够做到一对一服务。并且康养基础设施的提供需要同该地区打造的康养主题相对应，如以温泉养生为主题的康养区域，就应当注意供电、供热、给排水、生态环保厕所、停车场、水上游乐场、各类泡池、餐饮、住宿、购物等诸多方面的设计与建设。

（三）养老服务体系精准化有待加强

养老服务体系精准化是高质量发展养老服务的具体体现。黑龙江省老龄委主任孙东生表示，黑龙江省的老龄事业发展形势严峻，存在短板和问题，在老年医疗资源配置，家庭、社区、养老机构的功能定位，养老服务体系建立健全等方面有待推进和强化。由此也表明，黑龙江省的养老服务体系还未达到精细化。中国养老网显示，养老服务精细化要从精细化识别、精细化供给、精细化管理和精准化支持四个板块提升养老服务水平。精细化识别可以更为清晰地掌握老年人的生活状态、身心情况等，为满足老年人需求提供依据。精细化供给可以将养老服务分为医疗、精神慰藉、临时照料、保健服务等；或是日间照料、老年医院、24小时照料部门、医院、家庭与托管所等，根据不同需求提供个性化养老服务。精细化管理可以是社会事务部门、健康部门等多部门协同合作，构建即时互动平台推动精细化全程监管，精细养老服务需要的专业化、高质量、高素质的人才队伍建设。精准化支持可以是通过住房、保健津贴与退休金等为老年人提供良好的生活保障，利用"互联网+"为养老服务提供精准化支持。黑龙江省精准化养老服务体系的建立，必须加快步伐，以有效满足全省老年人多样化、多层次的养老服务需求。

四 黑龙江省发展康养产业的对策建议

康养产业的发展,需要多业态融合发展,黑龙江省应充分利用好生态资源优势、乡村资源优势、中医药资源优势,明晰健康养老的市场需求,重视青壮年消费群体需求,积极开发适于黑龙江自有优势的康养项目,努力将康养产业做大做强,培养成为黑龙江省新的经济增长点。

(一)要充分发挥好乡村资源优势

《乡村振兴战略规划(2018—2022年)》明确提出,发展壮大乡村产业,发掘新功能新价值,顺应城乡居民消费拓展升级趋势,结合各地资源禀赋,深入发掘农业农村的生态涵养、休闲观光、文化体验、健康养老等多种功能和多重价值。①康养产业作为新兴的绿色产业,不仅顺应城乡居民对健康养生服务的需求,为城乡居民拓展了新的消费渠道,同时也给乡村振兴创造了新的经济增长点和新的经济增长动能。快速的生活节奏,生存压力,使生活于城市之中的人们越发向往乡村生活。清新的空气,安静的环境,绿色无公害的蔬果,秀美的田园风光,会让紧张烦躁的心情慢慢放松下来,因此康养产业将成为都市一族优选的消费增长点。周末或假日,偕同父母妻儿到城市周边的乡村进行田园采摘,感受亲手收获新鲜蔬果的喜悦,品尝农家饭菜的醇香,尽享天伦之乐。

(二)要充分利用好中医药资源优势

中医药承载着中华民族传统文化,蕴涵着人类对生命和健康的认知理念。"预防、养生、保健、调理、治疗、康复"是中医药的六大特色。习近平总书记曾说:"中医药学凝集着深邃的哲学智慧和中华民族几千年的健康养生理念及其实践经验,是中国古代科学的瑰宝,也是打开中华文明宝库的

---

① 中共中央、国务院:《乡村振兴战略规划(2018—2022年)》,2018年9月26日。

钥匙。"康养产业发展必然与中医药不可分割,中医药的形神共养、药食同源等通过养身、养心,使人的生理、心理和精神各方面相互协调,是最佳的康养理念。黑龙江省具备良好的中医药资源优势,非常有利于康养产业的发展。黑龙江中药材资源丰富,中药加工企业产业实力较强。2018年黑龙江省中药材种植面积124.6万亩,种植面积在500亩以上的品种有30余个,总产量约25万吨。①刺五加、板蓝根和五味子的销售分别占全国市场份额在80%以上、50%以上和30%以上,拥有黑熊、棕熊、梅花鹿、林蛙等为重点的药用动物驯养繁育基地。2011~2017年黑龙江省中药加工企业主营业务收入年均增长7.3%,占医药制造业比重从2010年的18.1%提升至2017年的26.4%。②中医服务能力较强,黑龙江中医药大学附属第一医院、附属第二医院和黑龙江省中医医院等三家医院进入全国百强中医医院,占东北三省的60%。③

(三)要明晰健康养老的市场需求

《中国康养产业发展报告(2017)》指出,"2030年中国老年康养产业市场消费需求将达到20万亿元。"全国老龄办数据显示,在城市老年人居家养老服务需求中,老年餐桌和家政服务需求强烈,比例高达42.2%和33.3%;老年人对康复服务、长期照料的需求也不断增长,比例达到了21.4%和20.6%。④高比例的居家养老服务需求,表明人才市场中家政服务员、住家护理员、家庭医生、医院护工等人才的供给不足。并且必须注意的是,家庭老人看护并不仅是简单照顾老人餐食和清洁工作,还应具备基本的用药方法和常识、医疗器械的使用、膳食的营养搭配等。让老年生活有趣

---

① 黑龙江省发展和改革委、省工业和信息化厅、省农业农村厅、省卫生健康委、省中医药管理局:《黑龙江省中医药产业发展规划》,2019年5月。
② 黑龙江省发展和改革委、省工业和信息化厅、省农业农村厅、省卫生健康委、省中医药管理局:《黑龙江省中医药产业发展规划》,2019年5月。
③ 黑龙江省发展和改革委、省工业和信息化厅、省农业农村厅、省卫生健康委、省中医药管理局:《黑龙江省中医药产业发展规划》,2019年5月。
④ 《养老产业市场供给情况分析及养老机构数量分析》,中研网,2019年8月16日。

味、有质量、有尊严,是对康养服务提出的更高层面要求,面向老年人群体开发设计的活动设施、理疗器械、手机 App 等,更要具有代表性、针对性和可操作性。《关于完善促进消费体制机制 进一步激发居民消费潜力的若干意见》提出,健康养老家政消费,健全以居家为基础、以社区为依托、机构充分发展、医养相结合的多层次养老服务体系,为老年人提供治疗期住院、康复期护理、稳定期生活照料、安宁疗护一体化的健康养老服务;大力发展老年护理和长期照护服务,引导家政服务业专业化、规模化、网络化、规范化发展。[①]

(四)要更加重视青壮年消费群体需求

虽然老年人群和亚健康人群被视为康养产业主要目标群体,但青壮年消费群体也不容忽视。一方面,亚健康的发生对象大多集中在青壮年人群,另一方面,青壮年就是未来的老年人群体。数据显示,目前中国 80 后大约有 2.3 亿人,90 后大约有 1.7 亿人,00 后有 1.5 亿人。90 后和 80 后人群处于 22~41 岁之间,这个年龄群体多数是独生子女一代,他们大多已参加工作,结婚或有家庭,家里有一个或两个孩子,不久或已经需要担负起父母的养老责任。他们有一定的经济基础,并且具备较强的购买能力,但面临着巨大的工作和生活压力,熬夜、吸烟、过量饮酒、不吃早餐、就餐多以外卖为主等,造成体检结果往往不达标。因此他们更需要关注身体健康,对康养产品的需求占有一定的市场份额。青壮年的康养需求更加倾向于旅游康养、饮食养生(阿胶、枸杞、多种维生素补充等)、运动康养(瑜伽、普拉提、八段锦等)、中药养生(艾灸、药茶等)以及茶道、插花等传统文化课等。因此,在康养产品设计与供给上应同样重视青壮年消费群体的需求。

---

① 中共中央、国务院:《关于完善促进消费体制机制 进一步激发居民消费潜力的若干意见》,新华社,2018 年 9 月 20 日。

参考文献

梁云凤、胡一鸣：《中国特色康养经济研究》，经济管理出版社，2019。
《养老服务如何才能"精准化"》，中国养老网，2018年12月14日。

B.15 黑龙江省粮食产业发展研究

孙国徽*

摘 要： 面对新冠肺炎疫情全球暴发及近两年全省台风、过多雨水的自然灾害影响，黑龙江省粮食产业发展压力巨大。由于疫情、自然灾害带来的影响不大，粮食产量继续增长，粮食产业链不断延拓，产能持续增加，粮食销售和品牌建设推动了粮食产业高质量发展。但是黑龙江省粮食生产能力还有待提升，粮食加工压力尚在，人力资源短缺，实力弱小企业占比依然很大等问题还依然存在。在"十四五"起步之年，黑龙江省要做好粮食产业发展规划，发挥科技引领作用，充分建立大数据平台，不断延拓粮食产业链，实施人才战略等，从而推动粮食产业高质量发展。

关键词： 粮食产业　农业发展　黑龙江省

农业是黑龙江省最具优势的产业，2020年其粮食产量实现"十七连丰"，且总产量稳居全国之首。黑龙江省坚持贯彻习近平总书记关于黑龙江的重要讲话精神，落实省委省政府"六个强省"战略部署，深入推进"农头工尾""粮头食尾"和农业强省战略的实施，必须加快推进黑龙江省粮食产业高质量发展。

---

* 孙国徽，黑龙江省社会科学院农业和农村发展研究所助理研究员，研究方向为农业生态经济与区域发展。

一 黑龙江省粮食产业发展现状

近两年，黑龙江省粮食生产受到自然灾害台风和雨涝的考验，倒伏和水淹影响了一定的产量，但依然没有阻止增产的势头。2020年，黑龙江省粮食产量继续保持增产态势，为粮食产业的发展奠定了良好的基础。

（一）粮食生产逆势向好

2019年，受台风、雨涝灾害影响，粮食生产受到一定的影响，且粮食种植结构调整减少了玉米种植面积，增加了大豆种植面积，以上因素对粮食产量增长带来一定压力。即使如此，2019年粮食仍保持增产态势。2020年，多次台风侵袭，但作物接近成熟期，并未造成太大影响。

粮食产量稳居全国首位。2019年，全省粮食产量1506亿斤，占全国粮食产量的11.3%，其中水稻、玉米、大豆产量分别为5327亿斤、7880亿斤、1562亿斤，分别占全国12.7%、15.1%、43.1%，均居全国首位。2020年，全省粮食产量仍保持增长，总产量将超过1508亿斤，实现"十七连丰"。

粮食生产基础良好。目前，全省已划定粮食生产功能区和重要农产品生产保护区1.68亿亩，占所有耕地面积的80%，并已建成高标准农田8548万亩，其中高效节水灌溉农田1958万亩。国家级科研平台所实现的农业科技进步贡献率高于全国8.5个百分点。全省绿色有机食品认证面积8120万亩，约占全国1/5。

规模经营水平较高。2019年，全省200亩以上土地规模经营面积1.28亿亩以上，占比达到53.6%。

（二）粮食加工产业较快发展

1. 粮食加工产业发展较快

粮食加工量大幅度增加。从2019年粮食外运完成的情况看，外运量同比均呈大幅下降趋势，原粮外运量下降幅度达218.4%，大米、稻谷、玉米和大豆均同比下降，其中玉米降幅达 130.5%（见表1）。在总产量增加的情况下，外运量降低可以判断原粮本地消化数量增加，即粮食本地加工的数量增加。据预测 2020 年全省玉米深加工产能将达到 3340 万吨，与 2018 年相比增长 87%。而 2020 年 1~6 月，全省粮食加工原料消耗 381.2 亿斤，同比增长 12%（见表2），其中，水稻和玉米加工量同比分别增加 10.8 亿斤和 32.8 亿斤。粮食加工企业的数量和加工能力提升。从加工企业看，全省规模较大的玉米加工企业 52 家，水稻加工企业 1032 家，大豆加工企业 85 家，年加工能力分别为 2171 万吨、3809 万吨、546 万吨，加工能力同比大幅度增长。

表1　2019年1～12月黑龙江省粮食铁路外运完成情况

单位：万吨，%

项目	累计完成	同期比
折原粮合计	2749.4	-218.4
实际粮合计	2609.4	-194.2
大米	326.6	-56.5
稻谷	27.7	-11.3
玉米	2064.6	-130.5
大豆	133.6	-9.9
小麦	6.5	0.7
其他	50.4	13.5

资料来源：黑龙江省粮食局。

表2　2020年1～6月黑龙江省粮食加工业运行情况

原料消耗（亿斤）	同比（%）	工业总产值（亿元）	同比（%）	主营收入（亿元）	同比（%）	净利润（亿元）	同比（%）
381.2	12	560	17	582.7	21	11.3	130

资料来源：黑龙江省粮食局。

2. 产业链条不断延拓

玉米、大豆和水稻产业不断延拓，产品结构形成了多元化。玉米加工由简单的酒精、淀粉扩展到赖氨酸、谷氨酸钠、麦芽糊精、食用油、变性淀粉等 5 大系列 30 多个品种，延伸到 20 多种生物活性高分子中下游产品。从玉米加工，扩展到玉米芯、秸秆综合利用等附属品加工。产品由食品、饲料扩展到更多的工业产品，包括医药、精细化工、能源等领域。大豆加工产品从大豆油、豆粕、传统食品为主向蛋白粉、豆奶粉、豆浆粉、高质量纳豆等精深加工产品扩展。水稻加工产品主要有大米、即食米饭、休闲食品、稻米油等。

3. 粮食加工产业效益明显

2019年，玉米加工企业实现加工产值418.2亿元，大豆加工企业实现加工产值400亿元左右，同比加工产值均大幅度增长。玉米加工吨粮产值达到2338元，同比提高344元；大豆加工吨粮产值达到6982元，同比提高1426元。水稻、玉米、大豆和饲料加工营业收入同比均实现增长，其中玉米加工增幅达到43%，水稻加工增幅13%。2020年1～6月，粮食加工业主营收入582.7亿元，同比增长21%；净利润11.3亿元，同比增长130%（见表2）。

4. 粮食加工产业支持政策到位

为扭转全省大豆加工企业整体效益较差，促进全省大豆加工产业健康快速发展，经省政府批准，对大豆加工企业符合条件的固定资产投资、技术研发费用予以补助，对流动资金贷款予以贴息。该措施自2019年1月1日起执行，分年度实施，执行期暂定3年。目前经企业所在地政府申请，38户大豆加工企业补贴已经进入省级复核阶段。

（三）粮食展销会和品牌建设助力粮食产业发展

1. 重要的节会活动助推粮食产业发展

通过绿色食品博览会、黑龙江国际大米节和黑龙江金秋粮食交易暨产业合作洽谈会推动黑龙江粮食的品牌建立和品牌效应的发挥，打造了黑龙江粮食购销和粮食产业项目合作洽谈的对接平台，推动了黑龙江粮食产业的发展，为"黑龙江好粮油"走向全国乃至国际市场、国家粮食安全"压舱石"作用的发挥起到重要的作用。"绿博会""大米节"期间，来自13个国家和地区以及21个省的1381家企业参展，线上参展企业1404家。参展产品品类全范围广,涵盖15个领域1974种产品。实现合作签约金额25亿元左右,现场交易金额1296.06万元,线上直播带货金额126.22万元。

2.粮食品牌建设取得良好效果

2017年,黑龙江省推出"黑龙江省好粮油中国行"营销活动,搭建了"黑龙江省好粮油"营销平台,"黑龙江省好粮油"联盟成立,"黑龙江大米、更好的东北大米"的品牌形象已经被树立,"黑龙江好粮油"系列标准制定充分诠释了黑龙江粮油产品的独特品质,以"黑龙江好粮油中国行""十城万店"的营销策略提高了龙江特色粮油产品的品牌知名度和市场占有率。同时,五常大米、庆安大米、方正大米被评为"全国大米十大区域公用品牌",五常圣上壹品大米、庆安双洁大米等被评为"2018年中国十大最好吃米饭"。"五常大米"品牌价值678亿元,列全国大米类第一位。2019年,全省淘宝大米销售额4亿元,占全国总销售额13%,销量居全国第一。

二 黑龙江省粮食产业发展存在的主要问题

2020年黑龙江省粮食产量又创佳绩,实现"十七连丰",加工能力和实际加工量大幅度提升,粮食产品销售和品牌效应也明显向好。但从整个粮食产业发展看,仍然还存在很多问题。

(一)粮食生产能力还有待提升

一是黑龙江省粮食生产的单产水平低,生产效益差。从全省看,除了农垦系统粮食种植的专业化、机械化、科技化水平比较高外,其他地区在专业化、机械化、管理水平上都比较低,体现在产量上则是单产水平低,整体效益差的状况。二是粮食生产规模小,经营的成本偏高。2019年,全省200亩以上土地规模经营面积1.28亿亩以上,占比达到53.6%,刚过半数水平。农垦地区粮食生产实现了集中连片的规模化经营,但全省大部分地区还是以传统的家庭经营方式为主,近些年合作社、家庭农场和农业企业得到有效的发展,规模化水平有所提高,但仍然还不够,规模化水平提升空间依旧很大。三是农业基础设施建设不到位，抵御自然灾害能力有待提升。高标准农田建设水平仍然较低，全省高标准农田建设比例刚过半数，仍然需要加大投入力度建设。从近几年洪涝、台风等自然灾害看，造成的粮食产量损失明显，出现不同程度的灾害，严重的甚至绝产。加强高标准农田建设，也是抵御自然灾害的要求。

（二）粮食加工压力尚在

1. 粮食进口压力影响粮食产业发展

受疫情影响，国际社会存在粮食安全恐慌，进口粮食价格会一定幅度上涨，进口量较大的粮食将受到较大影响，尤其大豆受影响较严重。虽然全省近两年在农业结构调整中，大豆种植面积得到一定增长，产量也大幅增长，但从大豆需求看，大部分仍需要进口，对大豆加工企业来说存在一定压力。

2. 结构调整和粮食加工产能提升存在矛盾

黑龙江省玉米种植面积调减带来的玉米产量降低和玉米加工企业产能提升的双重压力下，加之全国对商品粮基地原粮需求的增加，将造成玉米需求增大，价格上涨。如表3所示，预计2020年全省玉米产量比2017年减少近20%，玉米加工消耗量增加151%左右，而外运量减少42%。未来一定时期内，全省玉米加工企业将会面对玉米原粮供给吃紧或者原料价格上涨的压力。

表3 2017~2020年黑龙江省玉米产量、加工及外运情况

单位：万吨

年份 项目	2017	2018	2019	2020（预计）
产量	4508	3776	4281	3651
饲料消耗	430	450	430	450
工业消耗	750	1053	1499	1884
外运及其他	3328	2273	2352	1317

资料来源：黑龙江省统计局。

3. 整体精深加工能力仍待提升，产业链延伸仍需加强

虽然近几年"百大项目"建设、粮食深加工企业引进等推进了黑龙江省粮食加工产业的发展，大型粮食加工企业落地建设投产，大大地提升了黑龙江省粮食加工的产能水平，但中小微粮食加工企业仍然广泛存在，尤其是一些偏远边境县市，甚至还存在作坊式加工企业。可以判断，随着这些大型粮食加工企业的发展，所带来的粮食加工产能增长潜力也是巨大的，但中小微粮食加工企业的生存也是需要考虑的。整体而言，随着大型的粮食加工企业入驻，黑龙江粮食加工产能增长、产业链延伸，但原有的中小微粮食加工企业的产能和产业链仍需要不断提升和加强。

（三）粮食产业人力资源供给质量差且不足

人口流动造成的农村空心化、高学历技术人才短缺对粮食产业的发展带来重要影响。尤其表现在粮食产业需要的人力资源不足，整体质量降低，是粮食产业发展的瓶颈。一是乡村空心化造成农村人口多为未成年的留守儿童和老年人，青壮年均外出打工，从事农业经营的人口年龄偏大，未来粮食生产的劳动力不足的困境凸显。二是粮食加工产业需要大量的劳动力。在人口外流逐渐严重的背景下，对于劳动密集型的粮食加工企业而言，面临劳动力不足的问题越来越严重。三是企业管理人员能力水平也亟须提高。受所在区域、发展前景和薪资待遇等各方面因素影响，有能力水平的管理人员倾向选择向发达地区或者大城市流动，拉低了本地管理人员的水平。四是高科技人才更是紧缺。提升粮食产业的产业链、价值链，提高粮食产业的发展水平离不开高技术研发人才的支撑，这部分人才更是流失比较严重。整体来说，从粮食全产业链的发展看，各类人才都呈现逐渐不足甚至加重的趋势，未来粮食产业发展人才将奇缺。

（四）规模小实力弱的企业仍占很大比重

黑龙江省加大力度引进实力强的粮食深加工企业落地并发挥作用，推进了粮食加工产业的发展，近几年粮食加工能力大幅度提升；但小规模实

力弱的企业没有减少，限制了粮食产业高质量发展，尤其在偏远边境县市小微企业甚至作坊式企业更是普遍。如黑河市，247家粮食加工企业中，产值过亿元的仅有3家，多数企业为中小微企业，甚至很多企业是"家族式""作坊式"的规模和管理模式。从这类企业发展看，其缺少支撑发展的技术和装备，发展的推动力和创新力不足，同时，这类企业生产效率效益都不高，企业文化缺乏，缺少现代化的理念和国际化的视野，市场竞争力比较弱，对地方经济发展的贡献力也不足，企业管理人员的素质和管理水平也比较低。

三 黑龙江省粮食产业发展的对策

（一）制定粮食产业规划战略指导粮食产业发展

一是以粮食产业规划提高粮食生产基础条件，提高粮食供给能力。通过规划指导标准农田建设、农业水利灌溉和排水沟渠建设、黑土保护和耕地改良工程等，提高基础设施建设水平，改善粮食生产的基础条件，筑牢粮食生产基础，确保粮食供给的可持续性和粮食安全。

二是制定粮食加工的发展规划，科学合理地指导粮食加工产业区域布局，产业发展目标、方向和内容。引进和培育龙头企业，加快建立企业集群，延长产业链，提升价值链，加快粮食产业发展，配套好各种软件设施条件，创造良好的粮食加工产业发展的环境。

三是应对多变的国际形势，平衡粮食进出口，树立正确的粮食安全观。在国际政治多变和新冠肺炎疫情的冲击下，国际粮食安全压力巨大，国际粮食供给形势严峻，粮食价格受一定影响，波动上行趋势随行。在国内粮食总体上安全，总体供给充足，但结构性供给不足的背景下，在科学规划的基础上，确立合理的应对方式和粮食产业发展思路，尤其对黑龙江省粮食产量第一的农业大省而言，担负国内粮食供给重任，应站在国际视野考虑粮食产业发展。

（二）提升粮食产业科技创新能力

粮食产业发展中要加强科技创新的支撑，加快科技创新成果转化应用，确保核心关键的技术能够做到自主可控，推动粮食产业高质量发展。黑龙江省农业科技贡献率比全国平均水平高，达到9个百分点左右，但在粮食产业中的科技创新仍然需要做出更多的努力。一是培养粮食产业发展的高科技人才队伍，完善粮食产业高科技人才的培养方式，加大科技人才培养力度。二是加大科技成果转化力度，提高科技成果转化率，推动粮食产业创新发展。在生物技术、装备技术、降低损耗技术和信息技术方面加大科研人员、资金等的投入，从作物种业、种植技术改良、加工设备、加工产品、数据信息等方面实现科技创新。三是加大粮食产业销售的技术支撑、平台及模式的创新能力，提高粮食产业市场化水平。

（三）建立农业大数据平台支撑粮食产业发展

以农业大数据平台引导和支撑粮食产业生产、销售、加工，推动粮食产业全产业链的发展。一是研究建立完善农业大数据平台。包括农业自然资源与环境数据平台、农业生产数据平台、农业市场信息数据平台、农业管理数据平台，涵盖农业生产的资源环境数据，农业生产的良种肥料、耕地、育苗、农业灌溉、农业生产情况、农业机械等数据，农产品产业链的技术和产品加工数据信息，农产品市场信息数据，国内外的农业经济状况和市场动态、国际产品供求动态等数据。二是培养各类大数据应用人才，确保大数据平台作用的有效发挥。开展大数据应用的培训，尽快发展一批数据应用人才；结合高等教育、职业教育建立相关专业或开设相关课程，确保人才供应的持续化、优质化；将大数据应用的学习纳入相关部门和企事业单位管理中，培养一批懂得大数据的管理者。三是充分利用大数据平台引导粮食产业健康发展。以大数据指导粮食企业的生产、加工和销售行为，建立科学的规划、计划和发展远景，实现粮食产业可持续发展和高质量发展。

（四）深化粮食产业链推动粮食产业高质量发展

粮食生产、加工和销售是相辅相成、不可分割的整体，是粮食产业的重要内容和环节。深化粮食产业链要从粮食产业整体考量，更要考量粮食生产、加工和销售的每一环节。故此，深化粮食产业链，一是要推进整体的三产融合发展，即粮食生产、加工和销售的融合发展，形成联系紧密的产业合作与分工。二是要深度推进产业链的细化发展。粮食生产环节，推动粮食产前、产中和产后环节紧密结合，从种肥研发、推广、生产技术、机械设备、农田改良，到粮食收获归仓等环节入手，实现粮食生产环节的细化发展。粮食加工环节，要加大粮食产品的科研力度，推动粮食加工产品向精深加工发展，延伸加工产业链，增加附加值。粮食产品销售环节，要从产品包装、销售人才培养、销售模式、销售市场分析、产品售后等各方面提供更丰富的产品销售保障。三是探索适合粮食产业发展的模式，推动粮食产业链深化发展。因地制宜发展以龙头企业带动模式、以科研机构引领模式、以政府主导推进模式、以民间资本推动模式等推进粮食产业链深化发展。

（五）保障粮食产业发展的人力资源充足

从粮食产业发展来看，人力资源供给数量不足、质量不高，粮食产业在人才需求方面没有竞争优势，人力资源不足将会严重限制粮食产业的健康发展。因此，要认清粮食产业人力资源的危机，将人才战略作为粮食产业发展的一项重要内容来对待。一是重视各类人才的培育培养。要培养职业农民、职业粮食经纪人以及粮食加工和销售所需的各类型人才。探索人才教育模式，采取农村人才教育培训、职业农民教育培训、职业院校培养、职业技能考核培养等方式培养各类人才，发挥政府主管部门、大中专院校、职业培训机构、农村基层政府和组织、农民合作经济组织、农业企业等的作用，创新性地探索粮食产业人力资源培养的模式。二是引进高端人才以推动粮食产业发展。以一定的优惠政策引进技术型人才、管理型人才、研究型人才，保障粮食产业发展的人才需求。三是注重培育优秀企业家，发挥企业家及企业家精神的作用,推动粮食产业发展。企业家具备企业经营管理能力和企业运行的决策能力,能够担负起粮食产业发展的重要作用,同时,具备企业家精神的企业家有很强的社会责任感,是粮食产业发展的核心与灵魂人物。因此,注重培育企业家,是粮食产业发展的关键。

专题研究篇

Reports on Special Subjects

B.16 黑龙江省发挥金融作用支持市场主体研究

王海英 张楠 孙铭一*

摘 要: 市场主体是经济的力量载体。习近平总书记深刻指出,保市场主体就是保社会生产力。黑龙江省充分发挥金融对市场主体的支撑作用,先后出台多项金融政策支持市场主体,促进企业发展。本文从推出"双稳"基金贷款风险补偿政策、多措并举降低中小企业融资成本、精准运用再贷款再贴现工具释放政策红利、对重点行业和薄弱环节支持力度加大等方面对黑龙江运用金融手段支持实体经济发展进行了分析。并且提出推动对中小银行的改革,支持中小微企业发展;发展供应链金融,促进大中小企业协同发展;以金融科技创新,赋

---

* 王海英,黑龙江省社会科学院文化和旅游研究所研究员,研究方向为区域经济学、产业经济学、马克思主义政治经济学;张楠,黑龙江省社会科学院研究生,研究方向为区域经济学、计量经济学;孙铭一,黑龙江省社会科学院研究生,研究方向为区域经济学、产业经济学。

能市场主体等相关对策建议。

关键词： 金融　市场主体　黑龙江省

疫情对我国经济造成前所未有的冲击，对此中央及时做出部署，在扎实做好"六稳"——稳就业、稳金融、稳外贸、稳外资、稳投资、稳预期的基础上，2020年4月17日召开的中央政治局会议首次提出"六保"，即保居民就业、保基本民生、保市场主体、保粮食能源安全、保产业链供应链稳定、保基层运转，形成了"六稳"加"六保"的工作框架。市场主体是稳增长、促就业、保民生的重要载体，截至2020年6月底黑龙江省市场主体总量达254.97万户，黑龙江省加大逆周期调节力度，创新运用结构性货币政策工具扶持市场主体，维护产业链供应链稳定，保障企业正常运转，为统筹推进疫情防控和经济社会发展提供强有力的金融支撑。

一　黑龙江省金融运行的现状

人民银行对全省金融运行情况统计显示，截至2020年9月底，黑龙江省金融机构的本外币各项存款余额累计为30888.7亿元，与2019年同期相比，增长率为12.3%；黑龙江省本外币各项贷款余额为22689.8亿元，增长率为6.7%。重点领域企业和薄弱环节的金融贷款可获得性显著上升。工业企业贷款余额与2019年同期相比，增长率为14.5%。制造业和小微企业贷款余额大幅增加至20%以上，创有统计以来新高。其中制造业企业贷款余额增长率为21.7%；普惠型小微企业贷款余额为1264.7亿元，增长率为24%；涉农贷款余额增长率为3.9%。对"百大项目"投放贷款累计达488亿元，比2020年6月底增长14.4%。

（一）出台多项金融政策，激发市场主体活力

黑龙江省充分发挥金融作用，激发市场主体活力。为了更好地发挥金融

对市场主体的保障作用,黑龙江省运用多种货币政策工具为市场主体提供资金支持、不断加大对重点企业、重点领域的信贷投放力度。黑龙江省政府先后出台了《加强金融支持企业复工复产纾难解困若干措施》《省级中小企业稳企稳岗基金担保贷款风险补偿实施办法(试行)》《关于延长省级中小企业稳企稳岗基金贷款政策期限的通知》《金融支持稳企业保就业工作方案》等系列政策,疏通堵点,畅通微循环,提供资金链,支持企业复工复产。人民银行哈尔滨中心支行相继出台7项疫情防控便利措施,28项保市场主体金融政策,8项促进跨境贸易投资便利化措施,9项促进贸易新业态发展措施。针对在黑龙江省具有重要地位和吸纳就业能力较强的行业龙头企业及粮食生产加工企业等进行重点帮扶。为稳企业保就业具有重要作用的中小微企业和"专精特新"企业及其核心配套企业等重点群体提供金融支持。

(二)创新金融服务机制,畅通融资渠道

进一步整合金融资源,组建金融服务队开展对口服务,提升协同效应。由省级银行机构为牵头行,以市(地)为单位组建金融服务队13支,成员单位为所在市(地)金融管理部门、银行机构、保险机构。各金融服务队根据当地企业的资金需求,直接开展金融服务。通过畅通金融服务绿色通道、发挥货币政策作用优化金融资源配置,截至2020年6月15日,已发放贷款累计达1146.1亿元。为了确保金融稳企惠企政策落实落细,建立落实了国家结构性货币政策协同联动、稳企稳岗基金贷款企业推送、全国疫情防控重点保障企业融资对接等工作机制,帮助企业知政策、用政策、享政策,强化对金融机构考核激励机制。制定了黑龙江省融资担保机构、银行保险机构支持企业复工复产考核奖励办法,重点考核对国家和黑龙江省出台的各项支持企业复工复产和持续防控疫情金融政策措施的具体落实情况,以及对重点领域、薄弱环节的金融支持情况。黑龙江省政府特别安排资金表彰奖励贡献突出的金融机构。

(三)多元化融资模式支持疫情防控和复产复工

黑龙江省创新融资模式为疫情防控和企业复工复产提供融资支持。截至

2020年6月，黑龙江省融资担保部门已累计提供担保94.5亿元，为2023家疫情防控重点保障企业和受疫情影响的中小微企业解决了融资难题，提升了企业贷款获得率。银行机构积极运用供应链融资模式为中小微企业解困。截至2020年6月底，中国银行为供应链核心企业和上下游中小微企业投放贷款2000万元。发行疫情防控专项债券为疫情防控物资重点保障企业和受疫情防控影响较大、资金暂时遇到困难、吸纳就业多的中小企业提供支持。截至2020年6月底，融资担保公司和创业投资集团累计疫情防控债发行了7亿元。资金暂时遇到困难的企业，办理展期贷款，免收担保费，省级再担保机构对再担保费减半收取。对于能源行业，金融机构套期保值和期权期货等金融衍生产品，为客户提供金融支持，保障能源价格稳定和适时进行能源储备。

二 黑龙江省金融对市场主体的支撑作用

黑龙江省发挥金融作用，畅通融资渠道，落实落细各种优惠政策，降低融资成本，维护产业链供应链稳定，保障市场主体正常运转。金融机构强化服务，不断创新，引导更多资金进入促进经济高质量发展的关键领域，加大对高新技术制造业、先进制造业、新兴产业的信贷支持力度，增加制造业中长期贷款，提升了金融服务质量和资金利用效率。

（一）推出"双稳"基金贷款风险补偿政策

疫情对黑龙江省部分企业尤其是中小企业造成影响较大，一些企业出现了经营困难，遇到了流动资金不足、原材料供应短缺、工资不能按时发放等难题。针对中小微企业存在的资金紧张问题，黑龙江省自2020年4月1日起，率先在全国推出中小企业稳企稳岗基金贷款风险补偿政策，为支持企业加快复工复产，恢复良性运转起到了重要作用。为充分地发挥稳企稳岗基金贷款政策作用，按照应贷尽贷、应贷快贷原则，加快投放进度，降低融资成本，"双稳基金"贷款由政府承担更高比例风险，支持中小微企业稳企稳岗扩就业。对银行机构支持受疫情影响较大行业、困难企业，吸纳就业多、资金遇到困难的中小企业，通过双稳基金给予担保贷款风险补偿，引导、支持银行机构扩大信贷投放规模和范围。截至2020年7月10日，黑龙江省将34855家企业纳入省级中小企业稳企稳岗基金重点贷款名单，9060家企业和4763户个体工商户已获得贷款，规模达629.2亿元，申请贷款企业获贷率达到39.7%，稳定就业超过37万人。

（二）多措并举降低中小企业融资成本

各级政府性融资担保机构通过积极推行"容缺"受理制度，帮助受疫情影响较大的企业，特别是小微企业渡过资金短缺难关。取消对小微企业反担保要求，同时降低担保费率，把担保费率降到平均低于1%的水平，如果重点行业小微企业产生新增担保业务，则相应的担保费率按照原有标准再降低50%。相关受益企业有住宿餐饮、文体娱乐、批发零售、物流运输、旅游等企业，纳入政府民生保障、供应"菜篮子""米袋子"以及肉蛋奶等的"三农"企业。通过实施减免担保费和免除抵押信用反担保政策，让缺乏抵质押能力的中小微企业获得了银行信贷支持。在已投放的双稳基金贷款中，受益于融资担保增信支持的贷款占16%。通过实施下调利率等优惠政策，为企业节约成本超过7亿元。

（三）精准运用再贷款再贴现工具释放政策红利

充分发挥再贷款的精准滴灌作用，运用专项再贷款支持全国重点防疫保障企业。首先，确定符合再贷款和再贴现支持的重点领域，银行等金融机构针对不同的重点支持对象，运用相应的货币政策工具，进行再贷款、再贴现。精准运用再贷款，为复工复产企业注入低成本资金。重点投向防疫物资生产重点企业以及粮食、饲料等关系国计民生重要物资生产的企业，有效满足企业的低成本资金需求，推动黑龙江省防疫产业链建设。运用低成本再贷款资金支持企业复工复产。积极推动运用再贷款支持复工复产，通过向地方法人金融机构提供低成本的资金支持，降低中小银行的资金成本，进一步提高向中小微企业让利的空间。截至2020年6月底,以疫情防控和复工复产重点领域资金需求为导向,先后落实3000亿元专项再贷款、5000亿元再贷款专用额度、1万亿元再贷款额度,共计发放贷款116.8亿元。截至2020年6月底,黑龙江省9家商业银行向省内46家全国重点保障企业累计发放73笔专项再贷款21亿元,财政贴息后企业实际融资利率为1.13%。全省普惠小微企业和涉农企业(含农户)共计降低融资成本2.3亿元。专项匹配80亿元再贴现额度,优先保障黑龙江省抗疫一线企业、复工复产企业的票据融资需求。截至2020年6月底,黑龙江省再贴现余额68.4亿元,累计发放118.1亿元,其中涉农、小微、民营合计101亿元,占比85.5%。

(四)大力支持重点行业和薄弱环节

一是帮助防控重点企业和关乎民生的企业加快恢复生产。主要是支持为疫情防控提供物资和与居民密切相关的生产生活必需品的企业。截至2020年6月21日,已支持1328家企业,金融机构对重点行业企业授信额度,累计达2403.5亿元,投放贷款累计达915.2亿元。二是对"百大项目"建设的重点支持。截至2020年6月19日,金融机构对"百大项目"授信额度达1246.9亿元,发放贷款额度达418.4亿元,受益企业104家。三是落实落细扶贫小额信贷政策。截至2020年6月,黑龙江农合机构已对2020年1月1日以后到期扶贫小额信贷,需要延长贷款期限的农户1086户,延长贷款期限,共计4765万元。

(五)重点扶持农业新型经营主体维护粮食安全

人民银行哈尔滨中心支行,通过优化现量,进行合理配置,调整农业贷款期限结构,使农业贷款企业的贷款期限与农业的生产周期相吻合,符合农业生产对资金的需求周期规律,为农业生产提供稳定可靠的金融支持。积极加大农村金融产品和服务方式创新工作力度,黑龙江省构筑多元农村金融服务体系,为农业农村经营主体提供多样化、特色化融资服务。截至2020年5月底,全省涉农贷款余额达9014.4亿元,占全省贷款总额的39.98%。金融机构加大对种养业扶持力度，对现代农机专业合作社规范社、示范社以及800头以上规模奶牛养殖场给予专项金融扶持培育。黑龙江省金融机构推出创新型金融产品共计20多个，农村金融产品创新贷款余额达742.48亿元，受益农企10669家，受益农户66.3万户。通过财务辅导、金融产品定制、抵质押方式多元化等措施，帮助新型农业经营主体获得金融支持。截至2020年5月底，黑龙江省支持新型农业经营主体10.5万家，新型农业经营主体获得贷款余额989.3亿元。

三 黑龙江省金融运行面临的风险挑战

金融和经济发展紧密联系，相互依存，相互融合，相互作用。经济发展对金融有决定性作用，金融推动经济发展。经济与金融相辅相成、共生共荣，经济下行压力和疫情给金融稳定运行带来叠加影响，增加了经济金融风险。

（一）一些企业还款能力下降

一些受疫情影响较重的行业和企业经营压力大，还款能力下降。一些本身经营不善的企业，自身存在的问题没有因为获得低息贷款而得到根本解决，只是暂时缓解了资金紧张，仍然面临较大违约风险，顺着企业债务链条传递，易导致金融机构系统性风险。

（二）银行面临信贷质量下降压力

经过两年多的防范化解重大金融风险攻坚战，黑龙江省重点金融领域突出风险得到有序处置，金融业总体平稳健康发展。黑龙江32家纳入整治范围的网贷机构全面出清，系统性风险上升势头得到有效遏制。但是，新冠肺炎疫情对银行信贷资产质量造成一定压力，需关注部分中小金融机构风险。由于不良贷款风险暴露存在一定滞后性，加之疫情以来银行业对企业延期还本付息等政策，后期银行面临还本付息按期执行的风险，不良资产可能会陆续显露，存在不良资产率上升、不良资产数量增加和不良资产处置的压力。

（三）金融发展仍然面临国际国内不确定因素

金融始终伴随着风险，新冠肺炎疫情严重冲击国际国内经济正常运转，增加了许多金融风险和挑战。同时，国际疫情形势有长期化趋势，世界经济深度衰退，国际贸易和投资大幅萎缩，国际金融市场动荡。在国际国内不确定性因素综合影响下，黑龙江经济金融发展仍然面临不少不确定的风险和挑战，金融体系也将遇到很多困难。

四 发挥金融市场主体支撑作用的对策建议

深化金融供给侧结构性改革，坚持总量政策适度，促进金融与实体经济良性循环。稳健的货币政策将更加灵活适度，综合运用、创新多种货币政策，确保流动性合理充裕。疫情应对期间的金融支持政策是阶段性的，要注意激励约束相融，关注政策可能产生的后续问题，并提前考虑相关工具的适时退出。

（一）加大不良资产处置力度，防范化解金融风险

防范化解重大风险是党的十九大确定的三大攻坚战之一，2020年是三大攻坚战收官之年，要继续把防范化解金融风险放在首位，加强重大风险防控，守住不发生系统性风险底线，使金融实现可持续发展。把握好保增长与防风险的有效平衡，注重在改革发展中化解风险。强化现代金融监管，促进地方银行健康发展。运用大数据、人工智能等技术，有效识别高风险交易，提升金融风险技防能力。运用监管科技手段，有效解决信息不对称问题，消除信息壁垒，缓解监管时滞，提升金融监管效率。防范化解金融风险离不开经济健康增长作为支撑。防范化解金融风险应当放在金融支持疫情防控和经济社会发展大局中统筹考虑，把握好抗击疫情、恢复经济和防控风险之间的关系。疫情对银行业的影响主要反映在贷款质量上，表现为贷款逾期和违约情况增多，不良贷款有所增加，要加大不良资产处置力度，推进风险化解任务。

（二）推动对中小银行的改革，支持中小微企业发展

发展民营银行等中小金融机构，推动中小银行补充资本和完善治理，更好服务中小微企业。中小银行是我国银行体系的重要组成部分，具有普惠性质，在服务基层居民、中小微企业、个体工商户等领域发挥着必不可少的作用。中小银行在资金来源、资本补充等方面与大型银行相比不具备优势。为服务市场主体，中小银行在支持实体经济的流动性、资本和利率等方面"精准滴灌"中小微企业，因此造成中小银行在放贷能力、资本运作等方面压力加大，需要深化改革促进发展。把改革和发展结合起来，明晰业务定位，加快股权改制，强化公司治理，调降中小银行负债成本并缓解其经营压力。采取政策措施有效增加中小银行支持实体经济的稳定资金来源，释放更多信贷资源。坚持市场化、法治化原则，拓宽更多有利于中小银行补充资本的途径。推动企业融资成本保持在合理水平。支持企业利用直接债务融资工具融资，促进优质资本汇聚，发挥各类基金的引导作用，构建服务企业全生命周期的基金体系。加快培育资本市场，实现企业上市数量大幅增加，使企业直接融资能力显著增强。

（三）发展供应链金融，促进大中小企业协同发展

"六稳""六保"的首要内容都是就业。保障就业和民生，必须稳住上亿市场主体，因此，保就业的核心和着力点是保市场主体。现代市场经济中的企业大多嵌入在某一个甚至多个供应链和产业链之中。产业链供应链上的企业正常运转起来，就能够提供更多的就业机会。保市场主体就要维护产业链供应链的稳定顺畅。应通过发展供应链金融，为资金进入实体经济提供多元化通道，为中小微企业提供成本低、高效快捷的金融服务。通过产融合作，加大对产业链核心企业金融支持力度，优化产业链上下游企业金融服务，推动全产业链金融服务，发展订单、仓单、存货、应收账款融资等供应链金融产品。加强政策联动，加快推动核心企业、财政部门与银行应收账款融资服务平台完成系统对接。加快发展"互联网＋供应链金融"，缓解中小

微企业融资难、融资贵问题。围绕重点产业链、龙头企业、重大投资项目，打通堵点、连接断点，加强资金要素保障，促进上下游、产供销、大中小企业协同发展。

（四）以金融科技创新赋能市场主体

金融科技是技术驱动的金融创新，是金融与科技的深度融合。以现代科技成果改造或创新金融产品、经营模式、业务流程，涵盖大数据、云计算、人工智能、分布式数据库等多个技术领域。在疫情期间，金融业应用金融科技，打造全方位线上金融服务体系，在支持疫情防控与复工复产方面发挥了积极作用。发展金融科技有利于提升金融服务的质量和效率。通过金融科技可以不断缩小数字鸿沟，解决普惠金融发展面临的成本较高、收益不足、效率和安全难以兼顾等问题，助力金融机构降低服务门槛和成本，将金融融入民生服务。运用金融科技手段可以实现滴灌式精准扶持，缓解小微企业融资难融资贵、金融支农力度需要加大等问题，为打赢精准脱贫攻坚战、实施乡村振兴战略和区域协调发展战略提供金融支持。

参考文献

《稳健的货币政策更加灵活适度 全力保市场主体》，《金融时报》2020年6月19日。
《黑龙江扎实做好"六稳""六保"工作情况主题系列新闻发布会》，黑龙江省人民政府网站。
《2020年9月黑龙江省金融统计数据报告》，中国人民银行哈尔滨中心支行网站。
《黑龙江"十四五"规划和2035年远景目标建议》，《黑龙江日报》2020年12月7日。

B.17
黑龙江省哈牡佳两小时经济圈空间架构研究[*]

王化冰[**]

摘　要： 哈牡佳两小时经济圈在黑龙江省经济社会发展中占有重要地位，构建哈牡佳两小时经济圈有助于实现省域经济社会均衡发展，有利于探索区域中心城市、粮食主产区、老工业基地城市、资源型城市、对外开放城市一体化和谐发展之路。空间架构是城市群的基本功能架构，是促进城市群从聚合走向融合，从交通同城化到经济交融化至社会一体化的基础底图和内在指引。构建"一心二轴双环"的空间架构，进一步强化核心城市、区域重点城市、骨干节点城市和口岸城市的城市分工，形成核心带动、节点支撑、多点呼应、轴带联通的网络化格局，使哈牡佳两小时经济圈成为黑龙江省东部地区新型城镇化和建设现代化经济体系的重要载体，哈长城市群的有益补充及支撑区域发展的增长极，"中蒙俄经济走廊"陆海丝绸之路经济带的重要组成部分和以城市群为模式探索资源枯竭、产业衰退城市转型示范区。

关键词： 城市群　空间架构　城市分工　战略定位

---

[*] 本文系黑龙江省新型智库研究项目"打造哈牡佳两小时经济圈战略研究"（批准号18ZK055）阶段性研究成果。
[**] 王化冰，黑龙江省社会科学院农业和农村发展研究所副研究员，研究方向为区域经济。

在新型城市化背景下，国家在"十三五"期间建设19个城市群，东北地区包括辽宁中南部城市群和哈长城市群。黑龙江省南部的哈尔滨市、大庆市、齐齐哈尔市、绥化市、牡丹江市入围哈长城市群，遗憾的是东部的佳木斯、鸡西、双鸭山、鹤岗、七台河等市却被孤立在外，而这些城市多面临着资源枯竭、产业衰退、转型艰难的困境。随着哈佳快铁、哈牡高铁的建成通车及牡佳高铁项目的加速建设，黑龙江省东部快速铁路环线基本成形，在时空维度上构建成哈牡佳两小时经济圈，初步形成区域一体化城市群的架构。哈牡佳两小时经济圈应成为黑龙江省继哈大（绥）一体化发展战略后又一重大区域发展战略。

一 建设哈牡佳两小时经济圈的基础

受经济全球化的席卷，区域经济一体化发展已成为不可扭转的趋势和特征。在此背景下，区域竞争不再是单个地区的争斗，而是区域经济整体的较量。随着区域一体化的发展，出现了经济圈、城市群、都市圈等代表不同规模层级的发展模式。经济圈又称大城市群、城市群集合、大经济区、大都会区或都会区集合。"经济圈"通常指疆域极广的国家内部某一特定区域，常为经济群体的集合或在国家经济总量中占有很大比重，并对全球经济产生影响。"城市群"是指在特定地域范围内，以1个以上特大城市为核心，由至少3个大城市为构成单元，依托发达的交通通信等基础设施网络所形成的空间组织紧凑、经济联系紧密并最终实现高度同城化和高度一体化的城市群体。"都市圈"又称城市带、城市圈，指在城市群中出现的以大城市为核心、周边城市共同参与分工、合作、一体化的圈域经济现象。2018年黑龙江省政府工作报告提出"努力打造以哈尔滨为中心的一小时两小时经济圈"。报告中的"一小时经济圈"的空间尺度和实际内涵应与上述概念的都市圈相对应，"两小时经济圈"的空间尺度和实际内涵应与城市群相对应，因此本文中的"经济圈"实际上等同于城市群。

（一）总体规模

哈牡佳两小时经济圈包括哈尔滨、牡丹江、佳木斯、鸡西、双鸭山、鹤岗和七台河等市，总面积19.26万平方公里（占全省41%），2019年末户籍人口1920.8万人（占全省54%），地区生产总值约8395亿元（占全省62%）（见表1）。其中哈尔滨人口占经济圈的49.5%，地区生产总值占经济圈的62.5%；牡丹江、佳木斯GDP明显高于其他城市，分别相当于其余四煤城总和的53.0%和49.0%。经济圈户籍人口城镇化率56.2%，人均GDP 4.37万元，经济密度435.89万元/平方公里，外贸依存度8.31%，核心城市GDP中心度62.5%，非农产业产值比率89.2%。

表1 哈牡佳两小时经济圈基础数据

城市	面积（万平方公里）	城镇人口（万人）	户籍人口（万人）	GDP（亿元）	产业结构	对外贸易总额（亿元）
哈尔滨	5.31	473.90	951.30	5249.40	10.8∶21.5∶67.7	251.50
牡丹江	4.06	151.00	250.40	825.00	21.7∶21.4∶56.9	341.20
佳木斯	3.27	121.23	232.03	762.90	47.0∶11.7∶41.3	54.77
鹤 岗	1.50	82.03	100.00	298.26	30.0∶32.5∶37.5	14.37
双鸭山	2.25	92.00	140.70	476.40	40.3∶22.9∶36.8	13.96
鸡 西	2.25	112.40	169.40	552.00	37.2∶22.2∶40.6	22.00
七台河	0.62	47.64	76.97	231.33	14.3∶41.3∶44.4	0.13
经济圈	19.26	1080.20	1920.80	8395.29	22.6∶20.5∶57.6	697.93
黑龙江	47.30	1780.05	3553.42	13612.70	23.4∶26.6∶50.0	1865.90

注：鹤岗户籍人口、产业结构为2018年数据，其余数据为预测数。
资料来源：据2019年省市统计年鉴、统计公报、政府工作报告计算汇总。

根据方创琳提出的城市群空间范围的7大定量识别标准，即"城市群内都市圈或大城市数量不少于3个，其中作为核心城市的城镇人口大于500万人的特大或超大城市至少有1个；人口规模不低于2000万人；城市化水平大于50%；人均GDP超过1万美元，经济密度大于500万元/平方公里；经济外向度大于30%；基本形成高度发达的综合运输通道和半小时、1小时与2小时经济圈；非农产业产值比率超过70%；核心城市GDP中心度>45%，具有跨省的城市功能"。哈牡佳两小时经济圈除GDP总量和经济外向度稍逊外，已经基本符合城市群指标特征。实际上，这两方面也是哈牡佳两小时经济圈现阶段发展首先要解决的问题。

（二）城市特色

省会城市哈尔滨一枝独秀，中心城市地位无可撼动。次级中心牡丹江和佳木斯各具特色，牡丹江是对外开放型城市，外贸依存度达经济圈最高的26.4%；佳木斯是黑龙江省东部地区中心城市。其余的鸡西、双鸭山、鹤岗、七台河为资源转型城市。

产业结构佳木斯、鸡西、双鸭山、鹤岗类似，第一产业比重超过30%，第二产业比重介于20%~33%之间，一方面彰显三江平原"中华大粮仓"的战略地位，另一方面表明煤炭产业衰落后工业尚难撑起"立市"重托，煤城转型路远且阻。

（三）交通互联

近年来随着铁路、公路和航空建设投入力度加大，经济圈的交通联系愈发紧密，特别是哈佳快铁和哈牡高铁的建成通车，佳木斯、牡丹江首次进入哈尔滨2小时陆路时距内。未来随着牡佳高铁的开通，黑龙江省东部快速铁路环线成形，经济圈各城市间的交通互联必将更加高效便捷。

哈佳快铁，是国铁Ⅰ级双线快速铁路，也是中国高寒地区最长快速铁路。2018年9月30日全线正式通车。线路全长343千米，设计时速200千米。

哈牡高铁，是我国"八纵八横"高铁网中最北"一横"的重要组成部分，于2018年12月25日通车。线路全长293千米，设计时速250千米。建成通车后，从哈尔滨至牡丹江运行时间缩短至1.5小时。

牡佳高铁，是沈佳高速铁路的重要一部分，线路全长375千米，设计时速250千米，于2016年11月8日正式开工，预计2021年正式通车运营。

二 建设哈牡佳两小时经济圈的意义

哈牡佳两小时经济圈在全省经济社会发展中占有重要地位，约占全省40%的土地上，生活了50%以上的人口，实现了超出60%的地区生产总值。此外，哈牡佳两小时经济圈坐拥中国（哈尔滨）自由贸易试验区的哈尔滨片区和绥芬河片区，三个片区独占其二，既有"前沿""桥头堡"，又有"枢纽"，足可见其在全省对外开放战略中的地位。

哈牡佳两小时经济圈与哈大（绥）一体化及哈大齐工业走廊，共同构成黑龙江省"一心两翼"区域发展格局的东西两翼。构建哈牡佳两小时经济圈有助于实现省域经济社会均衡发展，代表了新时代黑龙江省区域发展理念的提升，即从以单体城市为代表的点状发展模式，过渡到以工业走廊为代表的线状发展模式，并最终升级到以城市群为代表的集群发展模式，从单一的工业开发模式向现代化经济体系建设模式转变。

经济圈内城市类型多样、管理体制复杂，构建哈牡佳两小时经济圈，将有利于探索区域中心城市、粮食主产区、老工业基地城市、资源型城市、对外开放城市一体化和谐发展之路。同时，以城市群发展模式为资源枯竭、产业衰退地区转型探索出一条新路，引领示范作用明显，具备重要的理论和实践意义。

从未来发展来看，哈牡佳两小时经济圈既可以考虑融入哈长城市群总体发展框架之中，又可以相对独立，争取申请为地区性城市群。

三 建设哈牡佳两小时经济圈的关键点

世界经验表明，城市群是城市化发展到一定程度后才不断孕育和最终出现的城市区域化现象，欧洲国家、美国、日本等国的城市群均在完成城市化过程（城市化率超过50%）后才开始起步并迅猛发展的。在新型城市化背景下，我国在"十三五"期间建设国家级、区域性和地区性三个层面共计19个城市群。从2015年起，国家出台了长江中游城市群、哈长城市群、成渝城市群、关中平原城市群、长江三角洲城市群、兰州—西宁城市群、北部湾城市群等数个规划，城市群建设进入到全方位推进阶段。

城市群发展过程中，一是要克服"形聚而神散"的问题，即彼此之间缺少产业连接，产业和发展模式低水平同质化，经济尚未形成紧密的有机联系，产业聚集不够，难以吸引大量人口聚集，经济发展不快。二是要克服区域发展不协调的问题，即中心城市不强，辐射服务能力不足；次级城市发育不足；地级城市发展相对缓慢，人口经济集聚能力不强；城乡二元化明显。三是要克服发展中的碎片化问题，比产业同质化更严重的问题是局部利益至上，行政区划与经济区冲突，本位主义与大局至上相抵，使得城市群的诸多合作缺乏约束性，难以真正落地。

各城市真正连接在一起，使得经济圈成为和谐共生的有机体，是城市群发展的重点和难点。为了更好地构建和发展哈牡佳两小时经济圈，需思考如下问题：城市群发展的客观规律是什么？是地理互联还是经济互联乃至数字互联？靠行政互联还是靠市场互联？是自然形成还是有意为之？是经济先行还是交通先行？中心城市集聚与辐射的基本原理是什么？集聚什么，辐射什么？是主动牵动还是被动挤出？……在遵从上位规划的基础上，思考经济圈的理念、产业、生态、机制，思考实现中心城市的集聚与辐射带动，沿边城市的对外开放，资源型城市的转型升级，粮食主产区的能级跃迁，实现粮食主产区、资源型城市、对外开放城市、省级中心城市和谐一体化发展。在现有交通互联的基础上，加强产业互联，即经济圈对外增强吸引能力，对内增强协调能力。如何协调好线路与枢纽、产业与平台、差异与协同、共建与共享之间的关系，实现交通枢纽向要素配置中心、产业组织中心转型；最后形成经济圈一体化发展、都市圈同城化发展、城市现代化发展、城乡统筹发展的格局。

四　建设哈牡佳两小时经济圈的路径

区域发展的本质是竞合关系，即博弈。随着时间和战略格局的变化，竞合关系也在变化。在经济上体现为在不同地理范围、行政区域的要素聚合、重组、裂变,最终在全球价值链和产业链中找到最适合的位置并不断攀升;在社会发展上体现为减少隔阂、缩小差距、共享发展。消除资源配置障碍,各地各自发挥效力以期在整体上达到最佳效果,并最终共享成果是经济圈发展要解决的核心问题。

(一)空间架构

空间架构是城市群的基本功能架构,既是城市间形成区域一体化物理架构的基础底图,又是城市间形成城市功能分工加强产业有机联系的内在指引,最终促进城市群从聚合走向融合,从交通同城化到经济交融化至社会一体化。

哈牡佳两小时经济圈目前存在核心城市不强、次中心城市不大、骨干节点城市衰退、口岸城市发展层次不高、区域统筹和城市联动不足等问题。构建"一心二轴双环"的空间架构,形成核心带动、节点支撑、多点呼应、轴带联通的网络化格局,建设具有合理的城市分工和层级体系的"城市群"。

"一心"即哈尔滨都市圈,是哈牡佳两小时经济圈的核心层。哈尔滨在经济圈中居于核心地位,其周边均匀分布各种规模层次的卫星城,与哈尔滨之间建立密切联系,产生相互吸引与反馈的作用。

"二轴"即哈牡绥发展轴、哈佳同发展轴。哈牡绥发展轴是经济圈的外向轴和品位轴,一是提升对外开放层次,二是发展冰雪经济促进旅游休闲及相关产业的发展;哈佳同发展轴是经济圈的基础轴和生态轴,重点搞好资源枯竭城市和产业衰退城市转型、粮食主产区的提质增效、黑土地资源保护、生态环境保护及对外开发开放。

"双环"即鹤岗、佳木斯、双鸭山、七台河、鸡西、牡丹江连接环带,北向连接伊春,南向联系丹东、大连,是哈牡佳两小时经济圈的骨干层;萝北、绥滨、同江、抚远、虎林、密山、绥芬河、东宁连接环带,北向连接黑河,南向联系珲春,是哈牡佳两小时经济圈的外联层,通过它们与俄罗斯远东地区乃至东北亚地区双向交流。

（二）城市分工

进一步强化核心城市的引领、辐射、带动作用，加强域内域外、国内国际资源要素的集聚和调配能力，成为经济圈的要素配置中心和产业组织中心，大力发展以数字经济为代表的新经济；区域重点城市加强与周边城市及经济圈外中心城市的交通连接，成为区域的交通组织中心；骨干节点城市，依托核心城市的产业组织优势和区域重点城市的交通组织优势，做好资源型产业的转型升级；口岸城市要从贸易通道、进出口落地加工载体向对外开放平台发展。

1. 核心城市——哈尔滨

哈尔滨在经济圈中居于核心地位，但是自身能力不强，哈尔滨 2018 年 GDP 在国内仅排名 31 位，在东北也落后于大连和长春，集聚资源要素的能力较弱，人口处于净流出状态，难以承担带动城市群发展的重任。未来哈尔滨在经济、政治、文化、科技等方面应发挥对区域的主导作用，成为产业组织中心，是创新发展的主战场。规划建设商品及要素平台，强化对俄开放合作、物流集散、信息金融、创新引领等功能，提升高端装备制造、绿色食品等优势产业集群辐射带动作用，向价值链的高端发展，与经济圈其他城市之间脱离横向竞争关系。发展以哈尔滨为总部串联经济圈产业链条的链主型企业，促进产业链在经济圈大范围铺展；做强为经济圈提供产销对接的平台型企业，服务和带动经济圈产业发展。

2. 区域重点城市——牡丹江、佳木斯

一是发挥区域性交通和物流组织中心的优势，联动周边城市，形成联动发展圈，即形成以佳木斯为核心的佳木斯—鹤岗—双鸭山—七台河—鸡西联动发展圈和以牡丹江为核心的牡丹江—绥芬河联动发展圈；二是加强与哈长城市群、辽宁中南城市群重点省市的交通关联。

3. 骨干节点城市——鸡西、双鸭山、鹤岗、七台河

加强与核心城市、区域重点城市的合作协同，改变单体资源枯竭城市和产业衰退城市缺少资源、缺少引领、缺少动能的状况，重点做好资源型产业

转型升级工作。一是人员、技术、管理的转移，参与俄罗斯境内煤炭项目，与俄煤炭企业形成集勘探、开采、炼化、装备制造等多领域齐头并进的全产业链合作格局。二是向价值链高端延展，煤炭产业可结合黑龙江省装备制造业优势，转型至一体化服务总集成总承包商；煤炭、石墨等资源型产业要与哈尔滨深度合作，加强基础性和应用性研究，增加产品附加值，延长产业链条，实现经济圈利润的最大化。三是打造平台型企业，对接产销，成为资源配置中心。四是利用区域生态优势、气候优势和劳动力优势，发展大健康等新兴产业。

4. 口岸城市——绥芬河、东宁、抚远、同江等

口岸城市要突破传统的"通道"型发展模式，跨越单一的"贸易主导"发展阶段，最终向口岸全域资源集成发展阶段跨越。大力发展临岸经济，建设对外出口产品的生产基地和进口原材料精深加工基地，发展现代服务业，提升城市的发展水平和能级，实现口岸物流与载体城市发展同步化。建设出口加工区、互市贸易区、综合保税区、物流园区、跨境工业园区、营销中心等，提供电子商务、保税加工、博览展示等高端服务，营造和强化边境地区的经济生产和物流集散能力，整合全域资源，扩大辐射和服务的范围，促进国内外物流提供商、制造商、销售商在口岸经济区域集聚。

（三）战略定位

1. 黑龙江省东部地区新型城镇化和建设现代化经济体系的重要载体

哈牡佳两小时经济圈，是哈尔滨一小时两小时经济圈的主要组成部分，是黑龙江省东部地区新型城镇化的主体形态。秉承"创新、协调、绿色、开放、共享"的发展理念，建设哈牡佳两小时经济圈，实现区域系统化、集约化、一体化发展，可进一步拓展黑龙江省东部地区发展空间、释放发展潜力，构建现代化经济体系。

2. 哈长城市群的有益补充及支撑区域发展的增长极

哈尔滨是哈长城市群的两大核心之一，牡丹江是哈长城市群的重要节点，随着黑龙江省东部快速铁路环线的建设，佳木斯、鹤岗、鸡西、双鸭

山、七台河等城市与哈尔滨和牡丹江之间的联系更加紧密,与哈长城市群相融相生,哈牡佳两小时经济圈成为哈长城市群的有益补充,不可分割。打造哈牡佳两小时经济圈,必将促进黑龙江省"以哈尔滨为中心的东环城市圈"经济社会生态一体化和谐快速发展,加强与哈长城市群的内在联系及与国内其他城市群的合作交流。

3. "中蒙俄经济走廊"陆海丝绸之路经济带的重要组成部分

建设哈牡佳两小时经济圈,提高区域一体化程度和经济活力,可以使得"中蒙俄经济走廊"陆海丝绸之路经济带,对外开放有了更加坚实的基础,让对外通道有物可流。哈牡佳两小时经济圈,是黑龙江省参与国际竞争合作的重要平台。

4. 以城市群为模式探索资源枯竭、产业衰退城市转型示范区

跳出资源枯竭城市和产业衰退城市单体转型的模式,突破行政区划边界、产业边界、组织边界,鼓励共享与联动,探索以省级中心城市和对外开放城市为带动,整合整个城市群之力,带动和促进资源枯竭城市与产业衰退城市转型,形成对外开放城市、省级中心城市对探索资源型城市、粮食主产区和谐一体化发展的局面。

B.18
黑龙江省财政运行研究*

刘懿锋**

摘　要： 2016年以来，黑龙江省在实施减税降费的基础上财政收入保持稳定，财政支出持续增长，特别是民生支出比重大幅提升，地方政府债务规模处于可控范围内，"三公"经费较"十二五"时期有所削减。但突如其来的新冠肺炎疫情使黑龙江省财政收入下滑严重，此外，黑龙江在财政收支上还一直存在着一些结构性问题。展望2021年，黑龙江省财政收入将实现恢复性增长，积极财政政策仍要继续实施。

关键词： 地方财政收支　新冠肺炎疫情　黑龙江省

一　黑龙江省财政运行形势分析

2016年以来，黑龙江省在实施减税降费的基础上财政收入总体保持稳定态势，财政支出持续增长，特别是民生支出比重大幅提升，地方政府债务规模处于可控范围内，"三公"经费较"十二五"时期有所削减。但突如其来的新冠肺炎疫情使黑龙江省财政收入下滑严重。

（一）财政收入保持稳定，减税降费得到有效落实

2016～2019年，黑龙江省一般公共预算收入运行态势基本保持稳定，4

---

* 本文是2020年黑龙江省哲学社会科学研究规划项目（20JYC151）的阶段性研究成果。
** 刘懿锋，黑龙江省社会科学院经济研究所助理研究员，研究方向为发展经济学、国际经济。

年间平均增速为2.1%。其中,2016年全省实现一般公共预算收入1148.4亿元,同比下降1.5%;2017年为1243.2亿元,同比增长8.3%;2018年为1282.5亿元,同比增长3.2%;2019年为1262.6亿元,同比下降1.5%(见图1)。部分年份出现负增长主要与落实减税降负造成税收收入下降有关。例如,尽管2019年全省一般公共预算收入出现负增长,但剔除减税降费因素后增长7.7%。

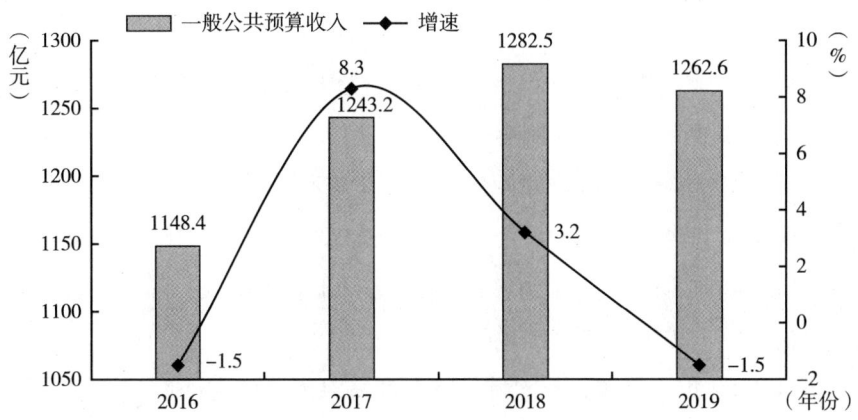

图1 2016~2019年黑龙江省一般公共预算收入

资料来源:黑龙江省财政厅。

从收入结构上看,税收收入占黑龙江省一般公共预算收入比重超过七成,增值税和企业所得税约占税收收入一半。其中,2016年税收收入为827.9亿元,同比下降6.0%;非税收入为320.6亿元,同比增长12.3%。2017年税收收入为901.9亿元,同比增长8.9%;非税收入为341.4亿元,同比增长6.5%。2018年税收收入为980.8亿元,同比增长8.7%;非税税收入为301.8亿元,同比下降11.6%。2019年税收收入为924.4亿元,同比下降5.8%;非税收入为338.4亿元,同比增长12.1%。从税收收入构成上看,随着营改增试点的推进,增值税和企业所得税成为最主要的税源。其中,2016年增值税和企业所得税占税收收入38.8%,2017年占50.2%,2018年占49.3%,2019年占47.9%(见表1)。

表1　2016~2019年黑龙江省税收收入

单位：亿元

年份	税收收入	增值税	营业税	企业所得税
2016	827.9	226.7	135.3	94.6
2017	901.9	350.7	7	102.4
2018	980.8	376.9	4.6	107
2019	924.3	339.4	0	103.7

资料来源：黑龙江省财政厅。

2016年以来，黑龙江省积极落实国家结构性减税政策，减税降费规模不断扩大，有效降低了企业制度性成本。其中，2016年全面推进营改增试点，推动落实结构性减税政策，全年为企业减税降负107亿元；2017年将增值税税率减并为三档，减轻企业税负超过130亿元；2018年对6项行政事业性收费和政府性基金实施停征、免征或降低标准征收，降低城镇土地使用税税额标准；2019年新增减税降费274亿元。

进入2020年，突如其来的新冠肺炎疫情对黑龙江省一般公共预算收入产生了巨大的负向拉动。特别是1~2月，财政收入下降了25.1%。随着疫情得到控制，各级政府财政措施出台，3月以来，财政收入特别是税收收入降幅持续收窄（见图2）。

（二）财政支出持续增长，民生支出比重大幅提升

2016~2019年，黑龙江省一般公共预算支出呈现持续增长态势，年均增长5.7%，年均增速比一般公共预算收入高出3.6个百分点。特别是2019年，增速达到7.2%，全年预算支出首次超过5000亿元（见表2）。黑龙江省财政支出的增长主要源自民生支出力度的大幅提升。2019年全省民生支出达到4314.5亿元，较2016年高出1571.7亿元，增长幅度达到57.3%。民生支出占一般公共预算支出比重由2016年的62.0%提升至2019年的86.1%，提高了24.1个百分点。黑龙江省民生支出的增加为推动就业创业、发展公平优质教育、提高养老保障水平、推动健康龙江建设、完善社会救助

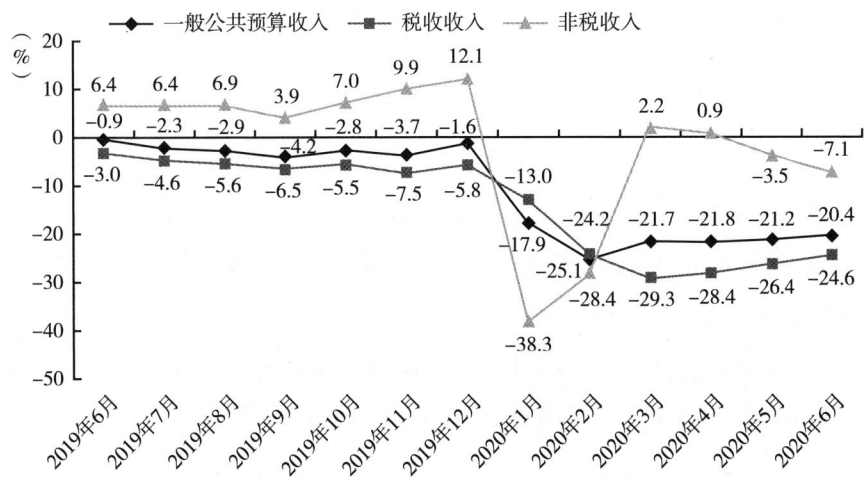

图 2　2019 年 6 月至 2020 年 6 月黑龙江省一般公共预算收入分月累计增幅

资料来源：黑龙江省财政厅。

体系、提升公共文化服务水平、改善城乡人居环境等方面提供了坚实有力的保障。

表 2　2016～2019 年黑龙江省一般公共预算支出

单位：亿元，%

年份	一般公共预算支出	增速	民生支出	民生支出占比
2016	4427.3	5.1	2742.8	62.0
2017	4641.1	9.8	3996.1	86.1
2018	4676.8	0.8	3957.2	84.6
2019	5011.6	7.2	4314.5	86.1

资料来源：黑龙江省财政厅。

（三）新增地方政府债券规模快速增长，债务余额规模可控

2016 年以来，黑龙江省发行的地方新增政府债券规模呈快速增长态势，这些新增债券资金主要用于符合省委、省政府发展政策部署的公益性项目建设，其增长是黑龙江聚力补齐发展短板，提升人民生活水平的表现。其中，

2016年发行地方政府新增债券247.5亿元，同比增长28.9%；2017年377.9亿元，同比增长52.7%；2018年484.9亿元，同比增长28.3%；2019年672.6亿元，同比增长38.7%，较2016年增长了171.8%。从用途上看，2017~2019年，累计有超过77.9亿元用于铁路建设，165.6亿元用于公路建设，超过49.9亿元用于机场建设，227.3亿元用于市政建设，396.1亿元用于土地储备，327.2亿元用于保障性住房建设，85.9亿元用于生态建设和环境保护，44.3亿元用于教育，21.2亿元用于医疗卫生，111.2亿元用于农林水利建设。2019年末黑龙江省地方政府债务余额为4748.6亿元，规模控制在国家核定限额之内。

（四）"三公"经费支出较"十二五"时期有所削减

2016年以来，黑龙江省省本级"三公"经费支出整体上较"十二五"时期有所削减。其中，2016年为30378.7万元，2017年为31554.5万元，2018年为54692万元，2019年为35093万元。除2018年因市县法检"三公"经费上划省级导致支出增加（剔除法检上划因素后，支出同比减少2923万元），其余年份均低于2015年36858.7万元的水平。从构成上看，公车购置及维护费2016年为20282.8万元，2017年为23009.1万元，2018年为46485万元（剔除集中更新执法执勤用车因素后，支出减少4699万元），2019年为27947万元。因公出国（境）费支出总体保持减少态势，2016年为4090.1万元，2017年为3089.9万元，2018年为3237万元，2019年为2642万元，较2016年下降35.4%。公务接待费支出持续减少，2016年为6005.8万元，2017年为5455.5万元，2018年为4970万元，2019年为4477万元，较2016年减少了25.5%。

二 黑龙江省财政运行中存在的问题

（一）财政收入规模较小，财政收支不平衡

由于黑龙江省产业结构较低端，民营经济欠发达，人口人才流失等

原因，造成地方经济造血能力不足，经济增长滞后，具体到对财政的影响，表现在地方财政收入规模较小，占地区生产总值比重偏低，人均地方财政收入偏低。2019 年，黑龙江省地方财政收入规模在全国位次靠后，占地区生产总值比重为 9.3%，低于辽宁省 10.6% 和吉林省 9.5% 的水平。从人均水平看，黑龙江省人均地方财政收入为 3366.0 元，比辽宁省 6094.7 元的水平少了 81.1%，比吉林省 4150.9 元的水平少了 23.3%（见表3）。

表3 2019年东北三省地方财政收入比较

单位：亿元，元

地 区	地区生产总值	地方财政收入	人均地方财政收入
辽 宁	24909.5	2652.4	6094.7
吉 林	11726.8	1117.0	4150.9
黑龙江	13612.7	1262.6	3366.0

资料来源：国家统计局。

与此同时，由于减税降费对税收收入的影响，叠加黑龙江省地方财政支出持续保持中速增长态势，地方财政收入与支出的不平衡愈发凸显。2016 年，黑龙江省一般公共预算收入为 1148.1 亿元，一般公共预算支出为 4427.3 亿元，地方财政收入仅为支出的 25.9%，到 2019 年进一步降低到 25.2%。财政支出方面，由于老工业基地等历史原因以及人口老龄化的加快，导致黑龙江省社会保障支出负担较重。2019 年，黑龙江省地方社会保障和就业支出为 1113.3 亿元，占地方财政支出比重为 22.2%，相比之下，全国这一比重仅为 12.3%。

（二）教育科学支出占地方财政支出比重偏低

科教资源是推进经济高质量发展的重要基础，黑龙江省作出了建设"科教强省"的重要部署。然而从全省财政支出看，教育、科学支出不高，部分年份还出现下降。2016 年，黑龙江省一般公共预算支出中，教育支出558.9亿元,科学技术支出44.9亿元,合计占地方财政支出的13.6%;2019年,教育支出555.1亿元,科学技术支出42.2亿元,占地方财政支出比重进一步下降到11.9%。从全国看,2019年这一比重为18.5%。黑龙江省要实现"科教强省"建设的目标,科教支出在财政支出结构中的比重亟待提升。

(三)地方债局部风险需注意

尽管黑龙江省地方债务余额仍在可控范围内,但要特别注意局部地区的地方债风险可能产生的传染效应。此外,由于地方债问题复杂,隐性债和或有债仍然是值得关注的问题。这样的债务有许多和地方国有企业相关,同时,资产的流动性问题也值得注意,流动性危机也可能带来债务风险。只有经济发展,真正实现高质量发展,债务风险才会得到有效的防范。因此,从根本上看,重视地方债风险,需要建立在促进经济高质量发展的基础之上,这也是财政安全必须充分考虑的问题。

三 2021年黑龙江省财政形势预测

2020年,黑龙江省财政收入负增长已成定局,新冠肺炎疫情的冲击则是直接原因。随着我国疫情防控进入常态化和双循环新发展格局的加速构建,宏观层面经济已基本恢复到疫情之前的增长态势,预计2021年黑龙江省财政收入将实现增长。但这种增长仍属于恢复性增长,考虑到黑龙江省受疫情影响较为严重,财政收入仍面临挑战,积极财政政策仍要继续实施。

根据黑龙江省宏观经济主要指标预测,2020年,黑龙江省地方财政收入为1159亿元,同比下滑8.2%;财政支出4931亿元,同比下降1.6%;财政收支差额为-3772亿元。2021年,财政收入预测值为1206亿元,预计增速为4.1%;财政支出预测值为4992亿元,预计增速为1.2%;财政收支差额预计为-3786亿元(见表4)。

表 4　黑龙江省地方财政收支预测

单位：亿元，%

指标名称	2019 年统计值	2020 年预测值	2021 年预测值
财政收入	1263.0	1159.0	1206.0
财政收入增长率	-1.6	-8.2	4.1
财政支出	5011.0	4931.0	4992.0
财政支出增长率	7.2	-1.6	1.2
财政收支差额	-3749.0	-3772.0	-3786.0

四　促进黑龙江省财政健康运行的建议

2021 年，黑龙江省要以习近平新时代中国特色社会主义思想为指导，全面贯彻落实党的十九大和十九届二中、三中、四中、五中全会精神，认真落实省委、省政府决策部署，实施更加积极有为的财政政策，促进财政健康运行，统筹推进疫情防控和经济社会发展。

（一）开源节流，缓解收支不平衡矛盾

由于新冠肺炎疫情为黑龙江省财政带来的下滑需要一到两年才能恢复，为切实保证政府财力，开源节流、增收节支，是黑龙江省财政系统的重要工作。应挖掘收入征管潜力，整合各类资金，在认真贯彻落实各项结构性税费减免政策的基础上，依法加强对税收和非税收入的管理，完善政府性基金管理，提高国有资本收益上缴比例，严禁采取"空转"等方式虚增收入，努力提高财政收入质量。加强对税收收入增减变化的分析，科学研判税收走势，深入开展税源调查，准确掌握重点税源企业情况，强化收入督导考核，严厉打击偷税漏税行为，实现收入应收尽收。在做好"开源"的同时也要配合"节支"，大力压缩"三公经费"等不必要的一般性支出，健全厉行节约长效机制，继续盘活存量、用好增量，加大结余结转资金统筹使用力度，集中财力向全省经济社会发展的重点领域和关键环节倾斜。政府需要

充分发挥财政杠杆作用，提高经济增长的内生动力。深入研究推进供给侧改革的财税定向精准调控措施，努力培植新的后续财源，扎实推进新经济增长点的财源建设。以发挥市场在资源配置中的决定性作用为导向来优化税收政策。

（二）统筹推进疫情防控和经济社会发展，促进经济高质量发展

一方面，加大财政保障力度，确保疫情防控资金需要。加大医疗卫生投入力度，以及企业稳岗复工复产、创业就业等方面支出，对财政困难市、县加大补助力度。另一方面，应在促进经济高质量发展上坚定不移地加大投入。继续支持创新驱动发展战略，重大创新平台建设；推动传统制造业优化升级，支持推进优势产业做优做强，促进数字经济深度发展；加快国资国企改革，推进财政支持民营和小微企业金融服务提升。推进乡村振兴战略实施，深化农业供给侧结构性改革，支持现代农业发展，积极筹措资金推进高标准农田建设，切实稳定粮食生产；支持农村人居环境改善，落实农村"厕所革命"整村推进奖补政策。落实好扶持生猪生产的政策措施。同时，充分发挥省国有投资平台的投资带动作用，引导社会资金投向现代农业、先进制造等优势产业，培育壮大财税新增长点。落实落细减税降费政策。按照中央和省委、省政府的统一部署，深入落实各项减税降费政策措施，尤其对受新冠肺炎疫情影响的企业，在执行过程中完善政策措施，进一步为企业减轻负担，增强企业投资发展的信心和动力，真正让市场主体特别是中小微企业有更多获得感。

（三）切实保障和改善民生

继续增加基本民生保障投入，有效保障和改善民生，特别是困难群众基本生活。认真加强重点民生实事资金保障，持续解决人民群众最关心最直接最现实的利益问题。一是加大力量实施就业优先政策。统筹使用就业补助资金、职业技能提升行动资金等财政专项资金，充分发挥政府性投资基金引导带动作用，持续为企业纾困，强化对重点群体的就业支持。二是稳步提高社

会保障水平。建立财政支持农村重度残疾人照护服务机制，完善公共卫生服务补助资金动态监控机制，落实提高城乡低保补助、城乡居民最低基础养老金等标准，稳步实施企业职工基本养老保险省级统筹制度，保障各地特别是困难市县养老金按时足额发放。推动各项社会救助政策的有效衔接，防止社会救助制度进一步碎片化。三是集中财力补齐教育发展短板。保障各项学生资助政策的落实，扩充学前教育资源，促进义务教育均衡发展，提高职业教育发展质量，吸引高水平院校来黑龙江办学，助力高等教育高端突破。四是加强公共卫生体系建设。支持完善疫情应急管理体系和防控救治体系，加强省重大疫情救治基地建设。完善城乡基本医疗保险制度和大病保险制度，全面推进和完善城乡居民基本医保门诊统筹制度，深入推进医保支付方式改革。五是推进养老服务体系建设。统筹用好各类财政资金，通过贷款贴息、税费优惠、补贴等手段激发社会资本投资养老服务产业，支持养老院、光荣院等养老服务设施、社区嵌入式养老机构、智慧健康养老服务应用平台等的建设，提高养老服务设施有效供给。

（四）着力深化财税体制改革，加快建立完善现代财政制度

财政体制方面，优化政府间事权划分，推进省与市县教育、科技、交通运输等领域财政事权和支出责任划分改革；实施好大规模减税降费后省以下收入划分改革，合理确定增值税留抵退税分担机制，稳定地方预期，鼓励加快发展，建立健全权责清晰、财力协调、区域均衡的省以下财政关系；研究提出全省资源税征收范围及税率，做好消费税下划地方相关工作。预算制度方面，深化预算管理制度改革，推进综合预算管理，加大财政拨款与部门自有收入的统筹力度；巩固提升省级零基预算改革成果，鼓励市县开展编制试点并加强指导；完善预算支出标准体系，强化对预决算公开实施情况的监督检查，进一步加强全省预决算信息公开工作；加大一般性转移支付力度，从紧安排专项转移支付；深入推进预算和绩效管理一体化，将预算绩效管理信息系统嵌入财政核心业务一体化系统，更好地运用绩效管理手段硬化激励与约束机制，真正做到"花钱必有效、无效必问责"。

（五）规范地方债务管理

按照黑龙江省政府办公厅关于加强政府性债务风险防控和化解工作的要求，进一步落实去杠杆政策，降低政府债务风险，规范政府债务管理模式。严禁地方政府借用融资平台进行变相举债，加强对或有债务的管理，做好对现有存量债务的甄别和管理，对融资平台市场化转型分类推进，做好置换债券偿还工作，严格将置换债券资金用于偿还符合条件的政府债务。健全债务扎口管理机制，严控新增债务，明确地方政府举债的用途和权限，不得用于经常性支出，可以用于公益性资本支出或城市建设，也可以用于置换存量债务。各级政府债务规模要与各自的财政承受能力相匹配，建立各级政府分级负责的政府性债务管理机制。进一步加强地方政府投资决策以及债务融资的制度化管理，严格债务发行工作程序，明确债务相关责任，有序推进地方债发行，保障债务资金效益的有效发挥。建立健全政府债务风险预警系统，通过科学、系统、完备的债务风险预警机制，加大对高风险地区和行业风险化解的监管和指导力度，逐步将政府性债务收支纳入预算管理，完善债务管理长效机制。从防风险逐步向抗风险转变。加强债务风险监管，建立涵盖显性和隐性债务的信息披露制度，形成地方政府债务限额及债务收支情况随同预算公开的常态机制，实现债务监管日常化、制度化和阳光化，防止各种形式的变相、违规举债，避免隐性债务风险。

B.19 黑龙江省深化国有企业改革对策研究

王大业*

摘　要： 黑龙江国企国资改革在省委、省政府的高度重视下在关键领域和重要环节取得突破性进展，为龙江经济社会发展做出重要贡献，增强改革的系统性、整体性、协同性，需要在更大的范围、空间和力度上推进全省国资系统改革。本研究报告深入分析黑龙江国有企业在疫情影响下暴露出来的产业链条存在安全隐患、高层次人力资本流失严重以及自主创新内生动力不足等问题，并针对性地提出增强国有企业营利能力、增强国有经济竞争力、加快国有经济产业布局结构优化调整、完善国资监管体系、高质量党建引领国有经济高质量发展等策略及措施，深入推进黑龙江国有企业改革发展，释放国有经济活力，提升国有经济国际竞争力。

关键词： 国企改革　企业竞争力　黑龙江省

2020年是全面建成小康社会和"十三五"规划的收官之年，是贯彻落实国企改革三年行动方案的开局之年，是全省省级产业投资集团实现规范运转的起步之年，是解决历史遗留问题减轻企业负担的关键之年。随着国企改革三年行动方案的出炉，黑龙江国有企业改革的具体目标、时间表、路线图进一步明确，标志着全省国企改革进入"全面施工"阶段。全省国有企业

---

* 王大业，黑龙江省社会科学院文化和旅游研究所助理研究员，研究方向为国企改革。

在疫情防控中经受了考验,发挥了"突击队""压舱石""顶梁柱"的重要作用,为全省疫情防控和经济社会平稳运行提供了强大的支撑和保障。全省国资监管机构和国有企业扎实做好"六稳"工作,全面落实"六保"任务,加快国企改革步伐,激发国企改革内生动力和市场竞争力,为龙江全方位振兴做出贡献。

一 黑龙江省国有企业改革发展形势分析

(一)黑龙江省国有企业总体运行状况

2019年,全省国有企业(不含金融、文化类)累计实现营业收入1338.05亿元,同比增长7.15%,上缴税费88.28亿元,其中省国资委出资企业累计实现营业收入784.39亿元,上缴税费55.13亿元;各项改革红利逐步释放,国有经济全力服务于全省高质量发展战略大局。2020年前两季度受疫情影响,全省国有企业主要经济效益指标同比降幅逐步收窄,国有经济总体运行企稳,处于恢复阶段,运行好于预期。在营业收入方面,同比小幅下降,降幅环比逐步收窄,1~6月全省地方国企累计实现营业收入482.36亿元,同比下降0.73%,降幅较一季度收窄15.27%。在经济效益方面,亏损额度逐月下降,1~6月全省地方国企累计亏损16.40亿元,随着国有经济生产经营步入正轨,亏损额度逐月下降,5月和6月分别实现盈利3.62亿元和0.12亿元。在已缴税费方面,同比下降,环比恢复增长,1~6月全省地方国企已缴税费28.51亿元,同比下降27.99%,其中6月已缴税费4.66亿元,环比增长25.04%。

(二)黑龙江省国有企业重要领域改革状况

"十三五"期间,全省地方国有企业完成混改已突破100户,引进非国有资本90多亿元。2019年,全省新增混合所有制企业38户,引入非公资本30多亿元。哈药集团、冰雪大世界、龙煤盛安公司等重要国企完成质量较高的混改项目，省交集团与中国五矿、产投集团与哈电集团在石墨矿、生物质发电项目进行股权多元化合作，国有资本与非国有资本实现有机融合，企业经营效果逐步显现，摆脱困境，内生动力得到进一步加强。

为全面贯彻落实习近平总书记关于东北国企改革的重要讲话和重要指示精神，2020年出台4个"1+N"改革配套文件，文件总数已达28个，全省国资国企改革政策体系框架基本完备，为黑龙江国企改革提供完善的政策工具。龙煤集团改革脱困取得阶段性成效，成立北大荒农垦集团总公司，组建龙江森工集团、伊春森工集团，结束困扰黑龙江省多年的垦区、林区政企合一体制。

坚持新发展理念，推动国有企业高质量发展，助力黑龙江经济向好发展，2019年完成了农投、旅投、交投、建投、产投、森工、金控7个省级产业投资集团的组建工作，市场化改革稳步前进，涉及资产4000多亿元，新增金融机构授信超过1万亿元，省国资委出资企业完成投资额173.3亿元。坚持以管企业为主向管资本为主转变，逐步形成国资监管大格局，2019年制定了《省国资委授权放权清单（2019版）》，再下放10项权力，切实释放微观经济发展活力；推进政企、政资、政事分开，521户企业纳入脱钩范围，处置重大法律纠纷案件11件，避免和挽回经济损失3亿多元。2019年处置国企问题线索90件，立案20件，收缴违纪款203.65万元。持续优化企业内部改革发展环境，突出解决制约企业发展的诚信经营、公平竞争、依法治企、合作共赢等突出问题，形成国有企业示范作用，坚持党的领导为黑龙江国企国资改革提供坚强的政治保证。

（三）疫情影响下黑龙江国有企业发挥重要作用

全省国有企业在疫情防控和经济社会发展两条战线发挥重要作用与责任担当，积极推进"六稳"工作，哈电集团、一重集团、大庆油田等重点国企经济效益逆势上扬，稳住全省经济基本盘，为黑龙江经济社会运行回稳向好做出重要贡献。在应急保供方面，全省国企坚决执行降电价、降气价、降资费、降路费、降房租政策，降低疫情期间社会运行成本，大庆石油、大庆石化、哈石化及电力热力供应、通信邮政领域重点国企始终坚持生产运行，为疫情防控提供强大的支撑与保障。中粮生化肇东公司、昊华化工提前复工，省邮政公司2103个网点全部正常运行，有效保障防疫物资及时供应配送。省电网公司面对疫情强化保障，为全省643家定点医疗机构、680家重要用户提供稳定电力服务，完成省中医药大学哈南分院和绥芬河方舱医院电路升级改造。在医疗支援方面，医药类国企第一时间启动突发传染病应急反应机制，运用5G技术、物联网、人工智能技术，在核酸检测、新冠肺炎患者远程诊疗、药物器械研制等方面开展应急攻关，用先进的技术和产品助力全省抗击疫情，其中大庆油田新上生产线生产口罩526万只，中粮生化肇东公司生产消毒酒精1.16万吨。中国移动提供医疗服务机器人、医疗急救车、无人物流车和无人防疫车等5G智能设备服务全省多家医疗机构，支撑数百次远程医疗会诊，提高全省医疗系统服务效率。在复工复产、稳定产业链安全方面，驻省央企推出大数据服务，通过多源性、海量性、开放性的数据服务，为全省主要产业链复工复产提供精准决策。国有企业有序复工复产打通重要产业链上的堵点、难点、断点，保障重点行业稳步运行，同时推动产业链上下游中小企业的有序复工复产。黑龙江大数据公司利用"龙数国资云平台"与省内重点企业对接，调集全部云计算资源，从平台使用到团队保障提供免费服务。三大电信运营商通过远程诊断、网上授课、视频会议和公众通信等方式支持全省各级党政机关防控指挥需要，确保全省防疫指挥体系高效运转。哈尔滨海邻科针对哈尔滨春季疫情防控特点推出适合寒冷条件下使用的移动警务终端产品，保障机场、高铁、高速公路等重点防控区域的特殊需求。

二 黑龙江省国有企业改革发展存在的主要问题

黑龙江省国有企业发展取得喜人成绩，很多历史性难题得到破题，然而一些结构性、体制性、观念性的深层次矛盾没有得到根本性解决，成为影响黑龙江国有经济高质量高效率发展的绊脚石。在疫情影响下全省国有企业运行暴露出一些漏洞和短板，需要在今后改革进程中加以改进和补齐。

（一）疫情影响下产业链条安全存在隐患

在中长期疫情影响下全球产业链面临局部调整甚至链条重构的局面，全省国有企业对化工、机械、航空、汽车等产业链的把控能力尚显不足，技术密集型、资本密集型产业链条对外依存度较高，安全存在一定隐患，影响黑龙江国有经济的国际竞争力。一方面对石油、天然气等核心战略物资的生产运输控制力不强，关键工业半成品及元器件方面，高端芯片自主研发能力较弱，高端生产性设备对进口的依赖较强，重要领域的核心技术受制于人；一方面黑龙江国企在全员劳动生产率、研发投入水平、标志性产业集中度等方面与国际水平还有一定差距，国外资本和技术并不能从根本上解决本省国企的创新能力和短板问题；另一方面在基础研究、应用研究、重要产品开发与试验等方面，全省国企在不同程度上存在重复利用、低水平研究、科研经费使用率较低、产学研用衔接不紧凑等问题。

（二）国有企业自主创新内生动力不足

一方面黑龙江老牌国有企业过度依赖低成本比较优势，大量劳动力、土地、资金等生产要素的投入，制约了企业对技术密集型产业的关注度，导致产业发展"空心化""低度化"，内部增长潜力没有被充分释放，新旧动能转换亟待加快，企业内部创新动力不足。从供给端来看，以政府为引导、企业为主体、市场为导向的产学研用的企业科技创新体系尚未完善，创新要素没能向国企内部有效聚集。从需求端来看，没能形成成熟的自主创新产品初期市场来推动国企重大科技成果转化，创新产品的市场化和产业化水平相对国际水平较低。

（三）高层次人力资本流失问题严重

高层次人才队伍是提升黑龙江国企竞争力的关键要素，造成近年来黑龙江国企高层次人力资本流失主要有两方面原因：一方面与全省整体人口外流紧密相关，由于待遇较低、发展空间受限等原因，高层次人才不愿意留在本省国企工作，而是选择去南方经济发展较快、思想活跃的区域发展，本地人才留不住、外地人才引不来成为全省国有企业亟待解决的问题；另一方面国企内部针对高层次人才的激励体系不完善，以往出台的激励标准缺乏吸引高端人才的亮点，未能将企业的中长期规划与激励机制有效结合，一些国企存在激励主体针对性不强，导致在职高层次人才对目前的薪资水平、提升空间普遍不满。

三　黑龙江省国有企业改革发展对策

（一）疫情影响下增强国有企业营利能力，实现国有经济稳增长

一是疫情影响下，要对国内防控局势和国际形势的严峻性、复杂性有充分估计，做好长期应对外部环境变化的预案，全省各级国资监管部门和国有企业要牢固树立过"紧日子"的思想。二是在组织层面，建立健全全省国企国资"一盘棋"应急防控体系，在基础设施储备模式、大数据管理、通信保障、物流能力建设等方面增加专项投入。三是在机制层面，形成全省国企国资"全过程"响应机制，在企业内部要建立指挥有力、责任明确、迅速地响应突发公共卫生事件立体防控机制。四是在保障层面，建立应对突发事件的长效保障机制，建立应急物资指定机构和队伍，完善应急物资的智慧供应链平台和应急通讯保障系统，加强针对突发公共卫生事件的应急演练。五是充分发挥全省国企在维护产业链和供应链安全稳定、公共卫生基础设施建设的重要作用，对在疫情防控中暴露出来的问题和短板进行梳理，制定具体对策并形成总体战略。相关重点国企要加强产业链核心环节、敏感技术、高端装备"走出去"的管控，降低关键环节被外资主导的风险和国内产业"空心化"风险，同时通过"开放式"的自主创新，补齐既有重要产业链存在的技术短板。

（二）深化国有企业改革，增强国有经济竞争力

一是以国企改革三年行动方案为重要抓手，抓重点、补短板、强弱项，推动全省各级国企完善中国特色现代企业制度，健全市场化经营机制，由依靠行政命令改革向依靠市场化手段改革，防止改革措施在实施过程中出现变异与失灵，增强国有经济运营能力。二是继续加快推进混合所有制改革，向重点领域和重点企业精准发力，三年时间选择推进170个混改项目，选择一批资产规模较大或列入国家"双百行动"企业作为重点对象，坚持"宜混则混、一企一策"的工作方针，国有资本与民营资本融合发展的战略。继续推进龙江森工集团院墙企业重组、兼并和市场出清，对具备条件的企业积极推进混改，与中林集团、环球集团等央企合作探索集团二级公司混改，同时鼓励地方国企积极参与央企在黑龙江投资项目，实现项目公司股权多元化。三是抓好重点国企改革攻坚，省旅投集团要在集团层面加强与央企旅游龙头企业合作实现股权多元化，鼓励省产投集团、省农投集团积极参与中国一重集团、哈电集团等驻省央企所属子公司引进战略投资者混改，以此推动驻省央企混改进行，同时加快推进在建项目特别是"百大项目"建设进度，突出主业、突出优势、突出重点抓好大项目储备。同时妥善解决历史遗留问题，分类处置，对符合处置条件的"僵尸企业"，要抓紧实现市场出清，克服处置中启动难、实施难、人员安置难的瓶颈，释放沉淀的资金、劳动力、技术等生产要素向有发展潜力领域流动。

（三）加快国有经济产业布局结构优化调整

推进国有经济产业布局结构优化调整，应该在云计算、大数据、人工智能、移动应用、集成电路、区块链等新兴领域布局提供支持，以此增强全省国有经济竞争力、创新力、控制力、影响力和抗风险能力。一是以编制全省国资系统"十四五"规划为抓手，提高政治站位，强化中长期规划战略引领作用，分析"十四五"时期面临的新矛盾、新问题、新挑战、新目标，紧密围绕"五大安全""六个强省"开展规划编制工作，聚焦主责主业，主

动对接国家"一带一路"大项目和中蒙俄经济走廊建设。同时在编制过程中要分析研判国内外防疫形势，充分考虑疫情对全省国有资本布局带来的影响和挑战。二是加强全省国企在数字经济发展上的支撑和引领作用，增强企业的数字化生存能力、数字化发展能力、数字化协同能力，形成线上、线下相互融合的新商业模式。三是加快创新发展，积极开发增量市场，努力培育形成新的市场增长点，破解制约全省国有经济高质量发展的经验依赖、路径依赖、资源依赖、价格依赖。四是加大国际交流合作力度，对标国际一流同行业企业，深入查找企业自身管理的薄弱环节，找准短板缩小差距，形成系统完备、科学规范、运行高效的中国特色现代国有企业管理体系，培育一批百亿级骨干国有企业，提高黑龙江国有企业在国际市场的竞争力和影响力。

（四）完善国资监管体制，构建国资监管大格局

深化黑龙江国有企业改革，应该把完善国有资产监管体制作为重要保障，提高全省国有资本流动性和配置效率，使国有经济全方位引领龙江经济社会发展。

首先，以"管企业"向"管资本"转变为抓手，加强对国有资产监管，在监管理念、重点、方式、导向上进行实质性转变，优化监管机关职能设置和服务效率，推行"用指标选人，看业绩发薪"的管理模式，建制度、立台账，坚持底线原则，强化对企业负债率监测管控，推动高负债企业落实降杠杆任务，加大对各级国有企业金融风险的防范力度。其次，各市（地）经营性国有资产集中统一监管，形成上下贯通、协调联动的国资监管大格局，打破区域与行业壁垒，在全省范围推动国有资本合理流动，提升生产要素配置率，提高委托监管效率，以更高站位推进全省国企改革进程。同时以《省国资委机关"三年中游、五年一流"目标创建方案》为工作重心，深入剖析企业实际案例，提升全省国资监管干部的管理专业化水平。再次，逐步探索形成全省各级国资监管机构、国资投资运营公司、国有企业联动改革方案，明确三者之间的权责边界，继续开展国有资本授权经营体制改革试点，坚持授权与监管相结合、放活与管好相统一，加大授权放权力度。采取股权

注入、资本运作、收益投资等方式提高国有资本投资运营公司运行效率，放大投资运营功能，实现全省国有资本、资金、资产、资源的良性循环。最后，全省各级国资监管部门应该科学制定可量化、可考核指标，坚持"业绩升、薪酬升，业绩降、薪酬降"的主体原则，对业绩突出的国企要给予考核加分和工资总额奖励。积极探索由监事会、审计、纪检、监察多部门联动的常态化监查机制，提高全省监管数据应用水平，推动违规责任追究制度落实，完善监督协同机制，抓好重大问题核查，防止国有资产流失。

（五）高质量党建引领国有经济高质量发展

充分发挥全省国有企业党组织的领导作用，把党的领导融入公司治理重要环节，把党组织内嵌到公司治理结构中，将党委讨论研究作为董事会、经理层决策重大问题的前置程序。以贯彻落实《中国共产党国有企业基层组织工作条例》为重要契机，加快推进全省国企党建工作提质、增效、升级，搞好省属和地市企业党建工作的总体设计，加强对党风廉政建设和反腐败工作的领导。同时要加强国有企业干部队伍建设，发挥党组织领导和把关作用，培育优秀企业家队伍，企业党组织要在选定标准、规范程序、考察任用、推荐候选人等重要环节把好关。完善职业经理人制度的管理办法和配套政策，规范全省国企职业经理人的选拔任用、考核评价、薪酬激励、监督管理，把党建制度优势转化成企业生产经营效能。加强思想宣传工作，通过主要领导讲党课、利用"两微一端"载体、编制"口袋书"等多种灵活方式推动党建工作在国企内部走深走实，把基层党组织标准化作为推动全省国有经济高质量发展的重要载体。

参考文献

张维迎：《企业理论与中国企业改革》，上海人民出版社，2014。
杨永利：《国有企业经营者激励与监督机制》，科学出版社，2015。

曾坤生:《管理学》,清华大学出版社,2012。

张文魁:《混合所有制的公司治理与公司业绩》,清华大学出版社,2015。

常修泽:《混合所有制经济新论》,安徽人民出版社,2017。

刘泉红:《国有企业改革——路径设计和整体推进》,社会科学文献出版社,2012。

周叔莲:《改革与探索:社会主义经济体制研究》,中国社会科学出版社,2013。

Erik Kirschbaum, *German Privatisation Agency Poor Model for Greece*, Reuters, 2014.

Nicholas R. Lardy, *The Rise of Private Business in China*, Peterson Institute for International Economics, 2014.

Zhang Yanan, "Some Thoughts on Improving China's Bankruptcy Protection Mechanism", 2015.

# B.20
黑龙江省居民收入分析与预测

邢 明*

摘　要： 2020年新冠肺炎疫情对经济运行和发展增加了诸多不确定因素，黑龙江省在党中央及省委、省政府的领导下积极应对疫情，经济发展受到一定的冲击，经济增速低于全国平均水平。受此影响2020年1~6月，整体居民收入增长乏力。城镇居民收入同比负增长，受疫情影响较大；农村居民收入同比大幅度增长，受益于黑龙江省农业政策的积极调整。随着新型冠状肺炎疫情的有效控制，经济层面将持续向好，预计2020年末黑龙江省居民收入增幅将转正值。建议黑龙江省在加大改革力度促进经济增长，率先完善要素市场化配置，继续提高劳动报酬的公平性、消除疫情对居民收入的负面影响等方面促进居民增收。

关键词： 居民收入　收入差距　黑龙江省

一　黑龙江省居民收入现状

2019年黑龙江省地区生产总值增长4.5%左右。初步核算2019年黑龙江省城镇和农村居民人均可支配收入分别增长6%和8.5%左右，增速均低于同期全国平均水平。

---

* 邢明，黑龙江省社会科学院农业和农村发展研究所副研究员，研究方向为"三农"问题。

（一）2020年黑龙江省城乡居民收入增长乏力

2019年黑龙江省居民收入增速低于全国均值，但总体保持向好的态势。2020年初受新冠肺炎疫情影响，直接导致居民收入增长乏力。2020年1~6月，黑龙江省城乡常住居民人均可支配收入呈现负增长。黑龙江省居民人均可支配收入11209元，同比名义增长-0.24%。同期，全国居民人均可支配收入15666元，名义增长2.4%。全国居民人均可支配收入中位数13347元，增长0.5%，中位数是平均数的85.2%。2020年1~6月，黑龙江省居民人均可支配收入是全国平均水平的71.5%。黑龙江省在全国31个省区市中人均收入排名第29。其中，负增长的三个省市分别是湖北省（-9.42%）、天津市（-1.75%）、黑龙江省（-0.24%）。实际收入最高是上海市，人均35294元，增幅3.64%。增幅最高的是西藏自治区，同比增长9.66%。

2020年1~6月，黑龙江省农村常住居民人均可支配收入增速高于全国同期平均水平。国家统计局黑龙江调查总队抽样调查结果显示，2020年1~6月黑龙江省农村居民人均可支配收入同比实现稳步增长。黑龙江省农村常住居民人均可支配收入实现6706元，比上年同期名义增长8.2%，增幅居全国各省区市排名第2。高于全国农村居民人均可支配收入平均增速4.5个百分点。扣除价格上涨因素，实际增长3.5%，实际增速比2020年1~3月份提升3.3个百分点。2020年1~6月全国农村居民人均可支配收入8069元，同比名义增长3.7%，扣除价格因素，实际下降1.0%。全国农村居民人均可支配收入中位数6682元，同比增长1.2%，中位数是平均数的82.8%。黑龙江省农村居民收入增幅虽然居全国第2位，农村居民人均可支配收入虽然超过全国农村居民可支配收入的中位数，但总量仍然偏低，仅为同期全国平均水平的83.1%。

2020年上半年黑龙江城镇居民人均可支配收入为14845元，同比名义增长-3.1%，降幅比2020年1~3月份收窄1.7个百分点，城镇居民人均消费支出为8668元。同期全国城镇居民人均可支配收入21655元，同比增长1.5%。全国城镇居民人均可支配收入中位数19617元，增长0.4%，中位数是平均数的90.6%。黑龙江省城镇居民可支配收入仅为全国平均水平的68.6%。

（二）"十三五"期间黑龙江省居民收入情况

"十三五"期间黑龙江省居民收入稳定增长，但涨幅低于全国平均水平。2016~2019年全国人均可支配收入分别为23821元、25974元、28228元、30733元，同期黑龙江省人均可支配收入分别为19838元、21206元、22726元、24254元，分别为同期全国人均水平的83.3%、81.6%、80.5%、78.9%，比例持续下滑，2020年上半年更是下滑到71.5%（见表1）。

2016~2019年，全国城镇居民人均可支配收入分别为33616元、36396元、39250元、42359元，同期黑龙江省城镇居民人均可支配收入分别为25736元、27446元、29191元、30945元，分别是同期全国城镇居民人均可支配收入的76.6%、75.4%、74.3%、73%，2020年上半年这一比例下降到68.6%。

2016~2019年，全国农村居民人均可支配收入分别为12363元、13432元、14617元、16021元，同期，黑龙江省农村居民人均可支配收入分别为11823元、12665元、13804元、14982元，分别占同期全国农村居民人均可支配收入的95.6%、94.3%、94.4%、93.5%。

表1 "十三五"期间黑龙江省居民收入与全国居民收入比较

单位：元，%

年份	全国人均可支配收入	黑龙江省人均可支配收入	黑龙江占全国比例	全国城镇居民人均可支配收入	黑龙江省城镇居民人均可支配收入	黑龙江占全国比例	全国农村居民人均可支配收入	黑龙江省农村居民人均可支配收入	黑龙江占全国比例
2016	23821	19838	83.3	33616	25736	76.6	12363	11823	95.6
2017	25974	21206	81.6	36396	27446	75.4	13432	12665	94.3
2018	28228	22726	80.5	39250	29191	74.3	14617	13804	94.4
2019	30733	24254	78.9	42359	30945	73	16021	14982	93.5
2020（1~6月）	15666	11209	71.5	21655	14845	68.6	8069	6706	83

资料来源：《中国统计年鉴2019》、《黑龙江统计年鉴2019》、《黑龙江省统计月报》（2020年6月）。

（三）省内地市收入差异情况

黑龙江省各地市之间城镇居民可支配收入差距明显，在13个地市中，仅有哈尔滨、大庆、牡丹江三地市城镇居民人均可支配收入超过全省平均水平。以2018年城镇居民人均可支配收入为例，全省人均29191元，其中，哈尔滨为37828元、大庆为41091元、牡丹江市为32504元，其他地市均低于全省平均水平。以鸡西、鹤岗、双鸭山为代表的煤炭资源型城市和以林业资源为基础的伊春市，大兴安岭的资源型城市，城镇居民人均可支配收入均低于全省平均水平。农村居民人均可支配收入只有大兴安岭和七台河两地一直低于全省平均水平。与城镇居民收入形成鲜明对比的是鸡西市，鸡西市农村常住居民人均可支配收入居全省13个地市排名第一梯队，高于哈尔滨、大庆等工业强市（见表2）。

表2　2016～2018年黑龙江省各地市居民收入

单位：元

地区	城镇常住居民人均可支配收入			农村常住居民人均可支配收入		
	2016年	2017年	2018年	2016年	2017年	2018年
全　省	25736	27446	29191	11832	12665	13804
哈尔滨	33190	35546	37828	14391	15557	16934
齐齐哈尔	24629	26304	28051	12943	13965	15283
鸡　西	21227	22607	23889	15592	16808	18258
鹤　岗	20085	21370	22639	13041	13967	15134
双鸭山	22416	23806	25272	13035	13882	15102
大　庆	36509	38736	41091	13909	14757	15978
伊　春	22189	23676	25191	12827	13725	15017
佳木斯	24632	26332	28141	13912	14872	16315
七台河	22071	23528	24949	11405	12169	13230
牡丹江	28489	30569	32504	15688	16896	18458
黑　河	24474	26138	27957	12969	14007	15268
绥　化	22060	23450	25023	12014	12831	14002
大兴安岭	21803	23220	24718	11349	12098	13288

资料来源：《黑龙江统计年鉴2019》。

二 黑龙江省居民收入增长存在的主要问题

(一)经济下行压力大居民增收困难

2020年1~6月,由于新型冠状肺炎疫情影响,我国GDP增速-1.6%。全国31个省区市中有15个GDP增速为负值。黑龙江省GDP同期增速为4.8%,仅高于疫情最严重的湖北省(-19.3%),在全国31个省区市GDP增速排名中列倒数第二位,GDP总量为5250.6亿元。其中,第一产业增加值480.6亿元,同比增长0.2%;第二产业增加值1595.7亿元,同比增长-5.4%;第三产业增加值3174.3亿元,同比增长-5.6%。规模以上工业增加值增长-4.0%,社会商品零售额增长-22.7%,固定资产投资同比增长0.3%。从2020年1~6月的经济主要指标上看,黑龙江省经济增长乏力,是影响居民收入的主要因素,特别是第二、第三产业的增加值负增长,直接导致了城镇居民工资性收入和经营性收入的下降。黑龙江省发生疫情期间,对疫情管控非常到位,停工停产、封闭交通、封闭社区等一系列措施,做到了有效防控,但是由于黑龙江疫情的二次反复拉长了防控时间,截止到2020年9月,黑龙江省防控措施依然严厉,社区为半封闭状态,小微企业经营仍受到疫情管控限制。2020年1~6月黑龙江省农村居民人均工资性收入为1373元,比上年同期减少224元,同比增长-14%,工资性收入占可支配收入比重下降到20.5%,比上年同期减少5.3个百分点。受疫情影响,春节期间返乡农民工不能返程务工,城镇工厂商业等实体经济为配合疫情防治停工停产,农村居民失去外出打工的经济来源,因此工资性收入大幅度降低。但随着疫情防控得当和有效控制,农民外出务工将逐步恢复。

(二)产业结构影响仍然存在

从"十三五"期间黑龙江省居民收入地区差异上比较来看,黑龙江省资源型城市转型发展接续产业并不理想,传统的煤炭和森林资源型城市,并没有形成有效的接续替代型产业，相比较黑龙江省非资源型城市，其工业产业虽不如发达地区及哈尔滨、大庆等地，但其产业布局仍能推动城市经济发展，相比较而言，传统资源型城市城镇居民收入低，很容易陷入低速发展的恶性循环，不仅影响经济发展，长期来看对社会发展也起到阻碍和制约作用。黑龙江省近几年来属人口净流出省份，即使是省会城市哈尔滨户籍人口也在逐年减少，这种现象对经济发展影响极大，必须得到有效控制。此外，尽管黑龙江省大力推行改善营商环境的举措，提高经济发展软环境，但由于惯性思维和一直以来的行为模式，很难彻底地有效地形成一个良好的营商环境，很难吸引投资，很难吸引劳动就业者聚集。

（三）农业稳定拉动农村居民增收

黑龙江省农村居民人均可支配收入持续稳定高速增长，其主要原因在于，黑龙江省委、省政府把农业生产作为第一要务狠抓落实，形成了农业稳定发展的长效机制。稳定的农业形势直接带动农民经营性净收入增长。2019年黑龙江省调整种植业结构，大幅增加大豆的种植面积，2019年底水稻价格不高，农户销售比例小。2020年以来大豆、玉米及水稻收购价格均上涨，同时销量增加进而带动经营性收入的提高。猪肉等农牧产品的价格持续高位运行，带动农村居民牧业生产的积极性，同时也增加了农村居民的收入。2020年1~6月，黑龙江省农村居民经营收益快速提升，是拉动黑龙江省农村居民经营性收入增长的关键，人均经营净收入为3606元，比上年同期净增加了861元，同比增长31.4%，农村居民经营净收入占同期人均可支配收入的比重为53.8%，比上年同期提高了9.5个百分点；其中，人均农业经营净收入增长16.3%，人均牧业经营净收入增长140%。稳定的农业生产环境，也使得承包耕地费用上涨，进而拉动了农村居民财产性收入的增长。2020年1~6月黑龙江省农村居民人均财产性收入为624元，同比增长10.5%，财产性收入占同期人均可支配收入的9.3%，比例与上年同期一致。

（四）黑龙江省居民收入预测

2020年新冠肺炎疫情对黑龙江经济发展以及居民收入造成严重冲击，但随着防疫措施的逐步解除，以及各种促进经济发展的政策逐步落地实施，2020年第四季度经济指标有望好转，将拉动居民收入持续增长。农业生产受自然灾害影响的概率较大，但是黑龙江省经过农业基础投入和种植业结构调整，粮食生产全面丰收形势看好，粮食产量有望实现增收。与此同时，国内国际经济形势以及主要农产品价格的波动性显著增强，粮食价格向上浮动的因素增加，主要粮食作物价格上涨将成为大概率。2020年黑龙江省农村居民完全可以实现增产又增收，预计2020年末，黑龙江省人均可支配收入将突破25000元，城镇居民人均可支配收入有望与2019年持平，农村居民可支配收入将突破16500元关口。

三 促进黑龙江省居民收入增长的对策

（一）加大改革力度促进经济增长

发展经济促进居民增收。大胆创新和改革，捋顺改革中体制、制度性的弊病。走出一条黑龙江后发赶超的新路径，促进经济发展有效带动居民增收。持续加大改善营商环境的力度，要在管理观念和理念上寻找突破口，明确破坏改善营商环境的追责机制，建立及时发现问题、解决问题的台账。提高政府服务企业、服务群众办事的效率，建立提高效率的激励机制，利用科技手段和网络联合办公提高办事效率，压缩审批时限，完善不予审批的反馈和解决机制。解决企业与职能部门历史遗留的经济问题。优先处理涉及政府部门的司法问题，让职能部门违法问题得到快速纠正，加大政府涉法案件执行力度，出台法律法规专项整治处理涉及营商问题的司法案件。完善经济发展软环境建设，要以事事有回音、事事有态度、事事有时效、事事有人管为促进经济发展的出发点。逐步建立经济发展长效机制，产业布局、项目选择、发展规划要有更长远的眼光。激发经济活力，加强本地产品消费的首选力度，完善中小企业的设立和投资的负面清单管理制度，避免和及时改正懒政庸政行为和制度。政府提供服务和合理合法的监管为促进经济保驾护航。

（二）提高劳动报酬的公平性

继续深化劳动分配制度的改革，提高劳动者报酬的公平性。加大扶贫力度，加大低收入群体的保障力度。提高教育、公益部门、科研等劳动者的工资待遇，按照相关政策和承诺积极推进落实，保证这部分群体收入增速与城镇居民收入增速同步。在提高这部分群体工资待遇的同时，加强这部分群体收入改革的合理性，避免改革过程中利益分配者寻租问题的发生，本着多劳多得、按劳分配的原则。避免突出个体压抑整体的收入改革方案；提高基层公务员收入，缩小基层公务员与普通劳动者的收入差距，缩小黑龙江省公职人员与其他省份公职人员的收入差距。规范公职人员住房补贴和福利性住房的建设，以解决实际需求为出发点。开放性的政策补贴要公开透明，对于吸引人才和创业者提供的收入补贴政策集中发布，利用政府网站和公共媒体开辟专栏，提供政策咨询窗口。保障农民权益，严厉打击坑农害农事件。保障务工农民合法权益不受侵害，加大保护务工农民政策措施、法律法规的宣传力度，让务工农民有自我保护意识。

（三）率先完善要素市场化配置

按照《关于构建更加完善的要素市场化配置体制机制的意见》三十二条着力推进黑龙江要素市场化改革。以要素市场化改革为契机，促进经济可持续发展和居民增收。黑龙江依据自身优势，建立健全城乡统一的建设用地市场，做好农村集体经营性建设用地入市的相关工作，资源型城市在土地市场化中寻找经济发展的突破口。防范黑龙江省劳动力流失，特别是大中城市要加强吸引人才、防范人口流失的举措。补齐黑龙江金融领域短板，试探性地在粮食流通领域做强黑龙江省的金融业。依托黑龙江省科技人才比例高的特点，加大科技创新与收入挂钩的制度建设，最大限度地发挥科技人才优势。推进农业数字化建设,依托黑龙江省的大农业,发展数字农业相关产业,在农业大数据领域抢占先机。黑龙江要抓住"要素配置市场化"的先机,激发市场经济活力,促进经济良性发展,进而带动居民增收。

(四)消除疫情对居民收入的负面影响

最大限度降低疫情防治对居民增收带来的负面影响。疫情影响之下,部分城镇居民收入大幅缩减,特别是对有固定支出的群体与因疫情影响到生产和生活的群体,应及早出台相关政策帮扶这部分居民。对于小微企业及个体工商户等出台创业及再就业相关政策,因疫情防治带来的歉收部分,考虑予以税费的减免来抵扣。避免因疫情出现倒闭潮、出现人口迁移现象。疫情防范常态化期间,更应注重经济的活力和居民工作生活的便利性,可以放宽政策让地摊经济常态化。加强黑龙江经济内循环力度,引导居民增加本地产品消费的意识,意识到网络购物对实体商业体的冲击。农业生产提前做好备产备耕,防止疫情反复影响农业稳定发展。加大数字农业、精准农业试点建设的力度,做好数字农业的区域规划,为全面推进数字农业、数字农村做好准备工作。

B.21
黑龙江省保就业对策研究

栾美薇*

摘　要： 新冠肺炎疫情发生以来，居民就业问题凸显，重点行业和重点群体就业压力较大，"六稳"工作、"六保"任务面临严峻的挑战。受疫情影响，黑龙江省就业形势严峻，外出务工农民工数量减少，省内高校毕业生增多，就业总量矛盾和结构性矛盾尤为突出。通过对当前就业形势进行分析，从大力度稳岗拓就业、鼓励新经济新动能发展、加大企业金融支持力度等方面提出有针对性的对策建议。

关键词： 保就业　就业状况　新兴产业　黑龙江省

就业是民生之本，是社会稳定发展的压舱石，是人们实现价值、解决温饱、改善生活的基本途径。近年来，国内产业处于转型升级的调整期，内部经济发展不乐观，外部面临着全球经济下滑，贸易摩擦不断升级，逆全球化趋势明显，就业问题逐渐成为头等大事，就业难度不断增大，新冠肺炎疫情的发生，进一步加剧了就业压力。

一　黑龙江省就业现状分析

新冠肺炎疫情给黑龙江省就业带来较大的影响，经济增长下行压力较往

---

* 栾美薇，黑龙江省社会科学院经济研究所助理研究员，研究方向为发展经济学、区域就业。

年相比明显增大,疫情直接冲击企业收入端,劳动密集型行业用工成本高涨,实际的就业压力大于城镇调查失业率,尤其是受疫情严重影响的第三产业重点行业和重点群体的就业压力大增。2020年黑龙江省城镇新增就业目标从36万人调整为25万人,城镇登记失业率控制目标从4.5%以内调整为5.5%左右。

(一)就业基本情况

2020年黑龙江省预计城镇新增就业36万人,其中高校毕业生约为22.4万人,为历史最高。除以上新增就业数量外,还有城镇登记失业人员40万人左右,除考虑自然减员腾出的岗位,要保持城镇失业水平不上升,每年城镇新增就业规模不低于55万人。截至2020年7月底,全省城镇新增就业18.57万人,城镇登记失业率3.69%,就业形势相对稳定,未出现规模性裁员情况。应届毕业生方面,高校毕业生可以通过五个途径来提升就业总量:一是全面扩大高校毕业生研究生招生规模,明确扩大专升本规模近9100人;二是提高入伍比例,比例提升至24%;三是全省事业单位扩大招聘规模,人数提升为1.7万人;四是提高公务员考录数量,扩大规模;五是扩大"三支一扶"等基层就业岗位,增加选调生数量。

2020年黑龙江省农民外出务工人数约534.7万人,通过扶持贫困劳动力就业,加大就业力度,全省农村贫困劳动力已实现务工就业人数为17.31万人,对比上年15.68万人,2020年已超出1.63万人。全力提升就业困难群体就业率,截至2020年8月,黑龙江省共帮扶4.5万名就业困难人员实现再就业,就业困难人员存量为12.4万人,同比减少32.2%。累计新开发公益性岗位1.3万个,实有公益性岗位就业9.2万人。累计消除零就业家庭105户,始终保持零就业家庭月动态为零。面向困难群体开发社区防疫临时公益岗位1.5万个,已到岗1.2万人。

(二)行业复工情况

截至2020年8月,全省规上工业企业的复工率为98.7%,返岗率为

97.4%；有调查数据的中小微企业复工率在92.2%，返岗率为83%。在对158.3万户的个体工商户调查显示，其复工率在87.1%，吸纳就业人数268.1万人。黑龙江省通过大力推动援企稳岗政策，对现有政策体系进行有效调整，截至2020年8月全省已减免企业养老、医疗、工伤、失业保险费共计119.3亿元，发放社会保险补贴3.97亿元，为2万户企业实施稳岗返还17.56亿元，稳定岗位138.53万个。

省级百大项目已开复工421个，用工31.7万人。资助以训扩岗，将以工代训补贴对象扩大至企业新吸纳劳动者，给予企业每人最高3000元补贴，政策执行期由疫情期间延长至2020年12月31日，目前开展以工代训2.1万人，预计拨付资金6342万元。推动创业带动就业，发放创业担保贷款3.84亿元。指导各地发展"地摊经济"促进灵活就业。指导各地规范"零工市场"，推广使用"来活儿"小程序，方便劳动者求职。

保企业，截至2020年6月末，全省已减免企业养老、工伤、失业保险费83.4亿元，预计全年将为企业减免169.8亿元。为2万户企业实施稳岗返还17.6亿元，稳定岗位138.4万个。免征2733户纳税人增值税9056.1万元。24家银行机构为防疫授信2603.7亿元，累计投放贷款1044.6亿元。

二 疫情带来的就业机遇

新冠肺炎疫情对传统行业冲击明显，对服务行业影响较大，尤其是在交通运输业、娱乐业、旅游业、餐饮业等较为突出。从产业转型升级角度来看，以5G、人工智能等为代表的"新基建"成为推动经济发展的新动能，正逐步成为今后的发展趋势，尤其是受此次疫情影响"新经济红利"得到释放和发展。

（一）新兴产业发展

受疫情影响，移动互联网线上服务业务得到快速发展，成为提升就业率的新路径。互联网医疗、短视频、网游等线上行业快速发展,新冠肺炎疫情爆发以来,平安好医生、阿里健康问诊等线上医疗新用户注册量和访问量比疫情之前增长数倍,同时在线办公和在线教育也得到快速增长。在线上发布就业创业信息逐步被多数地方政府和企业所接受,通过网络开展宣讲和面试也成为用人单位招聘人才的路径,将就业与移动互联网结合,才能实现高效、便捷、优质的就业服务。拓展更多的就业岗位,在就业结构上出现新变化。电子商务、互联网医疗等新业态、新模式将迎来新一轮的发展契机,会成为经济增长的新动力。

(二)就业新模式发展

新就业形态改变了传统就业模式,是经济业态发展的趋势、市场竞争与技术进步交互作用的必然结果,伴随着互联网技术的快速发展,就业模式已经产生了质的改变,多种就业模式应运而生,从朝八晚五的固定工作时间转换为灵活到岗,就业地点也没有局限性,可以身兼数职,受雇于多个雇主,或是无雇主模式,新就业模式开始广泛存在。新一轮工业革命带动了智能化、数字化、信息化的高速发展,新就业形态的工作模式已成为稳就业、保就业的重要载体,这种就业新模式降低了就业门槛和组织管理成本,是目前劳动力市场发展的新趋势和动力方向。

(三)订单式培养机制

订单式人才培养模式在过去发展较为缓慢,这种模式主要是指由企业根据自身需求制定招工方案,将需要招聘的人才情况传达到学校,并制定订单,学校接到信息后,根据人才需求情况制定培养计划,所培养的人才经企业认可后即被企业录用的一种人才培养模式。在疫情期间,传统式培养的人才在就业过程中受到冲击较大,订单式人才培养模式则影响相对较小,培养的指向性和信息沟通的有效性的优势就凸显出来,提高了就业数量,缓解了就业压力。

三 黑龙江省保就业的主要制约因素

新冠肺炎疫情对就业造成的负面影响显而易见。近几年,黑龙江省整体经济形势不容乐观,中小微企业作为吸纳就业的主体,发展遇到瓶颈,尤其是突如其来的疫情,造成企业生存面临巨大压力,部分企业尤其是受疫情影响较为严重的第三产业,员工的福利待遇都有所降低,招聘计划停止或是延迟,这种情形加剧了就业的压力。

(一)就业总量激增

2020年黑龙江省预计城镇新增就业36万人,其中高校毕业生约为22.4万人,为历史最高。黑龙江省是劳务输出型省份,每年估计有超过30万农民工在省外就业,受疫情影响,一是由于人员流动受限制,一些正常开复工企业工人不足,务工人员无法及时到岗就业,滞留家中;二是企业用工需求减少,导致留在省内就业的人员增加,加重省内就业压力。

(二)就业结构性矛盾加剧

一是随着黑龙江产业升级转型,供给侧结构性改革的深入推进,传统行业吸纳就业的能力有所减弱,新兴产业尚未全面崛起,就业市场岗位竞争压力将持续增大。二是人口净流出。黑龙江省人才流失仍然较为严重,高校毕业生三分之一以上省外就业,高学历、高层次学生留省比例较低。以初中及以下文化为主的农民工群体年龄偏大,老龄化导致青壮年劳动力紧缺,加剧结构性就业矛盾。

(三)中小微企业面临困境

中小微企业和个体工商户经营困境造成就业压力增大。受疫情持续影响,经济下行压力加大,中小微企业订单客源不足、资金短缺、用工成本加大,面临"降薪难留人、高薪难经营"的两难局面。服务业中的餐饮业,以批发零售为主的个体经营、私营企业等在此次疫情中所受影响最为严重，整体消费市场需求下降，就业需求受到限制，短期内私营企业和个体工商户发展速度放缓，岗位流失风险增加，就业压力明显加大。

（四）创新创业发展较慢

疫情期间创业受到较大冲击。餐饮娱乐、文化旅游、教育培训等许多创业的热点行业企业面临经营困难，有自主创业愿望的人员观望情绪浓厚，现阶段较高的创业风险导致许多人暂时放弃了创业想法。2020年1~6月，全省新登记市场主体18.12万户，同比下降16.6%；发放创业担保贷款2987笔、合计3.84亿元，发放笔数与金额同比分别下降41%和19%。

四 黑龙江省保就业的对策

在新冠肺炎疫情冲击下，就业压力在可预见的一两年内存在。疫情使得经济倒退，保就业是社会稳定的"压舱石"。

（一）大力度稳岗拓就业

多措并举增加就业岗位，尤其是应届高校毕业生就业方面，实施扩大研究生录取规模、扩大基层岗位数量等方式缓解当前就业总量压力，同时积极创造推动创业带动就业的倍增效应。针对离校未就业的毕业生，可将户口、档案在学校保留2年，待落实工作单位后及时办理相关手续。在特殊就业群体方面，积极做好计划安排及后续保障工作，尤其是残疾人及零就业家庭等困难群体就业。

通过开展数字平台经济促就业成功率助力脱贫行动。一是同电商平台协调，制定定向招聘计划，提供灵活就业岗位。还可以通过招聘会的形式定向与驻村干部精准对接，向建档立卡贫困劳动力、农民工定向投放。二是安排居家就业计划。可以与电商平台沟通，提供居家工作岗位，对于无法外出务工的贫困劳动力提供当地就业机会，增加劳动收入。三是实施创业带动计划。协调电商平台针对贫困地区提供一批创业项目和创业支持，根据当地特色特点，有计划地开展项目。四是开展爱心助农计划。利用企业平台资源优势，拓宽贫困地区农产品的销售渠道，如饿了么、顺丰通过直播等方式拓展贫困地区农产品销售渠道，帮助贫困劳动力增收。

（二）鼓励新经济新动能发展

受疫情影响，今后的消费模式会有所改变，直接引起产业结构和产业模式的变化，电子商务、线上教育、人工智能等新经济会加速发展，黑龙江省需要一批新技能人才和新经济企业，积极鼓励引导从事新经济领域的人才和企业创新创业发展。

（三）稳定劳动力就业市场

打通劳动力供需渠道，早日实现劳动力市场供需平衡。并且根据不同类型、不同行业的企业具体情况，精准施策，制定企业复工复产激励政策，有针对性地加大帮扶力度，制定完善减租减税政策、返还失业保险及提高职业培训补贴等激励措施，稳住现有的就业岗位。打造"春风行动"品牌。开展"2020春风行动云聘会"暨"百日千万网络招聘专项行动"，召开新闻发布会，搭建全省统一的招聘信息服务平台，举办融媒体"云聘会"，开设职业指导"云课堂"，陆续推出百大项目、高校毕业生、农民工等招聘专场，推动企业直播推介岗位。搭建网上人才市场，建立系统的线上直播培训体系，与合规网络招聘平台合作，通过在平台发布单位用人需求，可以将其与需要就业的人员进行匹配，快速实现有业可就。同时可以大力拓展网上招聘、远程培训、线上就业、网上商务，对吸纳就业的企业予以政策鼓励和支持。一对一连线互动，变"面对面"为"键对键""屏对屏"。

（四）加大企业金融支持力度

"保就业"就是要保企业，重点是要快速推动小微企业复工复产。一是增加中小企业信贷规模，尤其是支持受疫情影响较大的批发零售、住宿餐饮、物流运输、文化旅游等行业，稳定目前就业岗位。二是针对有发展前景但暂时受困的企业，引导金融机构通过调整区域融资政策、内部资金转移定价、绩效考核办法等措施，加大信贷融资供给，做好受困企业的金融服务，帮助企业渡过难关。

（五）防范和化解规模性失业风险

关注规模裁员、欠薪降薪、劳动争议等风险点，加强劳动关系形势监测，及时分析研判形势。发挥三方机制作用，采取协商方式柔性化解矛盾纠纷，确保不发生规模性失业风险。新冠肺炎疫情对就业形势的影响重大，扩大失业登记地范围，失业人员在现行户籍地、常住地进行失业登记的基础上，还可在失业前的就业地、参保地进行失业登记。做实就业常规统计、就业失业登记管理、人力资源市场监测和失业动态监测。针对重点地区、重点人群、重点行业要给予重点关注，及时发现问题，制定相关应急预案，建立失业风险预警机制，及时妥善处置可能发生的规模性失业风险。

参考文献

王震：《新冠肺炎疫情冲击下的就业保护与社会保障》，《经济纵横》2020 年第 3 期。

张毅：《疫情冲击下失业率上升，统筹政策实施将带动就业形势改善》，《中国信息报》2020 年 3 月 17 日。

徐辉、刘玉成、张明如：《多元就业条件下农民就业选择分析》，《统计与决策》2017 年第 10 期。

B.22
黑龙江省优化营商环境研究

王 拓*

摘　要： 优化营商环境是党中央、国务院根据新形势、新发展、新要求做出的重大决策部署。习近平总书记强调，要改善投资和市场环境，加快对外开放步伐，降低市场运行成本，营造稳定公平透明、可预期的营商环境，加快建设开放型经济新体制，推动我国经济持续健康发展。近年来，黑龙江省委、省政府按照党中央、国务院决策部署，顺应社会期盼，推进"放管服"改革、"互联网＋政务服务"等改革，激活市场活力、便利企业注册登记、促进创新创业，营商环境有了明显改善。2020年，黑龙江省便有一系列优化营商环境的改革措施相继出台，为市场主体带来利好。从《黑龙江省优化营商环境条例》到《关于重塑营商新环境的意见》，有效推动了全省营商环境建设。

关键词： 营商环境　法治环境　黑龙江省

　　长期以来，营商环境问题一直是黑龙江省经济发展所要解决的重要问题。黑龙江省经济发展中面临的一些突出问题，和营商环境欠优、深化改革滞后有着千丝万缕的联系，如经济下行压力较大，内生动力还不够足，创新能力还不够强，发展质量和效益不够高，一些企业特别是中小企业经营困难等。改善黑龙江省营商环境并非一朝一夕的努力，不仅需要从外部进行更为细致

---

* 王拓，黑龙江省社会科学院文化和旅游研究所助理研究员，管理学博士，研究方向为经济理论、管理哲学问题。

的改变和优化,还需要内部积极主动的配合,营造公平、开放、和谐、创新、文明且更具活力的营商环境,从而促进黑龙江省实现经济高质量发展,进而推动全面、全方位振兴。2019年,黑龙江省实现地区生产总值(GDP)13612.7亿元,同比增长4.2%。其中,第一产业增加值3182.5亿元,增长2.4%;第二产业增加值3615.2亿元,增长2.7%;第三产业增加值6815.0亿元,增长5.9%。三次产业结构为23.4:26.6:50.0,三次产业结构趋于优化。总体上来看,全省的经济发展状况趋好,然而更加可持续的发展一定要建立在健康稳定的经济环境中,黑龙江省营商环境持续优化非常重要。

一 黑龙江省营商环境建设现状

2019年,黑龙江省坚持市场化、法治化、国际化原则,对标国际前沿和国内先进水平,从市场主体需求出发,持续打造"办事不求人"政务服务品牌,以优化营商环境为基础全面深化改革,推动黑龙江全面、全方位振兴。2020年一季度,黑龙江省经济受新冠肺炎疫情影响和冲击较大,主要经济指标出现阶段性较大幅度下滑,3月份反弹回升,降幅全面收窄,生产生活秩序加快恢复,经济运行回稳向好。2020年上半年全省地区生产总值(GDP)5250.6亿元,比上年同期下降4.9%,降幅比一季度收窄3.4个百分点。从三次产业看,第一产业增加值480.6亿元,增长0.2%;第二产业增加值1595.7亿元,下降5.4%;第三产业增加值3174.3亿元,下降5.6%。立足于全面、全方位振兴,面对复杂严峻的形势,黑龙江省委、省政府高度重视营商环境的建设,相继出台《黑龙江省优化营商环境条例》、《关于重塑营商新环境的意见》、《黑龙江省营商环境监督办法》、《重塑投资营商新环境·2019》白皮书、《2019年黑龙江省营商环境监测报告》,营商环境建设取得了积极进展。自2019年3月正式施行《黑龙江省优化营商环境条例》以来,截至2020年4月,黑龙江省行政权力事项精简30.3%,企业开办时间缩减至2~3天,整治"新官不理旧账"事项8291项、督促偿还欠款83.2亿元。哈尔滨新区以"一枚印章管审批"为突破口,不断深化商事制度改革,优化营商环境,将政务服务送到企业"门口",不断优化营商环境,营业执照实现"秒批"。

营商环境对于经济发展有着至关重要的作用。结合黑龙江省具体情况,借鉴 2020 年 6 月 18 日由中央广播电视总台编撰并发布的《2019 中国城市营商环境报告》(以下简称《报告》),直观感受东北地区几个重点城市与其他地区营商环境发展情况。《报告》在对标世界银行营商环境评价体系标准、参照国际同行的评价指标,同时兼顾中国特色的原则上,重点围绕与市场主体密切相关的指标维度构建起中国城市营商环境的评价体系。报告中的综合评价排名对象为 4 个直辖市、27 个省会城市和自治区首府,以及 5 个计划单列市。报告在原有的评价范围之上,首次增加了对经济总量位居前 100 名活跃城市的评价。

《报告》按照"要素＋环境"的理论框架,设计了由五个维度构成的评价体系,包括基础设施、人力资源、金融服务、政务环境、普惠创新。报告也同时发布了五个维度的分项排名,覆盖了制度、市场、资源、技术、人才、资金等影响企业经营发展的关键环节,其中基础设施主要包括基础建设和公共服务两个分项指标,人力资源维度包括人力指数、人才指数、人力资本吸引指数,金融服务维度包括金融效率、融资潜力、金融业发展三个指标,政务环境维度包括政务公开、行政效率、政府干预、司法结案、权益保障、治安环境等六个指标,普惠创新维度包括创新氛围、创业氛围、社会诚信、社会参与等四个指标,全方位评价了各城市营商环境状态水平。

表 1　2019 年黑龙江省哈尔滨市与其他地区主要城市营商环境主要指标情况

单位:分

城市	哈尔滨	长春	沈阳	上海	广州
综合排名	73.31(第 25 名)	73.73(第 23 名)	74.65(第 19 名)	89.57(第 2 名)	84.36(第 4 名)
基础设施	71.37(第 23 名)	70.60(第 25 名)	71.94(第 21 名)	91.27(第 2 名)	91.24(第 4 名)
人力资源	69.24(第 31 名)	73.32(第 22 名)	71.12(第 26 名)	81.01(第 8 名)	83.19(第 5 名)
金融服务	80.23(第 31 名)	79.69(第 33 名)	80.68(第 24 名)	95.26(第 1 名)	83.44(第 7 名)
政务环境	77.09(第 19 名)	74.87(第 27 名)	72.64(第 31 名)	89.38(第 2 名)	82.19(第 7 名)
普惠创新	69.29(第 23 名)	70.85(第 18 名)	77.50(第 10 名)	90.83(第 1 名)	81.86(第 5 名)

资料来源:《2019 中国城市营商环境报告》。

在世界银行于 2020 年 10 月 24 日上午发布的《2020 营商环境报告》中，中国列第 31 名。在 2019 年由第 78 位提升至第 46 位之后，中国又往前迈进了 15 位，在世界营商环境改善最显著的经济体中排名第三。2019 年全国城市排名中，北京、上海、深圳位居前三，哈尔滨列第 25 位。从以上分析可以看出，制约黑龙江省全面、全方位振兴的重要因素是营商环境不优，但也说明黑龙江省的营商环境亟待改善。营商环境存在的问题影响企业尤其是高技术企业在龙江投资经营的发展环境，制约着黑龙江省新旧发展动能转换。相较于其他经济发达地区，黑龙江省在发展动能方面仍有可提升的空间，营商环境有待改善，促进全面、全方位振兴还存在若干亟待解决的问题，迫切需要多措并举、加快改革创新步伐。

二　黑龙江省优化营商环境存在的问题

（一）传统发展方式的思维定式

计划经济发展阶段，黑龙江省是全国工业的重要基地，在国家经济发展中处于重要支撑地位。这不仅得益于黑龙江省富裕的自然资源，也得益于其更加完善的计划经济体制，在很长一段时间里，黑龙江省的计划经济体制影响着政府的决策思维。但是这个时间并不是短期性的，而是延续到了改革开放之后直至今天。在市场经济的大环境下，黑龙江省的整体经济架构中仍然保留了大量的计划经济因素，而且在短期内并不能在本地区消除计划经济思维的影响，形成有效的创新思维方式。这主要表现在政府部门在履行经济职能的时候，过多参与、管理、干涉市场经济机制运行的多个环节，因而本地区的企业寻求政府的帮助形成了习惯，反而违背了政府在市场经济中履行权力的初衷，企业发展因此受到限制，违背市场经济运行的规律。

政商关系落后影响黑龙江省的营商环境优化。目前黑龙江省仍有部分政府官员不重视民营企业、中小微企业的发展，忽略了与民营企业、中小微企业建立良好的政商关系。不排除一些官员为了避免和民营企业家有"不清"关系而不愿意和民营企业家接触，导致了政企"不亲"；对中小微企业扶持力度不够，对其在政策、资金上的支持还有待加强。政商关系得不到进一步改善，将制约黑龙江省的营商环境建设和投资机会增加。地方政府对于民营企业的发展，以及外商进入所可能存在的效率、便利化等现实问题，以及对可能潜在矛盾纠纷的解决方式，保障解决矛盾纠纷的公正性、规范性等方面，还有待完善之处。这些方面的不足，会影响地方政府的公众形象和招商引资的口碑，如果这些方面处理得不当，就会成为打造良好营商环境的壁垒。

（二）落后的发展水平和状态

一是经济发展滞后。作为老工业基地，黑龙江省经济发展形势中，经济增长速度放缓，产业结构转型发展较慢，产业结构单一，严重阻碍了市场的良好运转（见图1）。由于发展相对滞后，使得经济区域引力不足，导致外部企业很难入驻进来，这是制约投资者考虑到黑龙江省发展的重要因素。二是融资环境不优。政府过多地参与市场的发展，国企占据主导位置，对于民营企业融资特别困难，尤其是相关手续审批烦琐，在资本有限的条件下，很难享受到市场资本所带来的效益，更是制约投资者在黑龙江省投资的问题。三是市场缺乏活力。作为老工业基地，黑龙江省央企与国有企业占比较大，民营企业直接通过竞争来激发市场活力很少，大多数国企处于垄断地位，配置资源具有很大的主导作用，而众多的中小民营企业鲜有市场，这也是民营企业很难崛起的原因。没有民营企业的市场竞争，那么市场将缺乏活力，资本要素流转较慢，外来企业如果进入到这种复杂的大环境中，生存和发展的空间受到严重制约。四是人力资源的流失。近些年黑龙江省的人口增长速度缓慢，经济增长乏力，并且伴随着人口老龄化严重以及多种社会因素的影响，比如待遇、教育、医疗、基础设施等社会保障的不足，造成本地区严重的人才流失。并且黑龙江省缺乏劳动力的储备力量，生产力严重不足，直接导致经济增长中劳动力成本偏高，营商环境中的成本因素对发展的制约作用加大。五是创新水平较低。黑龙江省由于产业优势已经弱化或不明显,近年来一些传统领域的竞争地位逐渐下降,新兴技术产业链尚未形成,产业结构单一,导致地区产业科研技术含量不高,科研创新能力不足。由于高新技术产业较少,产学研联系不够密切,没有创造出应有的创新氛围,技术溢出作用不够显著,是创新能力形成的薄弱环节,也是制约黑龙江省创新驱动发展的重要因素。

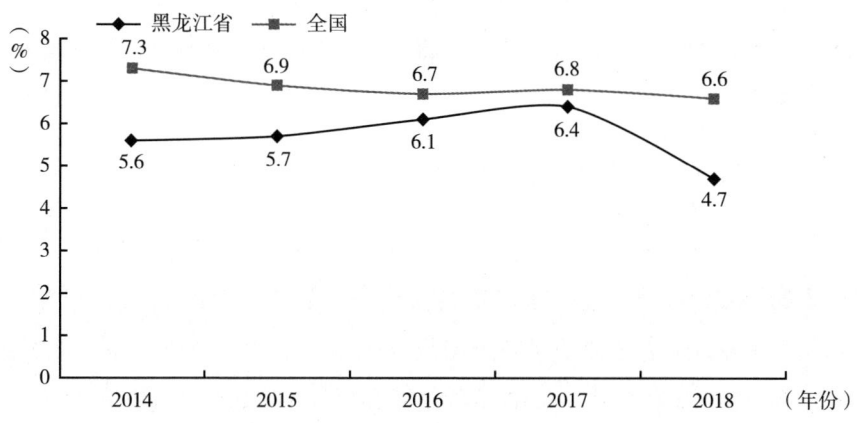

图1　2014~2018年黑龙江省GDP增速与全国比较

资料来源:国家统计局。

(三)地区环境和条件的制约

一是部分资源趋于枯竭。黑龙江省虽然自然资源整体比较丰富,但是经过了多年的大规模开发,以及长期不合理的开采和一些人为性因素,导致一些不可再生资源面临枯竭,从而对当地的自然环境造成破坏。黑龙江省资源型城市的优势不再明显,当地产业结构单一、产业质量下降等现象,必然会对资本、技术等要素的吸引力造成严重影响。二是环境气候的影响。环境气候的变化对于要素引入和产业发展的影响最为直观。黑龙江省冬季寒冷干燥导致宜居性不佳,部分地区空气污染严重等问题,都对新产业的引进、人才的流入造成了严重影响,是制约黑龙江省建设良好营商环境的重要因素。三是区位条件的问题。黑龙江省地处我国最北端，位于高纬度地区，贸易条件不够优化成为制约招商引资的重要因素，由于地理位置的因素，对外进出口贸易还存在不便利的方面，地区发展活力不够强，生产要素流动滞缓。四是"硬件"设施条件仍待加强。黑龙江省的高铁建设还相对滞后，不能完全覆盖，与较发达地区相比还有一定差距。高速公路建设整体路线有待提高，优势不是很明显。航运体系虽然较为发达，但是受气候制约。通讯基础设施相对比较落后。黑龙江省在电子通信、移动设备、数字转换、通信产业等方面均落后于全国平均水平，综合的电子商务、大数据服务产业与发达地区相比仍有差距。

（四）东北特有的文化风俗

黑龙江省是一个有着浓厚移民文化的地区，热情好客、仗义互助等是良好民风的代表性特征。受东北特有的文化风俗影响，民间盛行"人情"文化，使得黑龙江省并不是更加适合市场高效运行的地区。企业在投资之初，对地区的考察明确且真实，对投资的预算和运作步骤也有着详细的计算和规划，但实质上黑龙江省盛行的人情文化却在这些环节中添加了很多无法清晰估算的消耗，由关系和人情为连接纽带的运营模式让企业背上了不必要的负担。黑龙江省早期的经济发展得益于由自然环境决定的"互助"人情文化，但是在市场经济下，原本的传统模式并不适用，甚至有碍于企业依靠市场力量的运营，不仅提高了企业运营的难度，也在无形中消耗了企业的大量资源。所以在营商环境建设的社会层面，黑龙江省的社会习惯是不可忽视的要素。由于高端人才的流失，导致地区社会文化环境不优，观念意识相对缺乏超前性，思想较为保守，直接制约了黑龙江省的发展。在东北，受传统社会文化影响下的关系和人情为纽带联系起来的社会特性，在一定程度上也为东北地区的法治建设带来了阻碍，体现在企业投资初期与投资人模糊不清的人情协议、政府部门履行经济职能的不严肃、政府部门人员变动带来的旧账搁置问题。实质上这些法治建设落后的原因，也是人力资源和技术流失的原因，也是企业不愿意投资东北的原因，也是企业运营吃力的原因。黑龙江省的法治建设相对于东部地区等仍然有待进一步加强,这也是黑龙江省营商环境建设迫切需要强化的方面。

三 黑龙江优化营商环境建设的对策

(一)加强政策层面的宏观指导作用

政府的政策设计在建设营商环境过程中发挥着不可替代的主导作用,应当以政府的制度安排为主要措施,从推动营商环境建设,以实现降低实体经济成本并促进经济转型升级的目的。在优化黑龙江省营商环境发展的过程中,要有一个科学的战略和规划来引领,有一套好的政策机制来实施,做到东北地区协调发展政策取向标准化、前沿化、精准化。要切实加强东北地区营商发展的战略规划和政策统筹,加快重点领域、关键环节的改革创新,重视黑龙江省发展的增长极效应,统筹基本公共服务均等化,关注整体性的协调发展,挖掘黑龙江省发展的内在潜力,打造黑龙江省适合营商发展的主体功能区,使之真正成为我国经济增长和转型升级的新引擎。我国在调整黑龙江省营商发展战略方面要在更高层次上持续深入推进,在谋求营商环境发展新格局的基础上,更加重视营商发展新内涵,塑造整齐有序的自由活力、主体功能服务有效、基础公共服务均等、资源环境可承载的营商环境发展新气象。让政府更好地参与市场,而不是更多地参与市场,充分发挥市场在资源配置中的决定性作用,坚持政企分开和政务公开的原则,不断完善投资优化营商环境的战略体系,打造可持续发展的战略模式。当前,我国经济进入新常态,及时转变营商环境发展战略的大趋势、大方向,以更好地打破行政区划壁垒限制、地方保护势力,打造更加有效、更为均衡的现代化营商战略布局,实现东北发展经济上的互利共赢。应正确认识黑龙江省优化营商环境的战略方向,综合考虑长远的发展规划,重点解决黑龙江省营商环境建设中突出的中心问题,持续推进各经济主体融合,不断优化产业结构,实现由产业单一向多元化发展的战略模式。

（二）营造促进企业成长的优良氛围

创造优化营商环境的产业生态应从以下三个方面来展开。一是改善生态环境。应发挥可利用资源优势，为营商环境提供可持续发展的基础保障。扩大绿地覆盖面积，改善地区空气质量，优化生态环境，发展可持续性的资源城市模式，为投资者创造新的投资机会。加速推进东北地区的产业转型机制，打造配套的产业链条，建设对应的产业园区，最大限度地利用和开发生态资源，这是吸引外商投资的重要路径。二是营造良好的文化氛围。应以东北文化的多元化、包容性为引领，加大对新兴产业的投入，培育更广阔的发展空间，有着对打造营商环境更为广泛的文化包容。应选好营商环境的主攻方向，以黑龙江省沿边口岸对外开放为主，以东北地区引进高新产业的积极政策为基础，自身深厚的文化底蕴为引导，以使招商引资方面取得良好的进展，来实现区域经济的平稳增长。三是打造重要的创业平台。应为来东北创业的投资者开辟绿色通道，加速高新技术产业的优化升级，吸引高端人才流入。黑龙江省的一些高新技术开发区已经具备了一定的承载能力，较为完善的配套产业设施，为营造更好的营商环境，使新兴产业的大量转入成为可能，为东北经济振兴增添新亮点。

（三）构建公正公平的法治化基础

习近平总书记在东北振兴座谈会上的讲话中强调，推动法治建设，以创造更好的振兴条件，这确实也是优化黑龙江省营商环境的方向。市场经济健康地、有秩序地运行是建立在完善且坚固的法制建设基础之上的。法治环境下，需要政府履行权力符合法治章程，需要企业运营符合法制规定，个体行为服从法制要求。黑龙江省应当严格执行法律、法规和税收服务规范，保障市场主体全面享受各项税收优惠政策。应加强法治环境建设，保障投融资体制、投融资模式的顺利运行，鼓励社会资本参与市政设施、公共服务等项目建设。发挥政府资金的引导和放大作用，依法依规吸引各类金融资本参与设立天使、创业、产业等投资基金，支持创新创业和新兴产业发展。在相关金融法规的框架内改善信用环境,进一步完善和健全中小企业信用担保体系,拓宽初创企业和小微企业低成本融资渠道。完善创新的法治保障机制。制定以企业家为主的人才政策,从政治、经济、文化、社会等多领域入手营造有利于企业家生成壮大的良好生态环境,培育有利于创新型民营企业加快生成发展的营商环境,提高培养民营企业经理阶层的精准服务能力。应进一步营造公平正义的法治环境,保障引进人才的利益和成长,使人才进得来、留得住,加大吸引优秀人才优惠政策力度,尤其要吸引年轻创新人才,同时要完善高新技术人才发展环境,鼓励人才创新创业,促进经济发展;优化市场竞争环境,使高新技术人才能够在公平正义的发展环境中工作生活。

(四)推进简政放权的营商机制改革

要实现资本的注入和人才的引进,必然要通过制度改革营造良好的营商环境,建设服务型政府,为外来企业投资者营造良好的投资环境,提高投资项目的配套设施质量,提高为外来企业的引导能力,打造亲民、亲商的产业文化氛围。简化审批制度中烦琐的手续,开发一站式服务,规范审核制度,完善地方法律法规,提供灵活性政策补助,为引导投资人提供最大的优惠策略。坚持党的绝对领导,才能使营商路径不断优化,达到预期目标。适当降低国企比例,给民营企业更大的发展空间,破除一些体制内的壁垒,摆脱传统的思维定式,防止政府对市场的过多干预,真正的向外来企业打开大门,提供优质的营商环境,这样才能为东北地区的经济发展奠定坚实的制度基础。规范审批程序,加快审批速度,让权力在阳光下运行,保障政府职能机构发挥作用,加强社会组织的监督管理,进一步提高诚信环境的塑造,保障投资者的切身利益,让更加公平、公正的市场环境平稳运行。抓住自贸区建设的重大机遇,使其成为政府打造营商环境的转折关键点,让政府做出表率作用,构建良好的营商环境,简少对市场投资主体的约束。

参考文献

路晓霞:《法治化营商环境建设研究》,上海人民出版社,2018。

刘迎霜:《建立符合国情的营商环境评价体系》,《上海法治报》2020年8月1日。

城市发展篇

Reports on Prefecture-Level City Development

B.23
哈尔滨市加快数字经济发展的对策建议*

李 兵 王久庆 刘懿锋**

摘 要: 发展数字经济既是哈尔滨对冲疫情负面影响、加速新旧动能转换的重要手段,还是推动全面、全方位振兴的重要引擎。哈尔滨市发展数字经济,既有重大政策机遇,又面临着激烈的区域竞争;既有巨大的数据应用空间,又存在数据资源不足挖掘不够的问题;既有较好的基础建设条件,又受到一些关键要素的制约掣肘;既有较好的产业基础,又存在发展速度慢质量不高的问题。要加快哈尔滨市数字经济发展需要完善顶层设计,打通数据壁垒;加快平台建设,推广创新应用;打造新增长点,全力抓好新基建;强化政策支持,扩大招商引资;重视人才支撑。

---

* 本文是2020年黑龙江省哲学社会科学研究规划项目(20JYC151)的阶段性研究成果。
** 李兵,哈尔滨市政府研究室主任;王久庆,哈尔滨市政府研究室副主任;刘懿锋,黑龙江省社会科学院助理研究员。

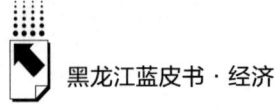

关键词： 数字经济　优势与短板　哈尔滨市

党的十八大以来，党中央、国务院高度重视数字经济发展，习近平总书记提出了"坚持以供给侧结构性改革为主线，加快发展数字经济""推进互联网、大数据、人工智能同实体经济深度融合，做大做强数字经济"等一系列重要论述和部署要求。对于哈尔滨，发展数字经济既是贯彻落实习近平总书记重要讲话精神的重要任务，也是对冲疫情负面影响、加速新旧动能转换的重要手段，更是推动黑龙江省全面、全方位振兴的重要引擎。

一　哈尔滨市发展数字经济的机遇

2020年，突如其来的新冠肺炎疫情在给全世界经济按下暂停键的同时，也为数字经济按下了快进键，给数字经济带来了前所未有的发展契机。

(一) 为数字经济发展提供了广阔舞台

此次突发疫情，对整个社会生产生活产生了颠覆性影响，在被动情况下，网上购物、在线教育、在线问诊、在线娱乐、远程办公、远程授课等一系列线上需求呈井喷式增长，数字经济在疫情防控下展现出的强大抗冲击能力和发展韧性，使我们相信数字经济已来、未来可期，必将在后疫情时代迎来高速发展的黄金期。

(二) 为数字经济发展扩大了市场人群

人们进入小区、出入商场、买药就医需扫健康码，购物、买菜需线上支付，疫情迫使所有中国人，特别是60岁以上庞大的老年人群体学会和适应了使用智能手机，并逐渐习惯了微信沟通、线上购物、外出扫码，进而喜欢上了数字化生活，瞬间走完了自然认知条件下，至少需要几年甚至十几年才能走完的路程。这无异于实现了一次思想观念和生活习惯的跨越转变。可以说,此次疫情无形中为我国数字经济加快发展,打开了更加广阔的市场大门。

(三)为数字经济发展注入了强劲动力

数字经济与实体经济好比是"鸟之两翼""车之两轮"相辅相成,但在正常情况下,相互促进、相互融合需要一个相对较长的过程。此次突发疫情起到了倒逼各行业各企业加速数字化转型的作用,特别是对于实体经济来讲,越来越多的企业认识到在常态化防控之下,疫情前数字化转型是发展快或慢的问题,但疫情后数字化转型就是关乎生与死的问题,这是助推数字经济加快发展的根本内在动力。

(四)为数字经济发展催生了更多业态

随着疫情防控进入常态化,数字经济所展现出的旺盛生命力必将促进数字技术及其创新应用大量涌现。在5G、区块链等新技术应用步伐加快的同时,更多的技术创新正在急速酝酿之中。这些新技术的集成应用将会引发电子商务、共享经济、协同制造、数字衍生、智慧城市等领域出现更多的模式创新和业态创新。同时,灵活就业也将成为更多人的选择,宅经济、零工经济、自由职业者将成为潮流,企业劳务关系也将由单纯雇用向互惠合作转变。

(五)为数字经济发展创设了宽松环境

此次疫情在较短时间内,让全国上下对发展数字经济达成了难得的共识。现在从中央到地方,都认识到了数字经济发展的优势。各方面对发展数字经济更加重视,各级各类促进数字经济快速健康发展的相关政策也将密集出台。尤其是支撑数字经济加快发展的新基建和技术创新应用等领域,包括5G基站、芯片、工业互联网、人工智能等将会获得国家政策的大力支持和各类资本的竞相追逐。

二 哈尔滨发展数字经济的优势与短板

哈尔滨是黑龙江省唯一的核心城市，同时也是东北亚区域中心城市和人口超千万的特大型城市。作为全国重要的老工业基地，退出计划经济较晚，属欠发达地区，在发展数字经济方面优势与短板共存。

（一）既有重大政策机遇，又面临着激烈的区域竞争

2013~2019年国家陆续制定出台了《国务院关于推进物联网有序健康发展的指导意见》《关于发展数字经济稳定并扩大就业的指导意见》等50多部数字经济相关政策文件，引领支持地方积极发展数字经济。哈尔滨市先后获得10余项示范、试点扶持，包括云计算创新服务试点城市、电子商务示范城市、信息消费试点示范城市、5G商用试点城市等。但从实施效果上来看，哈尔滨政策红利没有完全转化为发展动力，在近两年各权威机构发布的数字经济百强榜单中，哈尔滨排名均未进入第一梯队，哈尔滨基本可以归为数字经济三线城市。

（二）既有巨大的数据应用空间，又存在数据资源不足挖掘不够的问题

哈尔滨作为省会城市中面积最大、人口第三的特大型城市，广袤的辖区面积和人口红利为新基建、电子商务、共享经济、数字政务等提供了广阔的市场应用空间。但一直以来，数据资源挖掘归集不够、开放共享程度不高成为扩大数据应用的最大障碍。与其他城市相比，哈尔滨开放数据部门、开放数据集、开放数据量均偏低，尤其是开放数据量，哈尔滨市是百万量级，其他城市千万、上亿规模，北京开放数据量更是高达19.6亿条。

（三）既有较好的基础建设条件，又受到一些关键要素的制约掣肘

哈尔滨具有发展数字经济的地理、能源、硬件设施等方面的独特优势。年平均气温3℃左右，水电资源丰富，地质结构稳定，是国际通信主干网一

级节点城市,到 2020 年底将建成 5G 基站 7500 多个,基本实现主城区及各县(市)城区 5G 网络全覆盖。特别是哈尔滨科教实力雄厚,拥有相关国家工程研究中心 1 家,省级工程研究中心 1 家,省级工程实验室 4 家,省级企业技术中心 5 家,在传感器、RFID、网络安全、智能信息处理等领域具有较强的技术基础,各类高校 51 所,每年计算机相关专业毕业生 3 万~5 万人。但同时,也面临着哈尔滨市工商业电价、物流费用偏高的问题,抬高了数据存储、电子商务等企业运营成本。另外,人才流失严重,以哈工大为例,2018 届毕业生中,仅有 9.24% 的人留在本地就业,就连哈工大机器人、哈工大大数据集团等工大系企业都很难招聘到哈工大毕业生。

(四)既有较好的产业基础,又存在发展速度慢质量不高的问题

信息产业是哈尔滨"4+4"现代产业体系重点产业之一,主要集中在电子元器件、汽车电子、仪器仪表、计算机外设等电子信息制造业和云计算、物联网、电子商务等软件服务业,经过多年发展,初步形成了以哈尔滨新区为核心的产业集聚区、较为完备的产业链条和良好的生态发展环境,拥有浪潮、海能达、安天科技等一批知名企业。国裕、中移动、中联通等 6 座数据中心机柜(IDC)数量超过 1.2 万个。但问题也比较突出,产业规模小,2019 年,全市电子信息制造业产值 81.5 亿元,仅为深圳的 0.38%;软件和信息技术服务业收入 80 多亿元,仅为深圳的 1.2%。产业层次低,哈尔滨市信息制造业产品七成为电线电缆产品,在计算机、手机等终端产品以及基础软件、操作软件、芯片设计及生产还是空白,新一代信息技术产业工业总产值仅为 12.4 亿元。缺少领军企业,全市信息产业收入亿元以上的企业共有 30 户,中国数字创新企业百强哈尔滨无一企业入围,既没有像华为、腾讯、阿里这样的大型行业龙头企业,也没有像大疆、字节跳动这样的独角兽企业。

三 加快推动哈尔滨数字经济发展的对策建议

发展数字经济是未来方向、大势所趋。相对于先行地区城市,哈尔滨市

数字经济发展尚处于起步阶段，要坚持有所为、有所不为，既要充分发挥市场"无形之手"的主体作用，更要注重发挥政府"有形之手"的主导作用。

（一）完善顶层设计，打通数据壁垒

着手制定哈尔滨数字经济"十四五"发展规划和行动计划，明确主攻方向、发展目标、实施路径、承载空间、政策保障、项目支撑等内容。考虑到哈尔滨市产业基础、资源禀赋及未来产业发展趋势，建议纵向以智慧城市建设为总牵引，横向以5G、云计算、电子元器件、电子商务、应用软件、物联网、互联网＋、人工智能八大板块为重点发展领域。在空间布局上，加强统筹规划，明确各区县（市）的发展重点和各园区的功能定位，形成布局合理、特色鲜明、错位发展的产业格局。研究制定政府信息共享管理办法，打破"信息孤岛"，实现跨部门、跨层级、跨行业数据信息共建共享共用，尤其是人口、法人、空间地理、社会信用等基础信息库互联互通。支持鼓励企业和社会机构，面向政务服务、民生服务、产业服务等领域需求，加快区域性、行业性数据采集和汇聚，形成可用于市场服务、可交易的社会数据资源体系。促进公共数据资源在风险可控原则下最大程度向社会开放，带动社会公众开展大数据增值性、公益性开发和创新应用，充分释放数据红利。

（二）加快平台建设，推广创新应用

按照资源统筹、高效利用、开放共享、适度超前的原则，继续推进"云平台"建设。同时，依托龙哈工业云、交通云等已初步建成的云平台，着重在智能制造、数字公民、智慧监管等领域面向社会推出一批软件应用需求，激发科研院所、大学生、科技型中小企业的创新创业创造热情，推动信息及相关产业市场主体实现几何倍数增长。围绕数字产业化、产业数字化发展方向，积极开展实施试点工程和应用示范项目，拓展工业互联网应用，支持鼓励企业创建各级示范试点企业，打造一批智能工程和数字化车间。推出大数据＋社区管控、AR/VR＋文化旅游等示范工程项目，探索区块链＋质量追溯、行政审批、医保监管等创新应用场景。继续实施科技成果市场导入机制和雏鹰计划，鼓励政府部门通过政府采购、购买服务、社会众包等方式，支持科技人员、大学生、中小微科技企业在本地市场转化落地更多数字经济项目。

（三）打造新增长点，全力抓好新基建

结合疫情防控暴露出的问题短板，加快对现有公共卫生事件应对体系进行数字化改造升级。支持科研院所及哈工大机器人、新光光电等高新技术企业研发病毒快速检测仪器、配送机器人、社区技防设备等新产品，为产业转型和经济发展注入新动力。准确把握产业动态，顺应居民生活消费习惯变化，大力发展"无接触经济""直播间经济""宅经济"，培育壮大网络直播、线上娱乐、基因检测、远程医疗、在线教育、智能物流等具有巨大市场潜力的数字经济新产业新业态新模式。积极抢抓国家支持"新基建"的重大机遇，对信息通讯、轨道交通、智轨电车、新能源汽车充电桩等新型基础设施，实施统筹规划建设。重点完善以5G为核心的信息基础设施，将5G基站建设纳入国土空间规划和市政基础设施规划，扩大建设布局规模，实现5G网络按需全覆盖。同时，围绕重点产业、城市运行和民生改善，大力推出5G+工业互联网、5G+云旅游、5G+城市安防、5G+远程医疗等一批创新应用项目，发挥示范引领作用，赋能城市智能化发展。

（四）强化政策支持，扩大招商引资

整合各方面资源，制定出台推动数字经济发展的专项政策措施，在财政扶持、金融支持、用地保障、电力供给、产品研发、示范项目、服务平台、量化融合、招商引资、市场拓展等方面加大扶持力度。利用哈尔滨市产业引导基金及哈尔滨新区产业引导基金，吸引社会资本共同发起成立哈尔滨市数字经济产业基金，综合应用风险投资、股权投资、担保贷款、贷款贴息、科技保险等方式，优先支持重大应用示范类和创新研发类项目。通过各种招商平台，面向国内外大力宣传哈尔滨发展数字经济的资源优势和优良环境，提

升对外吸引力和影响力。依托哈尔滨新区政策叠加优势，用市场反哺核心技术的引进研发，着力吸引英特尔、思爱普、富士康等世界500强企业投资落户哈尔滨市，全力争取华为、腾讯、阿里等行业领军企业在哈尔滨市建设区域总部、研发中心。抓住深哈合作契机，围绕人工智能、智慧城市、区块链技术应用等重点领域引资引智引项目。

（五）重视人才支撑

支持哈尔滨市高校开设数字经济相关专业，开展专业人才的普通教育，形成批量化、高素质的大数据专业人才资源。鼓励企业与高校建立订单式人才培养模式，支持有条件的企业建立大数据工程中心、企业研发中心、培训和实习基地。通过举办证书班、岗位培训、短期培训等形式，加快符合大数据发展需要的各类实用技术人才培养。落实人才政策，引进活跃在技术发展前沿、具有国际领先水平的能够突破关键技术、带动数字经济系统发展的科学家和创新领军人才。

B.24
2020年佳木斯市经济形势分析与对策建议

苏惟真 刘青岩*

摘 要: 2020年前三季度,面对突如其来的新冠肺炎疫情,佳木斯市顶住压力,经济运行稳步恢复、态势良好,增速由负转正,发展动力活力进一步增强。主要表现在经济增长向上向好,经济发展指标可圈可点,第一产业、第二产业保持增长。要完成经济增长达到4%以上的任务目标,佳木斯还需要促进三次产业稳步发展,抓好项目建设和招商引资,坚持创新驱动经济发展,全力抓好就业保障工作。

关键词: 经济形势 三次产业 佳木斯市

一 2020年佳木斯市经济运行态势分析

2020年前三季度,面对突如其来的新冠肺炎疫情,佳木斯市顶住压力,经济运行稳步恢复、态势良好,增速由负转正,发展动力活力进一步增强。

(一)经济增长向上向好

佳木斯市经济延续了稳步恢复的良好态势,总体呈现向上向好。从二

---

* 苏惟真,黑龙江省社会科学院农业和农村发展研究所助理研究员,研究方向为农村经济;刘青岩,佳木斯市发展研究中心主任。

季度起,在常态化疫情防控条件下,率先启动复工复产、复商复市,经济运行走势逐月加快回升。全市GDP一季度增长-4.5%,二季度恢复到-0.3%,进入三季度转正为2.2%,分别高于全省3.8个、4.6个和4.1个百分点。这一经济指标的增幅在全省排位始终比较靠前,反映出全市经济稳定恢复增长。

(二)经济发展指标可圈可点

2020年上半年,全市10项主要经济指标"5正5负"。到三季度,变为"9正1负","1负"是社会消费品零售总额指标,其他都已经转正。前三季度中,特别是以下指标可圈可点。GDP同比增长2.2%,列全省第三位,综合型城市第二位;规上工业增加值同比增长16.1%,列全省第三位,综合型城市第一位;公共预算收入同比增长2.7%,列全省第二位,综合型城市第一位,6个县(市)财政收入增幅在全省各个县(市)中都进入前20位;固定资产投资同比增长12.5%,列全省第四位,综合型城市第二位;实际利用内资同比增长70.1%,总量列全省第六位,综合型城市第五位;登记注册企业同比增长18.8%,列全省第二位;登记注册个体工商户同比增长20.1%,列全省第二位;城镇新增就业完成年计划99.8%,登记失业率控制在3.68%,符合预期控制目标。这些指标在全省位置虽有先后,但总体上看,多数位于全省的前列,处在佳木斯发展史上较好水平。

(三)细分领域有喜有忧

从佳木斯市前三季度经济发展的"成绩单"来看,经济增速由负转正,市场活力明显增强,就业民生有较好保障,社会大局保持了相对稳定。喜的一面是从三次产业来看,第一产业稳中有进,第二产业增量扩能;忧的一面是第三产业发展相对乏力。第一产业稳中有进,前三季度的增速是2.9%,由于前三季度粮食的统计尚未列进来,但强化了农业的基础,农业的投资拉动比较大;第二产业增量扩能,规上工业增加值是16.1%,第二产业增幅是12.5%,这都是正向拉动;第三产业发展相对乏力,增幅是 -0.9%,主要是社会消费品零售总额 -18%,是忧的一面。第一产业方面,体现了"人努力、天帮忙"。2020年佳木斯农业丰产丰收,产量高、价格高、农民收益高。在全市上下共同努力下,农业投资拉动和科技拉动效率比较高,特别是在粮食生产、战胜非洲猪瘟疫情和生猪生产方面成效较好。第二产业方面,增量扩能、增幅很大。在疫情防控艰难的情况下,第二产业一直保持两位数增长,在佳木斯发展史上也不多见。一是政策利好。习近平总书记指出,"危机中育新机,变局中开新局"。虽然有着疫情的压力,但在政策的利好推动下,全市税费减免将近10亿元,各项政策的落地推动了第二产业的加快发展。二是主动服务。各职能部门、全市上下齐努力,特别是抓政策落实,开展"走千企访万户"活动,市场主体的发展壮大,与积极"走下去"、主动服务有直接的关系。三是企业自强。虽然疫情防控压力很大,但全市企业始终在自我努力;此外,金融部门对地方实体经济、中小微企业、民营经济的支持力度也很大。2020年前三季度,金融机构对市直市区的贷款为285.5亿元,增长34.3%;对民营企业的贷款为75亿元,增加16个亿元,增长27%。

所忧的一面,从投资、消费、进出口这三驾马车分析。一是从投资上看。2020年前三季度固定资产投资增长12.5%,增幅较大,但近年来一到四季度就会出现增长乏力的情况。2020年四季度固定资产投资要保持两位数增长还需努力。此外,佳木斯市投资结构多是基础设施、房地产项目,投向产业项目的比例不大,大项目不多,投资的贡献率偏低。二是从消费上看。影响消费拉动作用的因素主要有三个。第一个是消费的愿望还不够强。前三季度,全市各项银行存款余额增长10.5%,说明受疫情的影响,老百姓不敢消费,储蓄为王,亟待促进消费。第二个是相关的刺激政策措施需要跟上。要让群众敢于消费,进入四季度,农民丰收就是增收,要把农民可能增加的消费冲动刺激出来。第三个是积极开展冬季冰雪游。通过冰雪旅游把人气聚起来,充分考虑住宿业等拉动消费的优势,在年底前实现社会消费品零售额转正。三是从进出口上看。虽然进出口绝对值增长比较快,但佳木斯市对外贸易额绝对数小、拉动作用弱,实际利用外资还不多。

二 促进佳木斯市经济稳定发展的对策建议

佳木斯市要完成"保三争四"的任务目标,还要争取完成4%以上的增长目标,为全省增速转正做贡献,需要做好以下几方面。

(一)促进三大产业稳步发展

一是紧盯第一产业。确保第一产业全年增幅在5%以上。2020年,丰收已成定局,还需做好收尾工作,确保粮食颗粒归仓,确保农业各项指标超额完成。二是紧盯工业增加值。确保工业增加值保持两位数增长。目前全市一些主要工业产品、重点骨干企业的产值都在回落。保持两位数增长,首先要加强"走千企访万户"活动力度,通过走访发现问题,帮助企业解决问题。其次金融部门要大力支持工业企业。再次各项政策要进一步落地和兑现,确保第二产业的工业增加值保持两位数增长。三是确保第三产业全年增速由负转正,起到正向拉动作用。一方面需要各县区负起主体责任,对第三产业的各项指标进行深度分析及重点考核,按照规上、限上入统等问题,以县级为单位全力推动,在四季度实现第三产业增加值增长由负转正。另一方面各部门,特别是市场部门、统计部门、各综合部门,应紧盯第三产业的增加值,研究挖掘潜力、应统尽统。

(二)抓好项目建设和招商引资

要把扩大有效投资摆在经济工作的首要位置,着力发挥投资对经济的拉动作用。一是强化项目建设。要以"双百大项目"为"急先锋",抢抓上冻前的有效施工期,紧盯项目开工率、资金到位率、投资完成率、按期投产率,确保形成更多的实物工作量,力争在建项目上进度、已建项目早开工、建成项目快见效。要提高项目资金使用效率,特别是财政专项资金、抗疫特别国债、地方新增债券,要规范资金使用,尽快产生效益,不得出现趴账现象,不允许出现资金被追回的情况。要加快推进"百亿健康纸及制品产业"

项目、国电投综合智慧核能供热示范项目等重点项目,以大项目带动大投资。二是强化招商引资。要瞄准"高大上"、紧盯"群链配"、围绕"老原新",实施招商引资"一把手"工程,及早启动"招商之冬",主要领导亲自研究谋划、亲自带队出征,高位推动招商引资任务层层落实。要持续跟进桦南乙酸乙酯等技术含量高的精深加工项目,力促新产业、新增长点的尽快形成。要对秋季集中签约的产业项目全程督办、跟踪问效,确保落实落地。三是强化对上争取。各地各部门要有效对接国家和省级部门在"两新一重"方面的投资方向,深度挖掘在城乡基础设施、教育文化、公共卫生、社会养老、棚户区和老旧小区改造、生态建设等领域的投资潜力,做实项目储备,加大对上级部门请示汇报沟通力度,争取更多更大的支持。

(三)坚持创新驱动经济发展

要立足当前、着眼长远,坚定不移实施创新驱动发展战略,着力推动经济高质量发展。一是理念创新。牢固树立和积极践行创新、协调、绿色、开放、共享的新发展理念,从正在做的事情入手,不断巩固提升绿色发展优势,不断推进区域经济一体化进程,不断提高开放合作水平,不断增强经济发展内生动力。要大胆借鉴自贸区等先行先试经验,学会用好改革开放"关键一招",把注意力集中到提高经济发展的质量和效益上来,不能身子进入高质量发展时期,脑袋还停留在粗放发展时代,不能用老办法来应对新问题。二是载体创新。要加强现有省级园区建设,重点推进佳木斯高新技术产业开发区、建三江农业高新技术产业示范区以升促建,加强基础设施建设、服务配套建设和产业政策支持,提升园区吸引力和综合承载能力,力争早日建成国家级"双高园区"。要加快推进"一桥一岛"规划建设,努力构建北靠俄罗斯、面向东北亚的对外开放格局。三是科技创新。深入实施高新技术企业双倍增计划,积极扩大高新技术企业数量,提升高新技术产业产值和增加值。鼓励支持电机、农机等传统产业进行智能化、信息化改造,大力发展数字经济。重点支持市工业研究院、电商产业园以及各类孵化器创新发展,带动新技术、新产业、新业态、新模式发展。

（四）全力抓好就业保障工作

就业是最大的民生，稳住就业才能稳住经济、保住民生。各地各部门要牢固树立这一思想，把就业作为发展的优先目标切实抓好。一是依靠市场主体吸纳就业。要建立领导干部联系服务企业常态化、长效化机制，打造"走千企访万户"升级版、加强版，加大对生产经营恢复慢的中小微企业、受冲击大的困难行业的帮扶力度，帮助企业落实稳岗、扩就业等政策措施，稳住就业基本盘。二是突出重点群体保障就业。要以高校毕业生、农民工、退役军人、灵活就业人员，特别是就业困难的人群为重点，开展职业技能培训，提升就业能力，组织供需对接，拓展市场化就业渠道，做好对未就业群体"不断线"服务，多措并举促进就业，确保佳木斯市就业形势总体稳定，零就业家庭动态清零。三是深化"双创"活动创造就业。要全面落实创新创业政策措施，加大对创业群体的激励力度，不断推动"大众创业、万众创新"走深走实。要充分发挥各类创业基地、孵化平台作用，为创业人才和创新团队提供低成本、便利化、全要素的众创空间。要加大对"双创"主体、个体工商户帮扶力度，大力发展"小店经济"，催生更多的创业小老板。

B.25
2020年绥化市经济形势分析与对策建议

宋晓丹 张福超*

摘 要: 2020年绥化市强力落实"六保""六稳"工作,经济高质量发展逆势上行,经济指标持续恢复,就业形势稳中向好,基本民生保障有力,市场主体活力迸发,粮食能源安全稳定,产业链供应链稳定畅通,基层运转保障有力有效,高质量发展动能积聚。站在"两个一百年"历史交汇点上,绥化市全面开启现代化新绥化建设新征程,2021年,绥化市将坚定不移贯彻新发展理念,聚力推进创新、协调、绿色、开放、共享发展,持续做好"六稳""六保",固根基、扬优势、补短板、强弱项,努力在自觉全面融入新格局中有所突破。

关键词: 寒地黑土 文旅康养 绥化市

2020年,面对突如其来的新冠肺炎疫情,绥化市坚定不移贯彻落实中央和省委决策部署,准确识变、科学应变、主动求变,有力有序统筹推进疫情防控和经济社会发展,经济发展顶住压力、加速恢复、企稳向好,"都城地"建设加快向更高质量发展迈进,"十三五"实现圆满收官,全面建成小康社会胜利在望,为全面开启现代化新绥化市建设新征程打下坚实基础。

---

* 宋晓丹,黑龙江省社会科学院经济研究所助理研究员;张福超,绥化市委政研室主任。

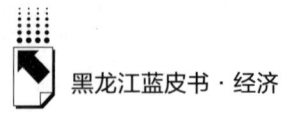

一 强力落实"六保""六稳"工作,经济高质量发展逆势上行

把以保促稳、稳中求进作为头等大事,锚定既定目标,强定力战疫情稳经济,努力在危机中育先机、于变局中开新局,牢牢稳住经济基本盘,2020年全市经济总量保持全省第四,稳居第一方阵。

(一)经济指标持续恢复

截至2020年11月末,五项重要经济指标增速均高于全省平均水平,六个综合城市排名实现"三项第一、两项第三"。一是地区生产总值增速企稳转好,前三季度实现571.4亿元,同比下降0.3%,高于全省1.6个百分点,比上半年提升2.8个百分点,增速列全省六个综合城市第3位。其中,第一、第二、第三产业分别实现增加值132.9亿、102.4亿、336.1亿元,同比分别增长1.1%、3.8%、-2.3%。二是固定资产投资增速领跑全省,完成341亿元,同比增长22.6%,高于全省19.3个百分点,增速列全省六个综合城市第1位。三是公共财政预算收入量速双升,完成55.2亿元,同比增长4.5%,高于全省15.5个百分点,增速列全省六个综合城市第1位。四是规上工业增加值逆势上扬,增速为10.2%,高于全省7.8个百分点,增速列全省六个综合城市第3位。五是社会消费品零售总额加速回暖,完成285.4亿元,同比下降4.7%,高于全省6.5个百分点,增速列全省六个综合城市第1位。五项指标持续企稳向好,充分彰显绥化市经济充足的潜力和韧性。

(二)以保促稳扎实推进

聚焦夺取"双胜利",成立工作专班,加密调度频次,总体呈现"保"的要素在累积,"稳"的基础在巩固,"进"的步伐在加快的良好态势。一是就业形势稳中向好。"点对点"输出农民工、"就业大集"等做法成效显著。2020年城镇新增就业3.83万人,城镇登记失业率为3.02%,低于省定指标2.48个百分点。城乡居民人均可支配收入稳步回升，城镇居民收入与经济增长同步，农民收入有望与上年持平，同比增长9%左右。二是基本民生保障有力。创新"一托二"方式强化"包联"，2020年16.7万贫困人口全部实现脱贫，消灭了绝对贫困。聚焦落实兜底保障，累计发放临时价格补贴9218万元，医疗救助资助41.65万人，城市和农村低保标准分别提高到604元/月和4395元/年。改造完成农村四类对象危房9979户，超额完成年度任务。三是市场主体活力迸发。统筹落实"免减返缓补"惠企政策，办理减免及退税、退费达11.7亿元，投入稳企稳岗基金贷款60.3亿元。累计争取到各类政策性资金108.2亿元，谋划项目数量、金额和到位资金居全省前列。各类市场主体总数达到27万户，增量增幅均居全省前列。四是粮食能源安全稳定。粮食产量实现221.6亿斤，同比增长0.5%，实现"十七连丰"。生猪饲养量达到852万头，增长保持10%以上。肉蛋奶供应充足，实现稳产保供。发电供热企业储煤可用量达94天，能源安全保障有力。五是产业链供应链稳定畅通。率先实行"产业链链长制"，先后召开多个产业链及企业家座谈会，研究制定出台相关政策举措。规上工业企业复工率在全省率先达到100%，进出口、外资等企业复工复产率全省排名第一。六是基层运转保障有力有效。财政支出中用于民生方面的支出占比达到87.5%。从严控制"三公"经费，大力压减一般性支出和非刚性支出，在年初部门预算压缩20%的基础上，对一般性支出再压缩50%以上，有力保工资、保运转、保民生、保养老、保债务利息"五保"支出运转。

（三）高质量发展动能积聚

统筹固根基扬优势、转方式调结构、增活力强动能，推进比较优势转变为发展动能。一是项目建设支撑强劲。深化"图谱+家谱"精准招商、理性选企，开复工省市百大项目151个，其中41个省百大项目开复工率、资金到位率、投资完成率、竣工投产率"四率"全省领先，省市"百大项目"投资占固定资产投资70%。恒大文旅康养城项目当年开工已完成投资165亿元，成为全省深化粤黑合作、哈大绥一体发展示范项目和省"百大项目"

中"体量+质量"领跑项目。二是农业供给持续提升。擦亮寒地黑土、非转基因、绿色有机"三张名片",当好"压舱石",做优"供给端",争当"领跑者",实施"寒地黑土+""+寒地黑土"双品牌战略,深化"五谷杂粮下江南"营销行动,促进品牌溢价、旺丁旺财。寒地黑土品牌价值达513亿元,列中国500最具价值品牌排行榜第121位、农业品牌第6位。地理标志证明商标达到15件,全省第一。三是产业加速转型升级。持续推进"1+4+N""千百十",打造"8+3+2"标志性、潜力性、先机性产业链,推动大宗农产品"三链叠加"深化"农头工尾",推动小众特色农产品"三品联动"深化"粮头食尾"。规上工业企业达到336户,农产品精深加工业占比达69.5%。玉米加工产业链水平、产业集群度和产品层次全国领先。大力培育智能制造、数字经济、低空经济、大健康产业等新兴经济,电子商务交易额和网络零售额实现两位数增长。高新技术企业数量增长57.6%,列全省第二。四是县域经济闯出新路。集成"主导产业、龙头企业、企业家群体"县域经济"三要素",总结提炼肇东"一主两翼"型、安达"双轮驱动"型、青冈"动车组"型等"一县一型"产业形态。县域经济撑起全市80%以上的经济体量、财政贡献和工业规模。锁定"争前三、退后三、快晋位"目标,肇东、安达县域发展保持全省领先。五是一体发展蓄积动能。抓住国家推进"哈大一体"、黑龙江省打造哈尔滨"一两小时"经济圈的重大机遇,积极建议、全力争取、主动作为,推动"哈尔滨大庆绥化一体发展"上升为省委决策。制定出台哈大绥一体发展启动期意见,全力推动互联互通、共建共享、借智借力。前瞻谋划并促成哈绥铁伊客专、绥大高速、绥化机场等重大基础项目,推动呼兰河流域综合治理、阁山水库引水入城、增设新区、设立绥化海关等取得新进展。六是改革创新释放活力。强化市委把关定向,推进重点改革任务139项,新争取改革试点6项。"三块地"、土地托管、基层社会治理、远程诊疗和分级诊疗等改革走在全省前列。统筹"放管服""最多跑一次""办事不求人"改革,服务新和成、恒大样板等助企模式推开放大,绥化市在东北地区营商环境试评价中列东北第三、全省第二。

二 准确把握新阶段机遇挑战,坚定建设现代化新绥化信心

站在"两个一百年"历史交汇点上,作为绥化,全面开启现代化新绥化建设新征程,关键在于把握大局的"危与机"、认清自身的"长与短"。

(一)把握绥化迎来的发展先机

贯彻落实"加快构建以国内大循环为主体、国内国际双循环相互促进的新发展格局"重大战略,必将为绥化市这类资源富集的后发地区,提供弯道赶超的政策性机遇。从区域重大发展战略看,东北振兴政策机遇持续叠加,"一带一路"特别是黑龙江自贸区项目合作机制的深化,有利于绥化市固根基、扬优势、补短板、强弱项,持续扩大对外开放。从全面融入区域协同发展战略看,推进"哈大绥一体化发展"是千载难逢的历史性机遇,绥化市在全省的战略地位更加凸显,精准谋划和推动互联互通、共建共享、借智借力,将积蓄高质量发展强大动能。从深度对接扩大内需战略看,推动以需求牵引供给、以供给创造需求,绥化市从"农头工尾""油头化尾"的高端化工业产品,到"粮头食尾"的绿色化生活产品、田园养生等品质化大健康产品大有可为。

(二)把握绥化面临的困难挑战

认清外部环境多变之"危"。2020年新冠肺炎全球大流行、世界经济低迷和中美博弈多重因素叠加,对绥化市面向国际市场的影响加深,对重点产业链供应链的挑战加剧。特别是进入冬季以来,疫情影响仍是最大变数,人口、货物等要素流动一定程度受限,导致消费及服务业等恢复滞后,对回补前期影响仍显乏力。认清动能转换不快之"困"。2019年,绥化市三次产业结构为46.4∶10.7∶42.9,典型的农区产业结构特征。传统农业产业仍占较大份额,市场占有率、综合贡献率偏低,经济动能尚未完全释放,解决经济

总量不大、发展速度不快、发展质量不优、内生动力不足等问题还需付出更大努力。认清市场要素不齐之"短"。从人才引育到项目支撑，从科技创新到资金流动，从基础设施到要素配套，都是长期困扰和制约着绥化市长远发展的根本问题。尤其绥化市连续多年户籍人口下降，农村"户在人不在"情况较为普遍，人口外流问题已成为一大"痛点"。

（三）把握绥化形成的发展势能

"都城地"作为绥化市践行新发展理念的平台载体和推动高质量发展的路径抓手，从思路定位和"1+4+N""千百十"体系框架的提出确立，到"三个第一、三个千亿"目标方向的精准细化，再到作为学懂弄通做实的"施工图"、"两座金山银山论"的"试验田"、百姓美好生活的"桃花源"的拓展延伸，既体现中央和省委决策部署在绥化市本土化具体化特色化的生动实践，更推动绥化市比较优势加速转变为发展势能。随着"1+4+N"现代产业体系逐步稳固，恒大、新和成、象屿、天有为等重点企业快速成长，以农产品精深加工业为重点的现代工业量质齐升，文旅康养等大健康产业加速崛起，区域经济正向更高质量加速转型。随着乡村振兴战略深入实施，消灭绝对贫困，农业实现"又大又强"，农业农村正向率先实现现代化加速推进。随着以人为本的新型城镇化加速推进，中心城市、重点县城及特色小镇承载能力不断提升，城乡区域差别逐步缩小，城乡格局正向城乡一体加速融合。随着改革创新动力逐步释放，市域治理体制机制更加健全完善，哈大绥一体化发展将成为振兴发展新动力引擎，发展动能正向内外协同加速转变。随着与全国全省同步跨进全面小康社会，普惠性基础民生需求不断满足，要在更高层次上满足人们对美好生活的向往，民生福祉正向更加美好生活加速迈进。

三 自觉全面融入新发展格局，确保"十四五"开好局起好步

2021年，是全面建设社会主义现代化国家、向第二个百年奋斗目标进

军的开局起步之年。推进"都城地"高质量发展,必须坚定不移贯彻新发展理念,坚持稳中求进工作总基调,巩固拓展疫情防控和经济社会发展成果,持续做好"六稳""六保"工作,固根基、扬优势、补短板、强弱项,努力在自觉全面融入新格局中有所突破。

(一)聚力推进创新发展

围绕构建现代农业体系,打造"藏粮于地、藏粮于技"、区域公共品牌、黑土地保护、"主辅双强"、农业全产业链融合发展、深化农业农村改革等示范引领区,争当率先实现农业农村现代化排头兵。围绕构建新型产业体系,强化产业项目支撑,把深化"农头工尾""粮头食尾"潜力挖掘得更充分、效益释放得更持续。围绕构建科技创新体系,聚焦现代种业、农艺农技、生物技术等领域,率先建成农区特色鲜明的科创体系。围绕构建基层治理体系,深化重点领域和关键环节改革,用改革推进制度创新、流程再造,促进各项改革制度机制更加完善。

(二)聚力推进协调发展

提升中心城市能级,系统推动城市更新、引水入城、"百园"、环城林等工程建设,打造公园城市、平原森林城市,繁荣城市经济业态,积极推动增设新区。推进新型城镇化,谋划管当前利长远的"两新一重"项目,探索撤村并屯,推动城镇基本公共服务均等化。充分发挥县域经济主体主力作用,推动"一县一型""一镇一业""一村一品"提档升级。实施乡村建设行动,接续推进全面脱贫与乡村振兴有效衔接。

(三)聚力推进绿色发展

全力推进流域治理,加快呼兰河流域综合治理开发利用,提升生态持久效益。全力推进污染防治,深化"四个保卫战""五个革命",持续改善生态环境质量,补齐乡村污染防治硬件基础短板。全力推进绿化造林,高标准推行"农防林""四围绿化""环城林""小林场"等多元造林绿化模式。

全力推进绿色生产,推广绿色制造质量标准,创建绿色工厂,提供绿色产品,打造绿色园区。

(四)聚力推进开放发展

主动融入哈大绥一体发展,强化互联互通、共建共享、先行融入,力争产业配套、科教合作、生态保护实现新突破。主动参与国内经济大循环,打造区域重要物流集散地和农副产品交易中心,提升绥化市优质绿色农副产品与国内需求适配度。主动对接对外开放市场,深度对接"一带一路"重大建设,壮大开放型经济主体,完善外贸导向型农产品加工产业体系,打造内陆开放新优势。

(五)聚力推进共享发展

坚持统筹发展和安全,突出抓好常态化疫情防控,建立疫情防控长效机制。持续增进民生福祉,完善重点群体就业支持体系,提高社会保障水平,推进养老事业和养老产业协同发展。完善社会治理体系,推行"网格化"治理、"四长联动"等基层治理举措,用好用活新时代文明实践中心等阵地,不断提升社会文明程度。

B.26
2020年鸡西市经济形势分析与对策建议*

常 风 孔德利 刘懿锋**

摘 要： 2020年，面对新冠肺炎疫情冲击带来的巨大压力和挑战，鸡西市坚持稳中求进工作总基调，统筹推进疫情防控和经济社会发展，全力做好"六稳""六保"工作，切实做好稳增长、促改革、调结构、惠民生、防风险、保稳定各项工作，经济逐月回升态势良好。但受制于体制性、结构性、资源性矛盾制约，鸡西市经济在发展中仍然存在经济增长速度放缓、投资增长后劲不足、财税收入不及预期等问题。因此，鸡西市要保持战略定力，在危机中育新机、于变局中开新局，继续坚持稳中求进工作总基调，坚定不移地加快转型发展步伐，努力推动经济高质量发展，加快打造转型发展升级版。

关键词： 企稳回升 高质量发展 鸡西市

2020年，面对新冠肺炎疫情冲击和经济增长乏力的双重困难，鸡西市在以习近平同志为核心的党中央坚强领导下，全面落实省委工作部署，紧扣全面建成小康社会目标任务，从"五大安全"战略高度，坚持稳中求进工作总基调，统筹推进疫情防控和经济社会发展，全力做好"六稳""六保"

---

* 本文是2020年黑龙江省哲学社会科学研究规划项目（20JYC151）的阶段性研究成果。
** 常风，鸡西市委政研室主任；孔德利，鸡西市委政研室综合研究科科长；刘懿锋，黑龙江省社会科学院助理研究员。

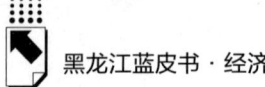

工作,切实做好稳增长、促改革、调结构、惠民生、防风险、保稳定各项工作,经济运行呈现企稳复苏态势。

一 2020年鸡西市经济发展形势分析

2020年,鸡西市克服突如其来的新冠肺炎疫情及国际大环境变化等因素影响,统筹推进疫情防控和经济社会发展各项工作,增强斗争精神,勇于开顶风船,真抓实干,有力有效推动生产生活秩序恢复,前三季度经济增速由负转正。

(一)地区生产总值实现正增长

初步核算,2020年1~3季度,全市实现地区生产总值276.2亿元,同比增长0.5%,增速居全省第5位,四煤城第1位。其中,第一产业实现增加值25.3亿元,同比增长2.4%,拉动GDP增长0.2个百分点;第二产业实现增加值88.5亿元,同比增长2.3%,拉动GDP增长0.8个百分点;第三产业实现增加值162.4亿元,同比下降0.8%,向下拉动GDP 0.5个百分点。

(二)农业生产运行平稳

2020年前三季度,全市实现农业产值54.7亿元,同比增长2.5%,产值增速和上半年相比增加了0.9个百分点。种植业拉动作用显著,前三季度,蔬菜、瓜果播种面积为58602亩,比2019年全年增长11.8%,产量为12.9万吨,与2019年全年产量持平,实现种植业产值10.6亿元,同比增长14.3%,与2019年三季度种植业增速对比,加快了13.3个百分点,向上拉动农业产值增长2.7个百分点。畜牧业生产低位运行,前三季度,畜牧业实现产值29.6亿元,同比下降2.2%,拉低农业产值1.2个百分点。林业、渔业和农林牧渔服务业平稳运行,前三季度,林业实现产值5.5亿元、同比增长3.8%,渔业实现产值5.9亿元、同比增长4.9%,农林牧渔服务业实现产值3.1亿元、同比增长9.1%。

(三)规上工业增速企稳回升

2020年前三季度,全市规上工业增加值增速稳步回升,同比增长3.9%,增速比上半年加快2.2个百分点,增速居全省第6位,四煤城第1位。重点行业拉动工业经济增长。从行业情况看,前三季度规模以上现有19个行业大类中,有12个行业同比增长。影响较大的行业中,煤炭开采和洗选业增加值增速由负转正,三季度增速为1.9%,比上半年高5.5个百分点,拉动工业经济上行1.2个百分点。食品行业增加值增速为27.6%,比上半年回落3.1个百分点,拉动工业经济上行1.0个百分点。石油、煤炭及其他燃料加工业增加值增速为60%,拉动工业经济上行1.1个百分点。四大主导产业全部实现正增长。前三季度,煤炭、石墨、绿色食品、生物医药四大主导产业本年首次全部实现正增长,增加值占规模以上工业比重为80.9%,同比增长3.3%,比上半年高2.6个百分点,拉动规模以上工业增长2.7个百分点。新入规企业对经济增长贡献较大。全市184户规模以上工业企业中,30户新入规企业前三季度工业增加值同比增长190.9%,拉高工业增速3.8个百分点。

(四)固定资产投资稳中向好

2020年前三季度,全市固定资产投资(不含农户)同比增长3.6%,增速比全国高2.8个百分点,比全省高1.5个百分点,增速居全省第6位,四煤城第3位。第一、第二产业投资增长,第三产业投资下降。前三季度,全市固定资产投资中,第一产业完成投资同比增长677.7%,拉动全市增长5.9个百分点;第二产业完成投资同比增长11.9%,拉动全市增长6个百分点;第三产业完成投资同比下降17.1%,拉低全市8.3个百分点。三次产业投资的比重为6.6∶54.5∶38.9。国有及国有控股成为拉动投资增长的主要经济类型。前三季度,国有及国有控股完成投资同比增长4.5%,拉动全市增长2.2个百分点;民间投资同比增长1.3%,拉动全市增长0.7个百分点;外商及港澳台完成投资同比增长10倍,拉动全市增长0.7个百分点。

计划总投资500万～5000万元建设项目大幅增长。前三季度，计划总投资500万～5000万元建设项目完成投资同比增长44.3%，占全部项目投资额的21.3%；计划总投资5000万元及以上建设项目完成投资同比下降5.2%，占全部项目投资额的66.3%；房地产完成投资同比增长4.9%，占全部项目投资额的12.4%。

（五）消费品市场回暖步伐加快

2020年前三季度，全市社会消费品零售总额同比下降7.4%，增速居全省第2位，四煤城第2位，降幅比上半年收窄7.7个百分点。城乡市场同步回暖，由于城镇市场的消费集聚效应显著，乡村市场随着商业网点布局的不断规范，全市城乡消费品市场逐步回暖。截至三季度，城镇市场零售额同比下降7.3%，降幅比上半年收窄7.6个百分点；乡村市场零售额同比下降8.3%，降幅比上半年收窄7.7个百分点。批发业销售形势有所好转，截至三季度，全市批发业销售额同比下降3.2%，降幅比上半年收窄5个百分点；零售业销售额同比增长0.9%，零售额同比下降7.9%，零售业销售额实现正增长，零售额降幅比上半年收窄4.8个百分点，行业整体处于大幅回暖的恢复期。住宿餐饮行业触底反弹，截至三季度，全市住宿业营业额同比下降14.5%，降幅比上半年收窄8.4个百分点；餐饮业营业额同比下降24.5%，降幅比上半年收窄9个百分点。多数类值呈普降态势。从统计的20类限上商品零售类值情况看，1～9月呈现"五增十五降"的发展态势。从市场回暖速度看，除日用品类、家用电器和音像器材类、中西药品类、通信器材类、其他未列明商品类五个类值与上半年相比呈现降幅扩大趋势，其他十五个类值总体呈现市场向好的发展态势。

（六）财政收入出现下滑

受疫情和税收优惠政策翘尾等因素影响，前三季度，全市一般公共预算收入实现22.2亿元，同比下降14.1%，增速居全省第8位，四煤城第2位。一般公共预算支出达到135亿元，同比增长11.6%。

（七）实际利用内资不断增长

2020年前三季度，全市实际利用内资总额完成11.3亿元，列全省第12位，四煤城第4位，总额同比增长99.9%，列全省第6位，四煤城第3位。

（八）居民消费价格涨幅回落

2020年前三季度，全市居民消费价格总水平继续回落，同比上涨3.4%，涨幅较1～8月回落0.1个百分点。分类别看，食品烟酒价格同比上涨10.1%，衣着下降0.6%，居住下降0.2%，生活用品及服务上涨0.4%，交通和通信下降3.7%，教育文化和娱乐上涨2.5%，医疗保健上涨3.7%，其他用品和服务上涨5.8%。

（九）金融机构存贷款运行平稳

截至2020年9月末，全市金融机构人民币存款余额1302.4亿元，比年初增加110.5亿元。其中，住户存款1016.8亿元，比年初增加86.6亿元；非金融企业存款97.2亿元，比年初增加6.0亿元。全市金融机构人民币贷款余额891.3亿元，比年初增加54.7亿元。其中，住户贷款171.9亿元，比年初增加31.5亿元；企（事）业单位贷款719.4亿元，比年初增加23.3亿元。

二 鸡西市经济运行中存在的问题

其一，主要经济指标增速放缓。与2019年同期增速相比，2020年前三季度地区生产总值增速回落4.5个百分点，规模以上工业增加值增速回落0.9个百分点，固定资产投资增速回落6个百分点。

其二，重点行业监测、分析、调度力度仍需进一步加强。2020年前三季度，全市煤炭行业增加值增速由负转正，为1.9%，拉高工业增加值增速1.2个百分点，但龙煤、矿务局两家大型煤企累计产值仍持续下降，同比下降6.3%，拉低规上工业增加值2.7个百分点。

其三，计划总投资5000万元及以上在库项目同比减少。2020年前三季度，全市计划总投资5000万元及以上在库建设项目172个，比上年同期减少了25个。计划总投资5000万元及以上建设项目作为拉动全市投资增长的主要力量，其在库项目的减少将制约鸡西市固定资产投资的平稳增长。

其四，居民消费信心有待提升。受疫情影响，居民消费习惯有所改变，以基本需求类消费为主，一些高档消费及休闲时尚消费回暖速度较慢。同时，部分服务行业从业人员受疫情影响收入水平有所降低，短期内收入水平的下降将影响近期居民消费水平的提升。

三 2021年鸡西市经济发展形势预测及建议

（一）2021年鸡西市经济发展形势预测

党的十九届五中全会提出，当前我国发展仍然处于重要战略机遇期，但机遇和挑战都有新的发展变化。面对国内外经济机遇与挑战并存、潜力与风险叠加的错综复杂形势，从短期看，鸡西市经济运行仍存在一定困难，公共财政依然存在收入与支出之间的矛盾，经济发展仍将面临较大的下行压力。但随着一些新的发展动能的形成，预计未来鸡西市经济运行仍将保持总体平稳、稳中有进态势。

（二）促进鸡西市经济稳定发展的建议

1. 坚定不移推进转型升级高质量发展

立足新发展阶段，紧紧抓住"十四五"重要战略机遇期，坚持稳中求进工作总基调，以推动高质量发展为主题，以深化供给侧结构性改革为主线，以改革创新为根本动力，以满足人民日益增长的美好生活需要为根本目的，围绕做好"三篇大文章"、抓好"五头五尾"，着力推进"一都五基地"建设，大力实施1+6工业强市发展规划，深入实施"十百千"工程，全力打造十亿级骨干企业群体、百亿级支柱产业和千亿级特色产业集群,优化产业结构、提升质量效益、厚植发展优势。立足鸡西主导产业发展实际,以煤炭深加工、石墨新材料、绿色食品、生物医药、装备制造为重点,围绕生产制造环节稳链、补链、延链、强链,不断提升产业链上下游配套能力,提高企业发展质量和管理水平,扩大产业影响力。千方百计抓招商、上项目、扩投资,培育壮大新动能。

2. 大力实施创新驱动发展战略

坚持创新在现代化建设全局中的核心地位,实施新一轮科技型企业行动计划,加快推进苏州非矿院(即苏州非金属矿工业设计研究院)鸡西石墨研究院、中药材院士工作站、中药制剂重点实验室等科技创新平台建设,开展大单晶人造金刚石、石墨烯微片制备等关键核心技术攻关,引导和支持市场主体加快科技成果应用和转化。

3. 加快推进农业农村现代化

全面实施乡村振兴战略,以农业供给侧结构性改革为主线,以保障国家粮食安全为己任,调整农业种植结构,发展壮大龙头企业,大力实施品牌战略,持续深化农业农村改革,扎实推进高标准农田建设,推动第一、第二、第三产业融合发展,实现巩固拓展脱贫攻坚成果同乡村振兴有效衔接。

4. 加快推进重点领域改革

更加注重以改革的思维来谋划和推进工作,围绕全市发展的重大问题、群众关注的突出问题,实施一批重要改革事项,突出抓好国资国企、医共体建设、街道(办事处)社区调整、优化行政区划布局、服务事项"一网通办"等改革任务落实,引领全市改革往深里走、往实里走,不断释放转型升级高质量发展的活力。

5. 切实加强生态文明建设

坚持绿水青山就是金山银山的理念,坚持尊重自然、顺应自然、保护自然,坚持节约优先、保护优先、自然恢复为主,守住自然生态安全边界。严格执行生态保护红线制度,落实河湖长制各项任务,加大退耕还林还草还湿力度,做好秸秆禁烧和综合利用工作,狠抓土壤污染防治,全力打造优美生态环境。

6. 进一步优化营商环境

落实落细国家和黑龙江省出台的各项纾困惠企政策,抓好《鸡西市关于支持民营经济发展的若干意见》等政策落实。聚焦企业和群众的痛点难点堵点问题,在优化政策环境、法治环境、政务环境、市场环境上精准发力、持续用力。深入推进"放管服"改革、商事制度改革,全面推广"承诺即开工"改革模式,推进政府服务事项标准化和"互联网+监管",健全政企常态化沟通机制,完善企业全周期服务体系,构建"亲、清"新型政商关系,加快推进社会信用体系建设,倾力打造最能聚人聚财、最有利于发展的良好环境。

B.27
2020年七台河市经济形势分析与对策建议

赵 蕾 李宪文*

摘 要： 2020年，七台河市统筹推进疫情防控和经济社会发展，扎实推进"六稳""六保"工作，经济发展企稳向好，社会大局和谐稳定。但是，发展中仍存在着能源比重高的结构性矛盾突出、接续产业发展缓慢、产业链条较短、产业发展整体水平偏低等问题。七台河市要抓住"十四五"开局之年的发展契机，采取有力措施，遏制经济下滑趋势，贯彻新发展理念，构建新发展格局，巩固拓展疫情防控和经济社会发展成果，坚持"稳煤固基、多元发展"，聚焦产业项目建设，夯实高质量发展基础；聚焦服务经济发展，加快推动经济稳步攀升；聚焦改革创新，在激发增长动力上求实效。

关键词： 高质量发展 改革创新 七台河市

2020年，七台河市坚持以习近平新时代中国特色社会主义思想为指导，深入落实习近平总书记重要讲话和重要指示批示精神，全面贯彻中央决策和省委部署，紧扣决胜全面建成小康社会，坚定不移全面从严治党，统筹推进疫情防控和经济社会发展，扎实做好"六稳"工作，全面落实"六保"任务，经济发展企稳向好，社会大局和谐稳定。

---

* 赵蕾，黑龙江省社会科学院经济研究所副研究员，研究方向为产业经济；李宪文，中共七台河市委政策研究室科长，研究方向为区域经济。

一 2020年七台河市经济形势分析

2020年1~9月,七台河市地区生产总值(GDP)实现160.6亿元,按可比价计算,同比下降7.7%,较1~6月增速收窄4.2个百分点,较一季度收窄1.2个百分点。分产业看,第一产业增加值12.9亿元,同比增长2.9%;第二产业增加值73.8亿元,同比下降15.0%,其中,工业增加值69.3亿元,同比下降16.2%;第三产业增加值73.9亿元,同比下降2.6%。

(一)农林牧渔业强势转正

2020年前三季度,全市农林牧渔业增加值实现12.9亿元,同比增长2.9%,增速比二季度提高14.7个百分点。其中,1~9月,牧业产值13.36亿元,占农林牧渔业总产值的49.8%,同比增长4.2%。国调队数据显示,9月末,全市生猪出栏17.78万头,同比增长9.4%;牛出栏1.68万头,同比增长1.7%。

(二)工业生产形势稳步回升

2020年前三季度,全市工业增加值同比下降15.0%。其中,规上工业增加值同比下降19.6%,降幅比二季度收窄4.9个百分点,回升幅度高于全省均值1.6个百分点。分行业看,煤炭开采和洗选业增加值同比下降24.9%,农副食品加工业下降20.2%,家具制造业下降5.4%;石油、煤炭及其他燃料加工业下降11.1%,化学原料和化学制品制造业下降44.6%,电力、热力生产和供应业增长2.7%。从产品产量看,洗精煤下降16.2%,焦炭下降12.5%,发电量下降1.1%,精甲醇下降14.5%,煤气下降9.5%,家具下降5.8%。与二季度相比,洗精煤增加166.9万吨,焦炭增加134.3万吨,家具增加12.5万套,发电量增加25.2亿度,精甲醇增加7万吨。

（三）固定资产投资保持快速增长

2020年前三季度，全市固定资产投资同比增长23.1%，增速高于全省平均水平（2.1%）21.0个百分点，全省排名第三。分领域看，制造业投资增长74.3%，增速比二季度回升13.9个百分点；房地产开发投资下降2.0%，增速比一季度回升5.4个百分点。从投资主体看，民间投资增长较快，同比增长51.4%，国有投资同比下降3.1%。从产业看，第一产业投资同比增长322.4%；第二产业投资同比增长6.6%，其中工业投资同比增长6.6%；第三产业投资同比增长22.1%。

（四）全市消费市场加快回暖

2020年前三季度，社会消费品零售总额实现39.9亿元，同比下降14.3%，降幅比1~6月收窄8.4个百分点，全省排名第6。其中，限额以上企业完成零售额14.4亿元，同比下降20.3%，比1~6月份收窄4.5个百分点。从主要商品类别看，基本生活用品和医疗用品消费旺盛，粮油食品类、烟酒类、中西药品类零售额分别增长3.5%、13.1%和26.6%。升级类商品销售加快增长，智能手机零售额增长73.6%。受各类汽车促销活动的积极影响，占比最大的汽车消费有所回暖，零售额下降20.9%，比1~6月收窄13.4个百分点，其中新能源汽车增长23.1%。

（五）财政金融逐步向好

2020年1~9月，一般公共预算收入12.0亿元，同比下降31.0%，较1~6月收窄10.7个百分点。一般公共预算支出79.0亿元，同比下降5.5%，降幅较1~6月回落11.8个百分点。9月末，全市金融机构人民币存款余额为602.7亿元，同比增长18.6%；金融机构人民币贷款余额为239.3亿元，同比增长0.4%，两项增速分别比6月末扩大4.1个和2.9个百分点。

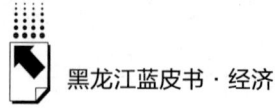

（六）就业物价总体稳定

2020年前三季度，居民消费价格比上年同期上涨3.1%，涨幅比二季度回落0.4个百分点，处于温和上涨区间。在四煤城中，低于鸡西市0.3个百分点，分别高于双鸭山市、鹤岗市0.2个、0.6个百分点。八大类商品价格"四涨三降一持平"。食品烟酒类、其他用品和服务类、医疗保健类、教育文化和娱乐类价格分别上涨9.8%、4.6%、2.9%、2.7%，交通和通信类、衣着类、生活用品及服务类分别下降3.5%、1.6%、0.9%，居住类价格持平。据人社局统计，截至9月末，全市城镇新增就业3545人，完成全年任务的90.90%；失业人员再就业2252人，完成102.36%；就业困难人员实现就业606人，完成121.20%；城镇登记失业率3.81%，低于指标1.69个百分点。

（七）城镇居民收入逐步回升

2020年前三季度，城镇常住居民人均可支配收入19165元，同比下降1.8%，增速比二季度提高0.5个百分点，比一季度提高2.8个百分点。

（八）先行指标加快回升

2020年3月份以来，随着复工复产、复商、复市的全面推动，生产节奏明显加快，用电量逐渐回升。前三季度，全社会用电量16.9亿千瓦时，同比下降5.7%；工业用电量12.3亿千瓦时，同比下降9.3%，其中制造业用电量2.2亿千瓦时，同比下降21.7%，增速较二季度收窄6个百分点。

二 七台河市经济发展存在的不足

（一）能源比重高的结构性矛盾突出

由于历史原因，全市形成了能源行业比重偏大的产业格局，全市煤、焦、电、化企业占规模以上企业比重90%以上，产业结构畸形严重，抵御市场风险的能力较弱。在当前煤焦市场波动较大、不确定因素增多的形势下，全市工业短时期内难以实现大的改观。

（二）接续产业发展缓慢，转型任务艰巨

受资源、环境、地理位置等诸多因素制约，化工、木制品深加工、农畜产品加工、机械制造等接续替代产业还没有形成对全市工业的支撑作用。近几年谋划建设的新材料、新能源、生物医药、制造和再制造等战略性新兴产业也还处在起步阶段，没有形成有效拉动。

（三）产业链条短，抗御市场风险能力弱

目前全市主要产业除部分煤化工企业产业链条有一定延伸以外，其他产业基本上没有实现产业链条的有效延伸，构成产业链的价值链、企业链、供需链和空间链还不完善，在协同、稳定、闭合、提升方面存在较大短板，造成全市产业之间关联度低，产业内部企业之间相互支撑能力弱，抗御市场风险能力不足。

（四）全市产业发展整体水平偏低

企业自主创新能力弱。全市是典型的煤炭资源型城市，长期以来形成了以原煤开采、洗选、焦化为主的产业、产品结构，原字号大宗产品居多，产业整体发展水平比较低。目前全市90户规上企业中，除宝泰隆公司、双叶家具公司等不超过10户企业具备创新研究机构外，其他企业均没有科研团队，关键核心技术与高端装备对外依存度高，企业自主创新能力十分薄弱。从全市范围看，以企业为主体的自主创新体系尚未形成，产品升级换代缓慢，不利于企业的快速发展。

三 七台河市经济发展的对策建议

2021年是"十四五"规划开局之年，也是两个百年目标交会与转换之

年,更是七台河市稳住经济、实现攀升、走出低谷的关键一年。中央经济工作会议指出,2021年将会继续保持宏观政策的连续性、稳定性、可持续性,政府将会持续推动扩大内需、支持创新发展、改善营商环境,经济增速很可能恢复至正常增长水平以上,这为全市解困发展带来了机遇。七台河市要抓住"十四五"开局之年的发展契机,采取有力措施,遏止经济下滑趋势,立足新发展阶段,贯彻新发展理念,构建新发展格局,以推动高质量发展为主题,以满足人民日益增长的美好生活需要为根本目的,巩固拓展疫情防控和经济社会发展成果,扎实做好"六稳"工作、全面落实"六保"任务,坚持"稳煤固基、多元发展",改造提升优势产业,加快发展第三产业,全力做好服务企业工作,推动全市经济企稳回升,努力实现经济发展开门红。

(一)聚焦产业项目建设,夯实高质量发展基础

抓住省委支持煤炭产业发展的有利契机,强力推进煤炭资源深度开发,切实增加煤炭储备。着力推动绿色矿山建设,重点推进宝泰隆公司一矿、二矿开工建设,确保完成一期工程。加快35处矿井改造升级,力争2021年上半年全面进入建设阶段。充分释放焦化企业产能,推动宝泰隆、隆鹏、亿达信、吉伟等焦化企业,尽可能把焦炭副产品"吃干榨净"。加快培育新兴产业。紧紧围绕重点推进的"双百项目",进一步健全完善"专班+园区"、"项目+考核"和"三级专班"等推进机制,确保高质量、高效率推进项目建设,为全市经济发展打下坚实基础。大力发展生物医药、石墨烯新材料、新能源、制造和再制造、农副产品加工、现代服务业等接续产业。

(二)聚焦服务经济发展,加快推动经济稳步攀升

把服务企业发展和抓好产业项目作为自身工作的职责所在,作为推动经济发展的重要抓手,拿出百倍精力,采取有效手段,切实解决好项目建设和企业发展的各种难题,全力保障经济企稳回升。要培育一批具有影响力的大企业,对重点企业实施专班推进,开展专项服务,给予全力支持,以龙头企业带动产业发展。引导中小微企业走"专精特新"发展之路,推动个转企、

小升规、规改股、股上市，力争全年规上企业有所增加。要盘活现有存量，制定分类处置方案、一企一策、激发活力。加大招商引资力度，上下齐下功夫。要充分发挥全市各类产业园区种类齐全、数量多的优势，紧紧围绕重点产业，有针对性地开展专题招商推介，精心谋划招商活动，引导龙头企业、新上项目在产业园区集聚发展。

（三）聚焦改革创新，在激发增长动力上求实效

深化"放管服"改革，健全整顿作风、优化营商环境的长效机制，更加方便企业和群众办事。加强和规范事中事后监管，对新产业新业态实行包容审慎监管。深化政务公开，推进"一门、一窗、一网、一次"改革，建立完善全市审批事项数据库，精简前置要件、压缩办理时限。把民营经济摆在更加突出位置，再学温州再出发，积极为创业提供项目、用地、技术、资金等支持，进一步激发全社会创业热情，掀起民营经济发展新热潮。要精准落实纾困惠企各项政策，降低准入门槛，放宽注册资本、经营场所等限制，依法保护中小微企业和个体工商户等各种所有制权益。深入开展政、金、企融资对接行动，引导金融机构加大对中小微企业信贷支持力度，确保在贷款增量上有所突破。要建立完善民营企业培育培养体系，建立个体工商户、中小微企业、规上企业培育库，根据不同层次企业情况，实施梯度培育计划，推动民营经济占比显著提高，力争民营经济贡献率达到70%以上。坚持创新驱动发展战略，抓住"科创中国"试点市契机，推动传统动能改造提升和新动能成长。加强省内外人才工作站建设，开展"名校优生计划"和"本土英才回聚行动"，科学设置引才门槛，努力吸引使用更多优秀人才，为高质量发展奠定人才基础。

社会科学文献出版社

皮 书

智库报告的主要形式
同一主题智库报告的聚合

❖ 皮书定义 ❖

皮书是对中国与世界发展状况和热点问题进行年度监测,以专业的角度、专家的视野和实证研究方法,针对某一领域或区域现状与发展态势展开分析和预测,具备前沿性、原创性、实证性、连续性、时效性等特点的公开出版物,由一系列权威研究报告组成。

❖ 皮书作者 ❖

皮书系列报告作者以国内外一流研究机构、知名高校等重点智库的研究人员为主,多为相关领域一流专家学者,他们的观点代表了当下学界对中国与世界的现实和未来最高水平的解读与分析。截至2021年,皮书研创机构有近千家,报告作者累计超过7万人。

❖ 皮书荣誉 ❖

皮书系列已成为社会科学文献出版社的著名图书品牌和中国社会科学院的知名学术品牌。2016年皮书系列正式列入"十三五"国家重点出版规划项目;2013~2021年,重点皮书列入中国社会科学院承担的国家哲学社会科学创新工程项目。

权威报告·一手数据·特色资源

皮书数据库
ANNUAL REPORT(YEARBOOK) DATABASE

分析解读当下中国发展变迁的高端智库平台

所获荣誉

- 2019年,入围国家新闻出版署数字出版精品遴选推荐计划项目
- 2016年,入选"'十三五'国家重点电子出版物出版规划骨干工程"
- 2015年,荣获"搜索中国正能量 点赞2015""创新中国科技创新奖"
- 2013年,荣获"中国出版政府奖·网络出版物奖"提名奖
- 连续多年荣获中国数字出版博览会"数字出版·优秀品牌"奖

成为会员

通过网址www.pishu.com.cn访问皮书数据库网站或下载皮书数据库APP,进行手机号码验证或邮箱验证即可成为皮书数据库会员。

会员福利

- 已注册用户购书后可免费获赠100元皮书数据库充值卡。刮开充值卡涂层获取充值密码,登录并进入"会员中心"—"在线充值"—"充值卡充值",充值成功即可购买和查看数据库内容。
- 会员福利最终解释权归社会科学文献出版社所有。

数据库服务热线:400-008-6695
数据库服务QQ:2475522410
数据库服务邮箱:database@ssap.cn
图书销售热线:010-59367070/7028
图书服务QQ:1265056568
图书服务邮箱:duzhe@ssap.cn

卡号:673264825869
密码:

S 基本子库
SUB DATABASE

中国社会发展数据库（下设 12 个子库）

整合国内外中国社会发展研究成果，汇聚独家统计数据、深度分析报告，涉及社会、人口、政治、教育、法律等 12 个领域，为了解中国社会发展动态、跟踪社会核心热点、分析社会发展趋势提供一站式资源搜索和数据服务。

中国经济发展数据库（下设 12 个子库）

围绕国内外中国经济发展主题研究报告、学术资讯、基础数据等资料构建，内容涵盖宏观经济、农业经济、工业经济、产业经济等 12 个重点经济领域，为实时掌控经济运行态势、把握经济发展规律、洞察经济形势、进行经济决策提供参考和依据。

中国行业发展数据库（下设 17 个子库）

以中国国民经济行业分类为依据，覆盖金融业、旅游、医疗卫生、交通运输、能源矿产等 100 多个行业，跟踪分析国民经济相关行业市场运行状况和政策导向，汇集行业发展前沿资讯，为投资、从业及各种经济决策提供理论基础和实践指导。

中国区域发展数据库（下设 6 个子库）

对中国特定区域内的经济、社会、文化等领域现状与发展情况进行深度分析和预测，研究层级至县及县以下行政区，涉及省份、区域经济体、城市、农村等不同维度，为地方经济社会宏观态势研究、发展经验研究、案例分析提供数据服务。

中国文化传媒数据库（下设 18 个子库）

汇聚文化传媒领域专家观点、热点资讯，梳理国内外中国文化发展相关学术研究成果、一手统计数据，涵盖文化产业、新闻传播、电影娱乐、文学艺术、群众文化等 18 个重点研究领域。为文化传媒研究提供相关数据、研究报告和综合分析服务。

世界经济与国际关系数据库（下设 6 个子库）

立足"皮书系列"世界经济、国际关系相关学术资源，整合世界经济、国际政治、世界文化与科技、全球性问题、国际组织与国际法、区域研究 6 大领域研究成果，为世界经济与国际关系研究提供全方位数据分析，为决策和形势研判提供参考。

法律声明

"皮书系列"(含蓝皮书、绿皮书、黄皮书)之品牌由社会科学文献出版社最早使用并持续至今,现已被中国图书市场所熟知。"皮书系列"的相关商标已在中华人民共和国国家工商行政管理总局商标局注册,如LOGO( )、皮书、Pishu、经济蓝皮书、社会蓝皮书等。"皮书系列"图书的注册商标专用权及封面设计、版式设计的著作权均为社会科学文献出版社所有。未经社会科学文献出版社书面授权许可,任何使用与"皮书系列"图书注册商标、封面设计、版式设计相同或者近似的文字、图形或其组合的行为均系侵权行为。

经作者授权,本书的专有出版权及信息网络传播权等为社会科学文献出版社享有。未经社会科学文献出版社书面授权许可,任何就本书内容的复制、发行或以数字形式进行网络传播的行为均系侵权行为。

社会科学文献出版社将通过法律途径追究上述侵权行为的法律责任,维护自身合法权益。

欢迎社会各界人士对侵犯社会科学文献出版社上述权利的侵权行为进行举报。电话:010-59367121,电子邮箱:fawubu@ssap.cn。

社会科学文献出版社